KB009088

새벽 세 시의 몸들에게

새벽 세 시의 몸들에게

질병, 돌봄, 노년에 대한 다른 이야기

생애문화연구소 옥희살롱 기획
메이 엮음 | 김영옥·메이·이지은·전희경 지음

봄날의책

엮은이의 말

기억해　몸의 고통과 거리 위의 고통은
같지 않지만　흐려지는 경계로부터
당신은 배울 수 있지　오 명확한 경계를
무엇보다 사랑하는 당신　흐려지는 경계를 바라보라
—에이드리언 리치, #29 〈Contradictions: Tracking Poems〉

아프고 나이 들어가는 몸은 우리를 다른 장소로 데려간다. 때로 대단히 무서운 곳이기도 한 그 낯선 장소에 황망히 떨궈진 우리는 어떻게든, 산다. 살아 있으려는 발버둥은 우리를 변화시킨다. 20대의 나는 '도의 세계'로 떠난 선배들을 배신자라고 흉봤지만 이제 40대의 나는 하루 두 시간씩 명상을 하고 요가로 몸 구부리기에 열심인 사람이 됐다. 삶은 나를 부끄럽게 하려고, 나를 비웃어주려고 계속되는 것이다. 아서 클라인만은 말했다. 사람들은 희망이 있어서가 아니라 그저 견뎌야 하기 때문에 견디며, 많은 이들에게 자살은 선택지가 아니라고. 인간의 적응 능력과 생존 능력은 놀랍기도 하지만 한편으론 견디기 어려운 것을 견디고, 계속 살고, 계속 살리는 일 자체가 무언가를 조금씩 배신하는 일인지도 모른다는 생각을 한다.

'돌보지 않겠다(그게 자신을 돌보는 길이기 때문에)'는 각성한 젊은 여성들의 목소리가 나오기 시작한 시기를 살고 있다. 그 목소리가 모든 돌봄을 여성에게 미뤄두고 나 몰라라 하는 이 사회에 어떤 식으로든 실질적인 변화를 가져올 유일한 정치적 대안이 아닐지 공감하고 기대를 걸어본다. 그러면서도 이런 때, 이 책의 필자들은 견디기 어려운 것을 견디고, 계속 살고, 계속 살리는 일에 관해 말하고자 했다. 거리 위의 고통을 고발하는 일과 몸의 고통을 살아가는 일을 함께 말하고자 했다. 질병, 나이 듦, 돌봄이라는 의제에서 사회적 맥락과 구성을 인지하면서도 지금 마주한 나날을 충만하게 산다는 것에 관해 말하고자 했다. 어렵고 모순된 과제였다. 여러 층위의 두려움이 있었고 희미한 배신의 감각을 포함해 복잡한 감정들이 있었다. 그런데도 이 과제를 붙들고 있었던 건, 이 책에 담은 말이 필자들의 살아온 몸lived body에 조응하는 가장 정직한 말이자 그 몸에서 가장 긴급하게 발화되고자 하는 말이었기 때문이다. 그리고 무엇보다, 중병이나 인지증이 있는 친밀한 이를 돌본 적이 있거나, 본인이 아픈 적이 있거나, 돌봄의 현장 한가운데서 수년간 연구하는 경험을 하고, 또 읽고 토론하고 사유하며 자신 안에 쌓여온 이 말들이 누군가에게 '쓸모' 있을 거라는 믿음 또는 바람 때문이다.

아플 때를 비롯해 고통의 시기에 '말'이라는 것이 얼마나 압도적으로 중요한지, 그런 시기를 지나보거나 지켜본 적이 있는 이들은 모두 안다. 그런 땐 말과 삶의 경계가 희미해진다. 말은 거의 삶이며, 말은 살리고 죽이는 자신의 잠재력을 전부 현시한다.

지금 아픈 이들, 아픈 사람을 돌보는 이들, 나이 들어가며 혹은 나이 들어가는 가까운 이를 보며 불안하고 겁나는 이들, 자신이 지나온 악몽 같은 시간을 삶의 일부로 끌어안으려 애쓰는 이들에게 이 책이 약상자였으면 한다. 이 책의 단 한 마디라도 가닿는다면, 그래서 그 한 마디가 덜 아픈 삶으로 돋아난다면 그보다 더 기쁘고 놀라운 일은 없겠다. 또한 이 책이 공구상자였으면 한다. 사람들이 좀 더 '쉽게' 아프고 늙을 수 있는 사회, 정의로우며 심지어 기쁜 돌봄이 있는 사회라는 이상을 현실로 당겨오는 데 쓰일 도구를 담고 있었으면 한다. 우리를 낫게 할 말, 동시에 사회를 부수고 다시 지을 말을 만들고 싶다는 터무니없이 큰 욕심에서 조금이라도 선한 것이 탄생했길 간절히 바란다.

끝으로 봄날의책 출판사 박지홍 대표에게 감사한다는 말을 덧붙이고 싶다. 지난 몇 년간 옥희살롱의 강좌와 행사에 꾸준히 참여하면서 연구자들이 품은 언어가 무르익길 기다려주었다. 교감과 숙성의 과정을 거쳐 그 언어가 이렇게 한 권의 책으로 묶여 나오게 되었으니 뜻 깊고 모범적인 출판의 예라고 해도 지나친 상찬은 아닐 것이다.

차례

5 엮은이의 말 메이
11 여는 글 김영옥

27 시민으로서 돌보고 돌봄 받기 전희경
81 '보호자'라는 자리 전희경
133 '병자 클럽'의 독서 메이
167 젊고 아픈 사람의 시간 전희경
207 치매, 어떻게 준비하고 있습니까? 이지은
247 시간과 노니는 몸들의 인생 이야기 김영옥

293 참고문헌

새벽 세 시, 몸으로 사는 삶의 한가운데서:

아프고 나이 들고 돌보고 돌봄 받는 경험을 담론과 지식으로 만들기

1. 손상 입고 아프고 나이 들고 죽으며 '몸으로 사는 삶'에 대하여

몸 하나만 남게 되는 세계의 수축이 아프다는 경험이라면, 이걸 알고 있는 내 몸 바깥 누군가의 존재는 그 자체로 수축에 맞서는 힘이다. 알아주는 것은 세계와 이어지는 끈 또는 산산조각 나려는 세계를 간신히 붙들어 매는 가느다란 끈이 될 수 있으며 고통을 줄여준다.

이 책에 실려 있는 〈'병자 클럽'의 독서〉에 나오는 글귀로 '여는 글'을 시작하자. 이 책에는 조금씩 다른 주제를 다루고 있는 여섯 편의 글이 모여 있다. 그러나 이 여섯 편의 글은 특정한 공통감각으로 서로 긴밀하게 연결되어 있다. 위에 인용한 문장은 그 공통감각을 잘 드러내준다. (생물학적 생명체로 불리든, 사회적 개인으로 불리든) 우리는 몸으로 사는 존재지만 대부분의 경우 이것을 잊고 산다. 그런데 몸으로 사는 존재라는 이 사실을 놀라움으로 지각하게 되는 모멘트가 있다. 몸이 아프게 될 때, 또는 나이가 들면서 몸의 상태가 변할 때다. 나이와 무관하게 또는 나이가 들면서 겪게 되는 격렬한 '몸의 지각'은 타협이 불가능한 '자아 탐험'으로 우리를 인도하고, 이로써 자기 이해나 시간 이해, 타자와의 관계나 사회활동 등에서 심각하고 결정적인 변화들을 불러온다.

'새벽 세 시'는 이 변화들이 가장 날카롭게 지각되는 시간이다. 통증의 들쑤심에 속절없이 지새우는 밤의 새벽 세 시를, 쏟아지는 잠을 떨치며 지친 몸으로 아픈 이의 머리맡을 지키는 새벽 세 시를, 나이 들어가며 '전 같지 않은' 몸을 마주하게 되는 새벽 세 시를 떠올려보라. 가장 아끼는 음악의 축복 속에서 몽상의 글귀를 암송하고 사유의 문장들에 공명하며, 그렇게 자기만의 우주를 누리던 저 숱한 새벽 세 시의 시간들은 이제 알 수 없는 미지의 세계로 몸이 우리를 데려가는 시간으로 바뀐다.

심신의 이동과 변화를 가져오는 이 모든 사건의 한가운데에는 몸으로 존재하는 나와 그 내가 만나게 되는 누군가가 있다. 병상에서 읽는 책일 수도, 치료를 담당하는 의료진일 수도, 돌봄제공자일 수도 있는 이 누군가의 경험은 변화하는 나의 경험과 필연적인 동반자 관계를 이루며 각각의, 그리고 또 통합된 하나의 이야기를 짜나간다. 글마다 강조점이 찍힌 곳은 다르지만, '몸으로 사는 삶에 대하여'라고 부를 수 있는 이러한 공통감각이 여섯 편의 글을 이어준다.

종교나 철학, 또는 자본/주의 중심 경제학의 역사적 과정을 살펴보면, 손상 입고 아프고 나이 들고 죽으며 '몸으로 사는 삶'은 언제나 다양한 관점에서 상이한 목적으로 질문되고 있음을 확인할 수 있다. 주로 격렬하게 부인되고 은폐되거나, 전면에 부각된다고 해도 정작 다른 것을 돋보이게 하려는 위장전술용이기 일쑤지만, 때론 핵심 화두나 의제로서 복잡하게 뒤엉킨 논의의 미로를 반딧불처럼 밝히기도 한다. 이와는 달리, 필자들 각자가 직면하고 경험한, 지금도 살아내고 있는, 구체적인 삶의 현장에서 촉발된 이 책의 글들은 매우 단순하지만 또한 그만큼 답을 찾기 어려운 질문에서 출발한다. 손상 입고 아프고 나이 들고 죽으며 '몸으로 사는 삶'에 관해 이야기하고, 담론을 만들고, 그것을 토대로 어떤 정치학이나 사회운동을 점화하는 것은 왜 이토록 어려운가. 좀 더 구체적으로 말해서 '젊고 아픈 몸'이나 늙음의 과정, 늙어가는/늙은 몸으로 살기, '치매' 등으로 상당히 '비정상적'이고 위험한 일상을 살기, 그리고 그 모든 것을 관통하는 '돌보고 돌봄을 받기'는 왜 늘 그렇게 덜 중요하거나 사소하거나 사적인 '가정의/가족의/여성의' 일로 치부되는가. 사회적 의미를 부여받을 경우엔 또 왜 그렇게 손쉽게 다짜고짜 '국가책임'의 일로 떠넘겨지는가.

'전문적'인 연구의 대상이 될 때도 사정은 크게 다르지 않다. 통계와 수치를 앞세운[1] 사회학적 분석이거나, 거기에 자원이나 조처 방안을 덧붙인 사회복지학적 대응이거나, 맥락적 특이성과 복잡성이 사라진 채 추상화된 개인들의 개별 사례로 남게 되는 간호학적 보고가 주를 이룬다.[2] 대중의 관점에서 살펴보면 이렇다. 서점에 가면 아프며 사느라, 돌보며 사느라 지옥과 천당을 수도 없이 왕복한 이들

1 예컨대, 보건복지부의 '2017 노인실태조사'에 따르면, 현재 한국의 65세 이상 노인 인구는 739만 명이고, 만성질환을 앓는 65세 이상 노인이 89.5%에 달한다. 한국의 노인 인구는 2025년 1000만 명을 넘고, 2035년에는 1500만 명에 이를 것으로 전망된다. 추정 치매환자 수는 75만 명 정도다(한겨레, 〈대한민국 요양보고서〉, http://www.hani.co.kr/arti/society/rights/893616.html, 2019. 12. 31 확인).
그리고, 노인장기요양보험 통계연보에 따르면 2017년 현재 주 수발자의 71.7%가 여성이고, 간병살인은 노-노 돌봄에서 주로 발생하며, 이때 가해자의 74%가 남성이다〔유영규 외 (2019), 《간병살인, 154인의 고백》 ebook, 루아크, 254쪽〕.

2 이것은 어느 정도 단순화의 위험을 무릅쓴 진단이다. 특히 간호현장에서 다자적으로 일어나는 많은 경험들은 앞으로 이 분야의 담론을 보다 핍진(逼眞)하고 풍부하게 만들 수 있는 중요한 토대다. 간학문적 연구와 장르를 넘나드는 언어화의 가능성에 큰 기대를 걸어본다.

의 '경험담'이 적지 않은 독자들의 진심 어린 관심과 감사를 받는다. 그런데, 이게 전부라면?

문제는 부재하는 '사이'들, 그리고 차이들이다. 사이들과 차이들이 부재하는 것은 위에 언급한 양상들이나 태도들, 해결 방안들 '사이'가 의미 있는 인식론적 질문의 관계로 연결되지 못하고 있기 때문이다. 연결된 것으로 파악해야 한다는 인식론적 정당성이 요청되기엔, 아프고 늙(어가)고 돌보거나 돌봄 받는 일은 명백히 몸의 일이라는 것이다. 다시 말해서 '자연적이며 사적인, 일차적으로 가족과 상관있는 일'이며, 그러니까 (드러내놓고 말하든 침묵으로 동의하든) 여성의 일이라는 것이다. 이렇게 문제와 현상은 서로 환원적 원을 그리며 논의 자체를 동어반복으로 만든다. 그 결과 아픈 몸으로 사는 것에 대한, 의존에 대한, 돌보고 돌봄을 받는 것에 대한, 관계에 대한, 존엄에 대한 이야기'들'이 매우 부족하다. 나이 들며 달라지는 몸(의 기능)과 질병에 대한 관심은 제도 마련이 아니라, 불편한 몸으로 아프면서 사는 것, 견디는 것에서 시작된다. 낯설고, 종종 불가능해 보이는 이 시간을 어떻게 이해하지? 어떻게 살아내지? 무엇이 나를 견디게 하지? 누구 덕분에, 누구와 함께 견디며 통과하는 거지? 이런 질문들에서 시작된다. 제도적인 것이 해결되어도 남아 있는 몸의 고통, 노동이나 윤리적 다짐만으로는 다 설명되지 않는 돌봄의 복잡함들, 살아 있음이나 인간/다움 등에 대한 깊고 통렬한 질문들. 이런 것들을 생략하지 않고 온전히 이해하겠다고 붙잡고 버티는 태도는 진정한 관심과 용기가 있어야 가능하다. 그런데 사회과학적 진단과 복지적 대책 마련의 기능주의가 정책리스트에 기입하는 '○○ 위기' 논의에서 가장 먼저 삭제되는 것이 바로 이것들이다. 역설이 아닐 수 없다. 이 역설은 몸으로 산다는 것과 관련한 의제들이 현재 한국사회에서 다루어지는 방식을 반영한다. '돌봄위기' 담론의 예시를 통해 이 역설이 어떤 방식으로 대중성을 확보하는지, 그러나 어떤 방식으로 논의의 전개 자체를 막아버리는지 좀 더 자세히 살펴보자.[3]

2. '돌봄위기' 담론, 무엇이 문제인가

한국사회에서 '돌봄위기'가 정책적 차원에서 논의되

3 여기에서는 고령자 돌봄과 관련해 돌봄위기 담론의 역설적 폐제(foreclosure)를 다루지만, 돌봄은 젊고 아픈 사람의 경우에도 똑같이 핵심적인 문제다. 돌봄을 받는 사람의 '나이'가 돌봄의 필연성과 가치를 다른 척도로 재도록 유도하기도 하지만, 고령자 돌봄이 '위기'로 파악되는 방식과 논리는 젊고 아픈 사람의 돌봄을 둘러싼 문제들에도 시사점을 던져준다.

기 시작한 지 거의 이십여 년이 되었다.[4] 한국사회보다 앞서 초/고령화가 진행된 나라들에서 시작된 돌봄위기 담론과 사회정책 변화를 거울 삼아, 시행착오를 줄이면서 돌봄사회로의 전환을 꾀하자는 제안은 설득력이 있었다. 그러나 일반 시민들의 삶 속에서 이것이 중요한 의제로 자리 잡고 일종의 공통감각 하에 해법을 찾아나가는 일은 쉽지 않았다. 초/고령 사회가 가져올 '위기들'에 대한 경고음은 계속 울렸지만, 사람을 수치로 환산하면서 주로 경제나 정책과 관련해 울린 경고음들이 막연한 불안이나 두려움 이외에 어떤 각성이나 이해를 촉진시켰는지 의문이다. 위기를 다면적인 질문으로 만들기보다는 '독거사'에서 시작해 '고려장'이나 '간병살인' 등 내 것으로 품기 어려운 추문으로만 떠돌게 한 건 아닌지.

서울신문에서 기획·연재한 〈간병살인 154인의 고백〉(2018)에 이어 한겨레 창간기획으로 연재된 〈대한민국 요양보고서〉(2019)는 아마도 돌봄위기를 공식 언론에서 진지하게 '본격적으로' 다룬 최초의 사례가 아닐까 한다. 두 탐사보도는 고령자 간병으로 대변되는 돌봄이 현재 한

4 조한혜정 (2004), 〈여성정책의 '실질적' 패러다임 전환을 위한 시론: 여성의 경험과 관점에서 사회를 재편한다〉, 여성부, 《한국 여성정책의 뉴 패러다임의 정립》 참조.

국사회에서 어떤 '곤경'에 빠져 있는지, 그 실상에 보다 가까이 다가가고자 시도한다.

그렇다면 어떻게 이 곤경의 수렁에서 빠져나올 수 있는가? 전문가의 목소리를 빌려 '돌봄에 대한 사회적 인식'과 '재원 확보'를 제시하고 있긴 하지만, 질문은 사실 고스란히 날것으로 남아 있다. 그런데 이 질문이 충분히 고통스럽지 않은 것일까? 사람들이 이 질문을 충분히 묵직한 불편함과 통증의 덩어리로 받아 안지 못하는/않는 것 같다. 탐사보도를 지켜보면서, 그리고 특히 댓글로 드러나는 '대중들'의 반응을 확인하면서 든 느낌이다. '위기'를 말하는데, (물론 문법상으로 위기의 주어는 돌봄이지만) 주어가 애매모호하다. 자율이 불가능해진 몸으로 '결국 감옥'일 요양원에 옮겨져, 요양이나 보호 아닌 '처치', 아니 심지어 '학대'를 받다가 (아무도 울어주지 않는) 죽음을 맞이하게 되는 고령자가 위기의 주어인가? 요양원이 아니라 집에서라면 갇혀 있음이나 처치, 학대의 문제는 '깔끔하게' 사라지고, 존엄하게 살다가 죽을 수 있나? (집에서도 배회와 '똥칠'과 해질녘에 심해지는 망상은 그대로일 텐데?) 살과 뼈를 갈아 넣어도 결코 완결되지 않는 돌보는 일의 고통에 덧붙여 '가해자'라는 윤리적 비난에 휘말리며 (집 안에서건 집 밖의 공적 기관에서건) 착취당하는 '돌봄제공자/노동자'가 위기의 주어인가? 아니면 '재원 확보'의 요구 앞에서 속 시원한 답을 낼 수 없는 국가가 위기의 주어인가? 언제나 여성들이 해왔기에 모든 여성들의 유전자에 깃들어 있는 자연적 품성이거나 속성으로 간주되어, 전문성도 도덕적 가치도 한계도 희생도 온전하게 인정받지 못한 '돌보는 일' 자체가 위기의 주어인가? 그렇다면 '돌보는 여성들' 혹은 언제든 자연적 품성을 발휘할 것이라고 기대·요구되는 '여성들'이야말로 위기의 주어 아닌가?[5]

'돌봄위기' 언설에서 애매하게 뭉개지는 '위기'의 주어는 이 모든 사람들과 행위들을 포함한 다수다. 그냥 대기 중에 머물면서 우리를 불편하게 만드는 막연한 '무엇'이 아

5 여성주의가 이에 대응한 방식은 여성에게 본질적인 것으로 부착된 사적 돌봄·살림의 영역에서 여성을 해방시켜 사회·경제·정치 등 공적 영역으로 이동시키는 것과, 여성이 주로 담당하는 돌봄노동의 의미를 여성주의 윤리의식으로 철학하는 것이었다. 그러나 전자도 후자도 '여성의 일'일 뿐 사회의 일이 되기 어려웠고, 후자의 경우 철학의 변방에 머물 뿐 젠더화된 철학을 해체하지도, 돌봄노동을 수행하는 여성들에게 확실한 역량강화의 계기가 되지도 못했다. 여성들에게는, 몇 년 전부터 유행하는 피로사회라는 용어를 빗대어 말하자면, '돌봄'을 대하는 그야말로 깊고 포괄적인 '피로'가 있다. 위기로 치자면 언제나 돌봄노동을 독박해야 했던 여성들의 삶은 이미 너무나 오래전부터 '위기' 상태였기 때문이다. 여성들이 원하든 원하지 않든 빠져드는 이 독박 돌봄의 위기는 '가족이 돌볼 때 가장 잘 돌본다'라는 신화와 뿌리 깊게 연결되어 있다. '가족이니까'를 해체하고 '친구로, 동료로, 이웃으로, 지인으로' 돌보는 것을 예외가 아닌 시민적 보편성으로 만드는 것이야말로 중요한 사회운동과 정치학이 아닐 수 없다.

니다. 그러나 돌봄위기 분석과 언설이 확산되어도 위기는 여전히 막연한 무엇으로 떠돈다. 위에서 예로 든 탐사보도의 댓글들에서도 이런 증상은 확연히 드러난다. '치매에 걸려' 그 모든 수모를 당해야 하는 요양원 입소자들이나, 가해와 착취 사이에서 비틀거리는 돌봄노동자들을 향한 눈물이 한편에 있는가 하면, 그 맞은편에는 이에 대한 해법으로 '국가책임'과 '안락사/존엄사'가 있다. '똥칠하며 비참하게 사는 사람'은 분명 '더 이상 살고 싶어 하지 않을 것'이며, 그렇기에 '죽을 선택권'이 주어져야 한다는 추측과 주장의 연쇄고리는 지나치게 단순하다. 그것은 또한 '인권의 이름'으로 주창되기에 더 위험하고 위협적이다. 의존과 비참과 존엄은 그 '사이들'이 모조리 지워진 채 앙상하고 뻣뻣하게 부딪치며 서로를 부정하고 위협한다. 그 배면에서는 '그래도 살아 있을래? 살고 싶어?'라는 질문이 납처럼 무겁게 깔린다(고 나는 느낀다). 이 위험하고 위협적인 질문이 진지하게 다면적으로 검토되지 않는 상황에서 돌봄의 윤리가 돌봄의 노동과 조화롭고 의미 있게 만나는 일은 가능하지 않을 것이다. '돌봄위기' 언설에서 '위기'의 주어가 되고 있는 주체들 모두를 '나'와 연루시키는 감각이 없기에 이 위기는 '위험한 계기'로 전환되지 못하고 있다. '나의 전 생애'에 걸친 문제로, '내 삶의 위기'로 감각하고 지각하지 못하는데 어떻게 사회인식이 바뀔 수 있는가? 국가는 누구를 대상으로, 무엇을 향해 책임을 지는가?

3. 두려움을 직면하기

우리는 모두 아프고 늙으며 살며 죽는다. 이 모든 삶의 순간들에서 우리는 누군가의, 무엇인가의 돌봄에 의존한다. 또한 의존하면서 의존하는 다른 누군가를, 무엇인가를 돌본다. 내용과 형태, 정도의 차이는 있지만 돌봄은 언제나 상호적이며 쌍방향적이다. 의존과 돌봄에 대한 이야기는 그만큼 더 다양하고 세밀하게, 복합적으로 발화되고 청취되고 해석되어야 한다. 돌봄이 어떤 노동이고 어떤 윤리적 가치인가를 차이 속에서 보편적 합의로 구성해내는 것은 어렵지만 포기할 수 없는 우리 모두의 공통과제다.

이 과제를 단숨에 풀 수 있는 지름길은 없다. 젠더의식을 토대로 한 삶과 죽음에 대한 인문학적 성찰, 자기와 타자의 관계, 의료제도, 의료기기와 관련한 테크놀로지, 생명공학, 정체성, 생명정치학, 사회학 등 다양한 논의들이 중첩되어 작용하는 '덩어리'이기 때문이다. '사람으로' 산다는 것은 무엇인가, 죽음을 '맞이하기'는 어떻게 이루어지는가, 병들고 아픈 몸으로 산다는 것은 무엇인가, 의존적 상태로 살 때 자아 존중의 문제는 어떻게 이해되는가, 돌봄 정의는 어떻게 구현되는가 등 돌봄과 연관된 의제들은 교차하는 수많은 선들로 이루어진 망이다. 이 망들을 의미로 연결시키는 힘은 '사람'에게서 나온다. 그런데 이 사람에 대한 이야기가 너무 축소되고, 그래서 연루된 사람들(의 삶)이 통계로 추상화되는 일이 더 가속화되는 것은 아닌지.

〈간병살인 154인의 고백〉과 〈대한민국 요양보고서〉가 드러낸 의존의 '지옥도'에 대한 반응에서(특히 〈대한민국 요양보고서〉의 경우) 국가책임과 안락사 허용이 대세를 이루었음을 다시 한번 상기해보자. 후자의 경우, 사람으로 사람답게 살지 못하게 되었으니 죽음을 선택할 '권리'를 부여하자는 것이다. 그렇다면 '사람'은 누구인가, 또는 누가 '사람'인가. '사람으로', '사람답게' 산다는 것은 매우 논쟁적이며 불투명한 명제다. ('사람답게'는 그 안에 얼마나 많은 차이의 눈금들을 용인하는가.)

인권의 역사는 '사람'이 끊임없이 재/발명된 역사다. 누구나 '사람으로서' 마땅히 누려야 할 보편적 권리인 인권은 천부인권설이 주장하는 것처럼 태어남과 동시에 자연적으로 주어지는 것이 아니라, '사람'을 계속 발명함으로써 주어진다. 출생지와 성별과 피부색과 종교, 또는 성정체성이나 계급을 두고 그래왔듯이, 아프고 늙고 의존하는 몸을 두고도 우리는 인권 차원에서 '사람'을 고민하고 발명해야 하는 건 아닐까.

의존이 비참한 상황을 부르고, 이것이 곧바로 추함과 역겨움으로, 사람으로서 감당할 수 없거나 사람이라면 용인해서는 안 되는 것으로 해석되는 게 '현실'이라면, 이 '현실'을 '나'의 현실에서 지우려는 욕구는 사라지지 않을 것이다. 그 '현실'의 허구를 직면하기에는, 내가 그토록 의존적인 상태에 빠지는 것도, 그토록 의존적인 상태에 빠진 누군가를 돌보는 '책임자/보호자'가 되는 것도 너무나 두려운 것이다. 그래서 '차라리'를 의미심장한 선택지인 것처럼 주장하게 되는 것이다.[6]

우리가 해야 할 일이 무엇인지는 명백하다. '아프고 늙고 의존하는 몸으로 사는 것'이 가능할 뿐 아니라 의미 있는 사회를 만드는 것이다. 미리 앞당긴, 투사된 두려움에 먹잇감이 되는 대신 두려움의 실체를 꼼꼼히 살피고 조건과 관행, 구조를 바꾸는 일에 힘을 쏟아야 한다. 경험을 모

6 안락사라고 부르든 존엄사라고 부르든, 혹은 더 나아가 자유죽음이라고 부르든 이러한 선택이 삶과 죽음에 대한 고유한 '자기결정권'이 되기 위해서는 지겹다고 할 정도로 충분한 논의와 성찰, 이 결정의 실행과정을 동행하는 다양한 사회적 장치들이 먼저 마련되어야 한다. 무엇보다 이 결정은 고유하고 온전한 '사람'이 바로 그 '사람'의 자리에서 내리는 것이어야 한다. '더 이상 사람으로 산다고 할 수 없으니'가 동기여서는 안 된다.

으고, 그 경험을 지식으로 만들어 유통시키고, 상상력도 최대한 펼쳐야 한다.

주위를 둘러보자. 여기, 아프고 늙고 의존하는 몸으로 사는 사람들이 곁에 있다. 의존과 돌봄은 끔찍한 두려움이 되기 훨씬 이전부터 항상 있어왔다. '건강한' 몸, 가족 돌봄(이라 말하지만 실제로는 가족 내 여성 돌봄)이 당연시되던 때, 그 당연시 때문에 '두려울' 권리조차 갖지 못했던 많은 젊고 아픈 사람들, (가족이 없거나, 먹고살기 위해 아픈 몸으로도 계속 일을 해야 했던) 늙은 사람들, 돌보는 '책임'을 몽땅 짊어져야 했던 여성들이 있었다. (고령화나 저출산 등에 따른 인구학적 변동이 돌봄의 위기를 가져온 게 아니다.) 이제 비로소 그 '당연시'가 질문되고, 현장이 보이고, 고통이 들리고, 논의가 시작되었는데, 이 시작의 전개를 두려움이 막아서게 내버려둘 수는 없다. 의존하고 돌보면서 '서로' 사람이 되는, 시민적 관계 맺기로 서로 '감응 있는 책임'을 지는 사회를 만들기 위해 우리가 선택할 것은 '직면'이다. 그동안 두려울 권리조차 갖지 못했던 사람들의 삶을 직면하고, 이제 흉흉하게 번지는 '비참한 목숨 연장'의 두려움을 직면하는 것이다. 실천하면서, 논의하면서, 또 때론 실패하면서 이 직면을 통해 상호의존적 삶이 정의롭고 평등한 삶이 되도록 만드는 것이다. 이 책에 실린 여섯 편의 글은 그러한 직면의 시도들이다. 작은 샘물인 이 시도들이 독자들의 시도들과 만나 뚜렷한 흐름을 형성할 수 있길 희망한다. 앓고 돌보며, 스스로에게 낯설어지는 몸을 만나며 외롭게 지새우던 새벽 세 시의 시간들이 그렇게 만나 힘 있는 변화의 장을 만들 수 있길 바란다.

필자들을 대신해서, 김영옥

시민으로서 돌보고 돌봄 받기

전희경

늙고 아프면 누가 나를 돌봐줄 것인가? 갑작스러운 증상으로 거동이 불편해 누군가의 도움이 필요해졌을 때, "큰 병원으로 빨리 가보세요"라는 말을 듣고 대학병원에서 CT촬영을 한 후 검사 결과를 기다릴 때, 혹은 가까운 이들의 부고나 투병 소식을 들은 날 혼자서 진지하게 이 질문을 던져본 사람이라면, 자신의 늙음과 몸의 불확실성에 대해 두려움을 느낄 것이다.

나도 그런 상상을 자주 해본다. 내가 만약 거동이 힘들어져 누군가에게 전적인 돌봄을 받아야 하는 상황에 처한다면, 나는 누구로부터, 어떤 돌봄을 받고 싶을까? 용변 처리에 도움이 필요하다면 누구에게 부탁할 것인가? 물을 쏟아도 스스로 옷을 갈아입을 수 없으면 누구를 부르게 될까? '생각조차 하기 싫은' 마음의 장벽을 넘어 구체적인 얼굴들을 생각해내려 애쓰다 보면, 가장 먼저 떠오르는 것은 역시 나와 가까운 사람들 — 내 성격과 기질, 호불호와 평소 습관, 말하자면 나라는 사람의 고유성에 대해 '아는' 사람들이다. 그렇지만 나를 돌봐주길 바라는 이들이 감당해야 할 것들에 생각이 미치면 다시 마음이 바뀐다. 차라리 완전히 타인인 직업적 간병인이나 요양보호사에게 엉덩이를 맡기는 것이 낫겠다는 생각이 든다. 사실 전문적인 훈련을 받은 돌봄노동자의 돌봄이 질적으로 더 안전하고 좋은 돌봄일 수도 있다. 무엇보다 관계의 역사에서 오는 복잡한 감정과 부담을 덜 수 있을 테니, 가까운 이들에게 돌봄을 받을 때보다 오히려 더 마음이 편할 것 같기도 하다. 적어도 내가 그에게 '짐이 되고 있다'라는 생각은 덜할 테니까. 그러나 열악하기 짝이 없는 돌봄노동자들의 노동조건과 연일 기사화되는 요양원 학대 사건들을 떠올리다 보면, 마음이 더 편하기보다 '마음'이라는 것 자체가 오가기 어려운 상황인 것 같아 망연자실해진다. 마음이 없는 돌봄, 그런 것 속에서 나는 살아갈 수 있을까.

아는 사람에게 부탁하는 것은 괴롭고, 모르는 사람에게 부탁하는 것은 두렵다. 필요한 돌봄과 가능한 돌봄 사이의 간극이 너무 클 때, 우리는 생각을 중단하기 쉽다. 돌봄을 주제로 강의했던 한 강연장에서 참석자들을 대상으로 "내가 만약 전적인 돌봄이 필요한 질병에 걸린다면?"이라는 질문을 던진 적이 있다. 많은 이들이 "생각하기 싫다"라고 답했고, 어떤 이는 "안락사를 알아보겠다"라고 적었다. 가장 많이 나온 답변은 "전문 간병인(요양보호사)에게 부탁한다"였는데, 전체의 약 1%에 불과한 공공 요양기관 중 하나인 서울요양원의 입소대기자가 1000명이 넘어간다는 기사[1]를 소개하자 모두들 할 말을 잃었다.

한국사회의 심각한 '돌봄위기'와 7년 후로 다가온 초고령사회 진입에 대한 우려는 이제 우리에게 익숙하다. 익숙하지 않은 것은, 이 사회적 현실을 '나의 문제'로 생각하고 공동의 토론을 이끌어낼 수 있는 구체적 방법이다. 필요한 돌봄과 가능한 돌봄 사이의 간극을 여성들의 사랑, 노동, 헌신, 고통, 번민, 고뇌, 매일의 분투가 메워왔던 압도적인 젠더 부정의에 대해 개입하지 않는 사회정책은 해롭다. 우리 자신과 우리가 맺는 관계들을 제외한 채 '국가의 책임'이나 '정책적 변화'만을 논하는 것은 공허하다. 대안을 논하고 대안을 만들며 대안이 되기 위해, 각자가 스스로 깊이 생각하고, 함께 토론해야 할 것들이 많이 있다고 생각한다. 무엇보다 우리는 인간인 우리 자신의 취약성에 대해 좀 더 진지해져야 한다.

1 "기저귀 하루 7번 교체, 욕창 없는 요양원… 그러나 대기 노인만 1313명", 《한겨레》, 2019년 6월 5일.

환자나 보호자, 노인이나 장애인이 '시민'이기 어려운 사회는 무언가 잘못된 사회다. 돌봄을 주고받는 관계가 '시민적 관계'에서 이렇게나 멀리 떨어져 있다면 우리 중 누구도 질병, 돌봄, 늙음을 두려워하지 않을 수 없다. 돌봄을 누락한 채 이루어지는 어떤 시민권/시민성citizenship 논의도, 나아가 시민을 전제로 하는 정치체제와 법제도도, 결국 거대한 부정의를 재생산하게 된다. 이 글에서 나는 "늙고 아프면 누가 나를 돌봐줄 것인가?"라는 질문을 똑바로 마주하고, 윤리로서의 시민성, 권리로서의 시민권, 문화적 가치로서의 시민다움을 재정의해나가기 위한 시론적 논의를 해보고 싶다. 그러려면 우선 '시민'과 '가족' 사이, '시민'과 '돌봄' 사이에 놓인 간극과 공백을 더듬어보아야 한다.

1. 가족에게는 맞지 않는 일

"돌봄은 가족에게는 맞지 않는 일일지도 모른다." 일본의 페미니스트 사회학자 우에노 치즈코 선생의 책《누구나 혼자인 시대의 죽음》에 나오는 구절이다.[2] 이 문장을 보

2 우에노 치즈코 (2016),《누구나 혼자인 시대의 죽음: 홀로 죽어도 외롭지 않다》, 송경원(역), 어른의시간, 226쪽.

자마자 형광색으로 밑줄을 쳤던 기억이 난다. 비밀스런 해방감과 함께 많은 질문들이 떠올랐다. 그가 이 문장을 쓴 것은, 치매환자를 있는 그대로 받아들이는 것은 관계의 역사가 있는 가족에게 더 힘겨운 일이며("우리 어머니는 이런 분이 아니셨어요!"), 오히려 제3자가 치매를 겪는 현재를 더 잘 수용할 수 있다는 맥락에서다. 하지만 나는 이 문장으로부터 더 많은 논의를 이어갈 수 있다고 생각했다.

우리 사회는 오랫동안 "늙고 아프면 가족밖에 없다"고 여겨왔다. 정말 그런가? 한국에서 노인학대의 약 90%는 가족 안에서 발생한다.[3] 가족과 함께 살던 노인이 혼자 사는 노인보다 요양시설에 가는 비율이 최대 32배 높다는 통계도 있다.[4] 연명치료를 유보/중단하는 결정의 66.8%가 본인이 아닌 가족에 의해 이뤄지고 있다.[5] 하지만 중장년층 시민 10명 중 7명 이상이 "간병문제에 대해 당사자인 부모와 대화를 나눠본 경험이 없다."[6] 말기 환자와 가족들을 대상

3 보건복지부 (2019), 《2018년 노인학대 현황보고서》.

4 석재은, 이기주 (2017), 〈장기요양 인정자의 최초 재가급여 선택과 유지 및 이탈에 대한 영향요인: Aging in Place 지원을 위한 탐색〉, 《보건사회연구》 37(4), 한국보건사회연구원.

5 "존엄사법 1년 반… 연명치료 거부서류 30만 명, 존엄사 선택 6만 명", 《연합뉴스》, 2019년 8월 11일.

으로 '좋은 죽음'에 대해 조사한 연구결과에 따르면, 한국인 환자들이 가장 높은 응답을 한 항목은 "가족에게 부담을 주지 않는 것"이었다고 한다.[7] 요약하자면, 가족이 돌봐줄 것 같지만 정작 가족끼리 간병에 대해 거의 대화하지 않고, 대화한 적 없지만 주된 결정은 가족이 하고 있는 것이다. 많은 이들이 "늙고 아프면 가족밖에 없다"라고 말하지만, 동시에 많은 이들이 "가족에게 부담주지 않는 것"을 가장 중요하게 여긴다. 한국사회에서 가족이란 대체 무엇인가?

위기는 '독박'의 구조로부터 온다

2000년대에 들어선 이후 조금씩 늘어나고 있는 '간병기록'을 담은 책들의 목록을 훑어보다 보면, 얼마 되지 않는 간병체험기 중에 남성이 쓴 책이 훨씬 많다는 사실을 발견하게 된다. 여성의 육아는 다큐가 되지만 남성의 육아는 예능이 되어온 현실을 돌이켜볼 때, 이 불균형은 놀랍지 않다. 현재 가정에서 돌봄을 받는 환자는 약 100만 명으로 추

6 "인구 14%가 노인인데… 간병 문제 무심한 불안한 한국", 《머니투데이》, 2017년 10월 23일.

7 비교조사에 따르면 미국인은 '통증에서 해방'을, 영국인은 '익숙한 환경'을, 일본인은 '신체적 · 정신적 편안함'을 1위로 꼽았다. "한국인에게 좋은 죽음이란 '가족에게 부담 안 줘야'", 《중앙일보》, 2018년 10월 11일.

산되는데,[8] 그 가족 내 돌봄의 약 80%를 여성들이 담당하고 있다. 공적영역에서 이루어지는 돌봄의 성비 불균형은 더 심하다. 간호사, 간병인, 요양보호사 등 주요 돌봄노동자의 90% 이상은 여성이다. 가족 안팎에서 돌보는 일은 여성이 압도적으로 많이 하는데, 돌봄 경험에 대한 책은 남성이 더 많이 쓰고 있는 셈이다.

긴 시간 어려운 간병을 한 남성 저자들 개개인의 진실한 이야기들을 존중하고 경청하는 것과는 별개로, 이 명백한 재현의 불균형은 그 자체가 분석 대상이자 문제의 일부다. 누구의 돌봄이 사회적으로 '인지'되고, 책을 낼 정도로 중요한 지식, 경청할 만한 이야기로 인식되는가를 드러내기 때문이다. 이것은 제도화된 '당연시'의 문제다.

출판시장과 미디어의 재현과는 달리, 통계적으로 간병은 압도적으로 여성들이 도맡아온 일이다. 여자병실이든 남자병실이든, 병원 입원실에서 쪽잠을 자는 보호자들은 대체로 여자들이다. 하나같이 입을 모아 '아들 소용없다', '남자 어디다 쓰냐'고 한탄한다. 어쩌다 여자 보호자들만큼 주도적으로 간병하는 남자 보호자가 있으면, 그는 모

8 유영규 외 (2019), 《간병살인, 154인의 고백: 우리 사회가 보듬어야 할 간병 가족들의 이야기》, 루아크.

두의 칭찬을 받는 미담의 주인공이자 부러움의 대상이 된다. 돌봄노동이 여성의 '본성'에 걸맞는 성역할로, 그리고 노동시장의 직종분리 메커니즘 속에서 여성의 '전문분야'로 자리 잡아온 오랜 성별분업체제의 결과다.

한국 정부는 1960년대 이후 추진된 근대화 프로젝트 속에서 노동시장의 정년제와 '경로효친'의 문화적 규범을 제도화했다. 이 '국가주도 경제발전'의 패러다임 속에서, 인간은 '국민'이고, 국가경제 발전에 기여해야 할 '산업역군'이며, 이를 위해 성인이 되기 전까지는 의무교육을 받아야 하고, 정년이 지나고 나면 '경로효친'의 대상이 되어 노동시장의 바깥에 모셔졌다. 여성의 위치는 모순적이었는데, 그는 '국민'이라기보다는 '국민의 아내/어머니'여야 했고, 국가경제 발전에 기여하되 결혼 후에는 '부녀자'로서 남성 가장을 매개로 국가와 관계 맺었으며, 노년에도 '경로효친'의 대상이기보다는 어머니 노릇이 무한히 연장되는 삶이 기대되었다. 늙고 아픈 사람을 돌보는 이들의 절대 다수가 여성인 지금의 현실[9]은, 이처럼 반세기 이상 누적된

9 늙고 아픈 사람을 돌보는 주 수발자의 71.7%가 여성이고(2017년 노인장기요양보험 통계연보, 국민건강보험공단, 2018), 의료서비스분야 종사자 중 여성은 약 82%(한국보건산업진흥원, 2018)이며, 장기요양기관에 근무하는 요양보호사의 94.6%, 시설에 근무하는 요양보호사의 93.8%가 여성이다

젠더 부정의injustice의 결과다.

"가장 힘든 집안일은 혼자 하는 집안일"이라는 말이 있다. 지금까지 돌봄을 '가족'에게, 그중에서도 특히 여성에게 전가해온 한국사회의 부정의한 구조 안에서, 돌봄은 기꺼움보다는 고역이었으며, 새로운 관계성보다는 희생과 독박, 학대나 방치에 더 가까이 있었다. '독박'에 대한 두려움은 돌봄의 내용과 분배방식 자체에 깊은 영향을 준다. '나만' 하게 될지도 모른다는 공포는 '나도' 함께 돌보겠다는 마음을 주저앉힌다. 많이 아픈 사람, 장시간 돌봄이 필요한 사람을 한두 명의 가족구성원(주로 아내와 딸)의 책임으로 떠맡기는 것은 사실상 인권침해다. 돌보는 사람에게, 그리고 결국은 돌봄을 받는 사람에게도 그렇다. 돌봄위기는 '독박'의 구조로부터 온다. "늙고 아프면 가족밖에 없는"

(2015년 12월 기준). 한편, 2017년 비공식 수발자의 노인 돌봄 비율의 세부 내용을 보면, 청소, 빨래, 시장보기 / 식사준비 / 신체기능유지지원 등 3가지 항목 모두에서, 남성노인은 아내가 돌보고 여성노인은 딸이 돌보고 있었다(보건복지부, 한국보건사회연구원, 2018). 그 구체적 내용은 다음과 같다.

- 청소/빨래/시장보기 – 여성노인 : 딸(29.5%) 〉 남편(23%) 〉 맏며느리(15%) / 남성노인 : 아내 (71.5%) 〉 딸(11.1%) 〉 맏며느리(8.1%)
- 식사준비 – 여성노인 : 딸(32.2%) 〉 남편(22%) 〉 맏며느리(18%) / 남성노인 : 아내(75.1%) 〉 딸(12%) 〉 맏며느리(7.6%)
- 신체기능유지지원 – 여성노인 : 딸(46%) 〉 남편(19%) 〉 맏며느리(16%) / 남성노인 : 아내(71%) 〉 장남(13.5%) 〉 딸(8.2%)

사회는 모두에게 불안하고 힘겨운 사회일 뿐이다.

"가족같이 돌보겠습니다?": 대안이 없으면 우리는 함께 퇴행한다

사실 늙고 아픈 사람을 누가 돌봐야 하는가에 대한 사회적 인식은 지난 20년간 크게 변화해왔다. 통계청의 인구주택 총조사를 분석한 결과에 따르면, '부모 부양을 누가 담당할 것인가'에 대해 '가족'이라고 답한 비율은 89.9%(1998년)에서 30.6%(2016년)로 급감한 반면, '사회 혹은 기타'라고 답한 비율은 2.0%(1998년)에서 50.8%(2016년)로 증가했다. '스스로 해결'이라는 대답도 8.1%(1998년)에서 18.7%(2016년)로 증가했다.[10]

사회적 돌봄에 대한 이야기가 늘어나는 것은 물론 반가운 일이다. 문제는 2010년 이후 꾸준히 과반수 이상을 차지해온 '사회 혹은 기타'의 구체적인 내용이다. 여기서 '사회'라는 말의 정확한 의미는 무엇일까?

"내 가족처럼 돌보겠습니다."
"가족처럼 생각하고 열심히 하겠습니다."

10 김유경 (2017), 〈사회변화에 따른 가족 부양환경과 정책과제〉, 한국보건사회연구원, 《보건복지포럼》(2017. 10).

"가족 같은 마음으로 도와드립니다."

"제 부모처럼 잘 돌봐드리겠습니다."

—한 간병인 구인구직 사이트에 올라온 50-60대 간병인/활동보조인/요양보호사 구직자들의 글 중에서.

이제 많은 사람들은 아프거나 늙은 사람을 돌보는 일은 가족만의 책임이 아니어야 한다고 생각한다. 그리고 이 생각은 공적 돌봄이 필요하다는 주장으로 연결된다. 그런데 불길한 것은, 양질의 공적 돌봄을 약속하거나 묘사할 때(거의 반드시라고 해도 좋을 정도로 자주) '가족'이라는 단어가 다시 등장한다는 점이다. 99%가 시장경쟁에 내몰려 있는 많은 간병/요양사업소들은 하나같이 '가족 같은 마음으로', '가족처럼' 돌보겠다고 선전한다. 독박 돌봄을 구조화해온 성별분업에 대한 분석과 비판이 오래되었지만, 대안에 대한 상상력은 여전히 '가족'에 머물러 있는 현실. '가족'이 할 수 없으니 '가족 같은' 서비스로 대체하자는 것일까?

적어도 어떤 공직자와 정치인들은 그렇게 생각하는 것 같다. 2008년 전국 최초로 '노인학대 예방 및 보호에 관한 조례'를 제정한 경기도의회는 당시 조례 제정을 기념하며 "불효자의 볼기를 치는 장면"을 연출하는 퍼포먼스를 했고,[11] 2015년 일명 '불효자식방지법' 도입을 주장했던 더

불어민주당의 슬로건은 "더 많이 효도하면 노인빈곤이 줄어듭니다"였다.[12] 2015년 국민건강보험공단은 요양보호사에 대한 사회적 인식 개선과 요양보호사의 직업윤리 고취를 위하여 전 국민 대상 공모를 거쳐 요양보호사의 명칭을 '효 나누미'로 정했다고 발표했다. 장기요양급여가 "사회적 효의 실천"이라는 것이다. "요양보호는 전통사회의 효의 역할이며 효를 나눈다는 의미로 어르신의 가족이 되겠다는 의미", "'가족이 가져야 할 근본인 효'를 사회적으로 실천"하는 일이라는 것이 공단 측의 설명이었다.[13] 발표 당시 많은 페미니스트들이 이를 비판하고 반대했지만, 최근에도 요양보호사 교육 등에서 '효 나누미'라는 이름이 여전히 사용되고 있다는 소식을 들었다. 이 정도로 노골적인 예는 아니지만, 요양시설이나 의료현장에서 노년들에게 쉽게 반말을 하고 '어린애 취급'을 하는 현상[14] 역시, 사회적

11 "경기도의회, '노인학대 예방조례' 제정기념 퍼포먼스 가져", 《주간시흥신문》, 2008년 10월 6일.

12 '불효자식방지법' 발의 기자회견, 2015년 9월 3일, 국회의원 민병두, 대한노인회 서울시연합회, 장진영 변호사 주최.

13 "2015년 장기요양기관 우수종사자 표창 및 간담회", 《대전투데이》, 2015년 11월 17일; "국민건강보험공단 요양보호사 명칭 '효 나누미'로 결정", 《전북도민일보》, 2017년 9월 28일.

14 이현정 (2018), 〈병원에서의 반말 사용과 여성 노인 환자의 주체성: 돌봄의 젠더정치〉, 서울대학교 비교문화연구소, 《비교문화연구》 24(2).

관계를 '부모뻘', '자식 같아서' 같은 말로 이해해온 가족 중심의 상상력과 무관하지 않다. 아픈 가족을 오랫동안 돌보다가 "내가 죽고 나면 ○○는 살 수가 없을 것"이라 생각하여 '같이 죽는' 선택을 하는 사건들 역시 같은 연장선 위에 있는 장면들이다.

대안이 없다고 여겨질 때, 우리는 함께 퇴행하기 쉽다. 사회적 돌봄이 가족 돌봄을 모방하거나('가족 같은 돌봄'), 시장 돌봄으로 대체되거나("자녀 대신 간병보험"[15]), 같은 일에 돈을 주는 것 정도를 의미하는 한(가족요양보호사[16]), 오늘날 돌봄위기를 초래한 원인인 젠더 문제의 해결은 요원하다. 부정의한 가족의 대안이 '가족과 비슷함'이라면,[17] 그래서 결국 성별분업은 조금도 해체하지 못한 채 여성들이 자기 가족을 무급으로 돌보던 상황을 다른 사람의 가족을 유급으로 돌보는 상황으로 대체하는 것이 전부라면, 그런 변화는 너무 힘없고 기만적이다.

15 S화재 간병보험 홍보문구.

16 "부모 모시고 부업도 되고… '일석이조' 가족요양보호사", 《중앙일보》, 2018년 6월 7일.

17 박혜경 (2008), 〈가족을 넘어선 페미니즘: 필요성, 가능성 그리고 미래〉, 한국여성민우회(편), 《여성주의 학교 '간다': 페미니즘, 경계에서 세상을 말하다》, 지성사.

돌봄의 가치를 강조하기 전에, 아니, 돌봄의 가치를 제대로 강조하기 위해서라도, 부정의한 돌봄 현실을 먼저 드러내고 해소해야 한다. '효 나누미'라는 시대착오적인 이름과 '어르신 꼬까신 사업' 같은 모욕적인 이름이 사라져야 한다. 지금 한국사회에서 돌봄에 대한 사회적이고 공적인 논의를 진전시키는 데 가장 방해가 되는 것은 '가족' 그 자체다.

타인이라는 희망: '경로효친'이 아니라 시민 연대

우리는 지금 가족을 경유하지 않고서는 '개인'도 '사회'도 상상하지 못하고 있다. 그래서 흔히 친밀한 관계, 신뢰할 수 있고 서로를 돕는 관계, 인생에서 의미있는 소통이 일어나고 서로를 걱정하며 돌보는 관계에 대해 '가족이나 다름없다'라고 말하곤 한다. 공동체, 돌봄, 상호부조, 사회적 안전망… 이 모든 것을 이해하기 위해 기어코 '가족'이라는 단어를 경유하고야 마는 사회적 상상력의 한계로부터, 나 또한 자유롭지 않다. 다른 관계를 경험하기 어렵고, 경험했다 해도 다르게 이름 붙일 언어가 없는 것이다. 하지만 아픈 사람을 돌보는 것이 인간적으로 당연한 일이라면, 그 인간적인 일을 가족만 해야 할 이유는 무엇인가? 사람이 사람답게 살아갈 수 있도록 하기 위해 사회가 존재한다면, 사회정책이 '가족' 돌봄자만 고려하고 돕는 이유는 무엇인가?

많은 관계들이 '가족 같은' 관계로 불리는 사회는 정이 넘치는 사회가 아니라 상상력이 빈곤한 사회다. '가족'이라는 이름 안에 우리가 취약할 때 바라는 모든 것을 욱여넣기보다, 가족 바깥에서도 그럭저럭 시름시름 잘 살아갈 수 있는 구조로의 전환이 필요하다. 타인을 든든해하고 필요할 때 기댈 곳이 있으리라 믿으며 늙어갈 수 있는 사회를 구상하고 현실로 만들어가기 위해서, 우리는 각자의 자리에서 무언가 변화를 시작해야 한다.

우선, 존재하지만 인식되지 않아왔던 가족 바깥의 돌봄들을 드러내는 것에서부터 시작할 수 있다. 페미니스트 경제학자 낸시 폴브레는 '친구'라는 범주에 주목한 바 있다.

> 인구학 사전에서 완전히 빠져 있는 범주가 '친구'다. 그러나 많은 독신들, 특히 노인들은 친척보다는 친구나 이웃에 의지하여 병원에 가거나 정기적인 보살핌을 받는다. 가족간호휴가법이 보장하는 것처럼 결근을 할 수 있는 특전을 직계가족의 간호가 필요한 경우에만 국한해서는 안 된다. 노동자는 타인에 대한 돌봄의 책임을 더 넓은 범위에서 정의할 권리를 가지는 것이 좋고, 그렇게 하도록 격려해야 한다.[18]

실제로 보건복지부 조사에 따르면, 가족 및 사회적 관계 규모에 있어 '마음을 털어놓을 수 있는 친인척'이 있는 노인의 비율(전체 노인의 46.2%)보다 '친한 친구, 이웃, 지인'이 있는 노인의 비율(전체 노인의 57.1%)이 더 높았다.[19] 접촉빈도와 연락빈도 모두에서 역시 형제/자매/친인척보다 친구/이웃/지인이 높았고, 여성노인이 남성노인보다 높았다. 가족 중심의 돌봄 상상이 얼마나 현실과 괴리되어 있는지, 또 젠더가 얼마나 외로움의 구성요소인지 알 수 있다.

오랜 시간 함께하고 아플 때 돌봤지만 법률상 가족이 아니라는 이유로 장례 치를 권리를 거부당하는 시민들이 있다.[20] 혐오로 인해 돌볼 권리를 박탈당하거나 돌본 시간을 부정당하는 성소수자들도 있다.[21] 어떤 죽음들은 우정과 돌봄을 나눈 관계들이 있었음에도 '무연고사'로 처리된다.[22] 지금의 한국사회는 존재하는 '연고'조차 제대로 인식할 능력이 없다.

18 낸시 폴브레 (2007), 《보이지 않는 가슴: 돌봄 경제학》, 윤자영(역), 또하나의 문화, 309쪽.

19 보건복지부 (2018), 《2017 노인실태조사》, 192쪽.

20 이경 (2010), 〈내 안에도 주님이 계십니다〉, 슙 프로젝트(편), 《하느님과 만난 동성애》, 한울 참조.

21 공선영, 박건, 정진주 (2019), 《의료현장에서의 보호자 개념은 다양한 가족을 포함하고 있는가?》, 2019년 사회건강연구소 연구보고서(미간행) 참조.

통증에 시달릴 때, 혼자 화장실까지 갈 수 없는 몸이 될 때, 우리는 무엇에 기대어 견딜 수 있을까? 이 질문에 대한 답이 '결국 가족밖에 없다'는 빈곤한 대답으로 미끄러지지 않기 위해서는 어떤 새로운 버팀목이 필요하다. 좋은 돌봄의 기준이 '가족 같다'는 말로 설명되는 한, 우리는 이미 존재하는 소중한 관계와 도움들을 제대로 존중할 수 없고, 새로운 종류의 돌봄관계를 발명해낼 수도 없기 때문이다.

몸의 변화로 인한 불안에 대해 말을 주고받을 수 있는 관계, 지금까지의 내가 누구였는지만큼이나 아프게 된 이후의 내가 누구일지를 중요하게 여길 수 있는 덜 관습화된 현재적 관계, 돌보고 돌봄 받기를 기대할 수 있지만 어떤 돌봄도 '당연'하지는 않은 관계, 헌신과 인내가 깃든 돌봄을 '가족애'나 '효심'으로 퉁치지 않고 제대로 인식하고 존중하는 관계… 이런 관계들을 상상한다. '독박'을 구조화하는 가부장적 가족으로의 투항을 멈춰 세울 수 있는 새로운 관계 말이다. 가족은 답이 아니라 문제다. 우리에겐 '가족 같은 관계'라는 비유를 넘어서 신뢰와 돌봄이 오가는 인간관계의 새로운 양식이 필요하다. 친구, 지인, 이웃이라는

22 《비마이너》 무연고사 기획: 애도되지 못한 슬픔, '처리'되는 죽음 (3), "살아생전 '부부'였던 당신과 나, 죽음으로 남이 되었다", 2018년 12월 5일.

익명에 가까운 단어들로 사소화되어왔지만, 가족 바깥의 관계들은 언제나 우리 삶의 일부였다. 이런 관계들의 소중함에 어울리는 이름, 이런 관계들 안에서 이루어지는 돌봄에 공적 의미를 부여해줄 수 있는 새로운 개념이 필요하다.

2. 다른 사회를 상상하기: 취약함이 우리의 가능성이다

평등, 독립, 자율성… 이런 단어들은 모두 인간다운 삶을 향한 사회적 노력들이 진화시켜온 소중한 개념들이다. 그러나 돌봄의 경험과 현실 속에서, 이 단어들은 다소 애매해지거나 약간은 부적절해진다. (산소 호흡기를 달고 있는 사람과 그를 돌보는 사람 사이의 '평등'이란 어떤 것일까?) 다른 한편, 사람들의 삶을 특정한 경로에 따라 규율하는 성별화된 생애주기에 대한 도전들은 누구나 자율적으로 생애기획을 할 수 있는 조건을 넓히기 위해 노력해왔다. 그러나 돌봄은 다름 아닌 바로 그 '자율적인' 생애기획이 틀어지거나 불가능해지는 지점에서 절실해진다. 질병은 계획할 수 없고, 돌봄 또한 그렇기 때문이다.

돌봄은 '그 이상'의 사유, '다른' 사유를 요구한다. 돌봄은 '개인'이라는 개념에 기초한 고전적인 자유주의적 계약 그 이상이다. 개인이 먼저 있고 그다음에 개인들 사이의 돌봄이 이뤄지는 것이 아니라, 반대로 돌봄관계 속에서만 비로소 개인은 살아갈 수 있다. 생애 초반에 누군가가 전적으로 돌봐주지 않았다면 우리 중 누구도 지금 살아 있지 못하듯이 말이다. 또한 돌봄은 국가책임 그 이상이다. 물론 돌봄을 정당하게 평가하고 공정하게 분배하며 돌보는 이들을 돌볼 수 있는 법제도와 정책은 너무나 중요하다. 국가는 응당 그러한 책임을 져야 한다. 그러나 "아이를 키우는 것은 국가의 책임입니다", "치매, 이제 국가가 책임지겠습니다"[23]와 같은 슬로건만으로는 충분하지 않다는 것 역시 우리는 알고 있다. 논의를 법제도와 정책에만 맞추면 우리가 할 수 있는 일은 '국가에 요구하기' 외에는 별로 없어진다. 무엇보다, 아무리 좋은 법제도도 나 대신 관계를 만들어주지는 않는다. 그러면 어떻게 해야 할까?

우리의 취약함, 삶의 우연성, 육체의 유한성, 이런 것들에 대해 생각하지 않는 개념은 결국 젊고 건강한 이들만을 위한 것이 될 수밖에 없다. 그리고 그런 개념은 언젠가 젊고 건강한 이들 또한 반드시 배신할 것이다. 다른 사회에 대한 상상력은 무엇보다 인간의 취약함을 사유하는 데서 출발할 필요가 있다.

23 2017년 대통령선거 당시 문재인 후보의 정책공약 슬로건들.

"차라리 깨끗하게 죽겠다?"

'치매(인지장애)'에 걸린 언어학자의 이야기를 환자의 시각에서 그려낸 영화 〈스틸 앨리스Still Alice〉[24]를 보고 이야기하는 자리에 간 적이 있다. 청중들의 대다수는 50~60대였는데, 영화를 본 소감을 나누기 위해 "만약 치매 진단을 받으면 어떨 것 같으세요?"라고 질문하자, 곧바로 "아이구, 빨리 죽어야지!"라는 답이 들려왔다. "그럼 영화에 나오는 앨리스도 빨리 죽었어야 할까요?" 라고 되물었다. 아니라고 했다.

나는 지난 몇 년간 이런 반응을 적지 않게 접했다. 대중 강의에서 만난 많은 시민들이 "한국에서는 안락사가 언제 합법화될까요?"라고 묻거나, "스위스에 가서 안락사를 하려면 2000만 원이 듭니다"[25] 하며 돈 모을 계획을 이야기했다. 취약해지느니, 자율성과 독립성을 잃느니, 그 굴

24 신경학 연구자 리사 제노바의 소설《스틸 앨리스》를 바탕으로 리처드 글랫저, 워시 웨스트모어랜드 감독이 만든 영화(2014, 미국)로, 알츠하이머에 걸린 언어학자 앨리스의 관점에서 진행되는 스토리를 통해 많은 상을 받았다. 감독 중 한 명인 리처드 글랫저는 루게릭병 투병 중에 원작소설을 접하고 영화화를 결심했으며, 영화가 개봉한 이듬해인 2015년 세상을 떠났다.

25 스위스에 있는 비영리단체 '디그니타스'는 전 세계에서 유일하게 외국인에게도 안락사를 주선하는 것으로 알려져 있다. "한국인 2명 안락사 지원, '디그니타스' 공동대표 단독 인터뷰",《서울신문》, 2019년 3월 6일.

욕과 비참을 견디느니 '차라리 깨끗이 죽겠다'는 의지일까. 이런 말들 이면에 놓여 있을 개인의 고통을, 한계로 내몰린 상황을, 거대한 두려움을 짐작해보는 것은 어렵지 않다. 나도 두렵긴 마찬가지이기 때문이다. 하지만 아무래도 뭔가 답답하고 이상하다. 그렇다면 아픈 채로 의존하며 살아가는 사람은 '차라리 깨끗이 죽을' 때를 놓친 사람들이라는 걸까? 무병장수의 꿈, '8899 234 운동',[26] 그리고 '차라리 깨끗이 죽겠다'는 의지에는 모두 어딘가 무시무시한 면이 있다고 생각한다.

> 물론 거부당한 몸을 꺼리는 것은 비정상이 되는 것에 대한 두려움 때문만은 아니다. 그것은 통증, 질병, 한계, 괴로움, 죽음에 대한 두려움 때문이기도 하다. 반대로 거부당한 몸을 문화적으로 추방하는 것은 통증, 질병, 한계, 괴로움, 죽음의 경험들을 잘 알지 못하게 함으로써 그에 대한 두려움을 만들어낸다. 설령 모두가 부정적인 몸에 대한 경험을 가지고 있거나 갖게 될 수도 있다고 해도, '정상적인' 몸에 대한 문화적인 개념이 젊고, 건강하고, 힘이 넘치고, 통증이 없고, 몸의 모든 부분을 갖추고 있고, 최대의 범위로 우아한 움

26 이승주, "'8899 234' 실천하는 법", 《주간동아》 630호, 2008년 4월 8일. 여기서 '8899 234'란 "팔팔하게 99세까지 산 뒤 이삼 일 앓다 죽고 싶다는 뜻"이다.

> 직임을 할 수 있는 것이라면 사람들은 부정적인 몸에 대한 경험을 마주하거나 이해하려고 하지 않을 것이다. 그런 경험은 장애와 병을 가진 주변화된 사람들, '평범하지' 않은 사람들, '우리'가 아닌 사람들에게나 해당되는 것이다.[27]

《모리와 함께한 화요일》에서 루게릭병을 앓고 있던 모리 교수는 "어느 날 누군가 내 엉덩이를 닦아줘야만 한다는 사실이 가장 두렵다"[28]고 말했다. 비혼운동을 해온 페미니스트 단체 언니네트워크가 주최한 한 행사[29]에서 큰 관심을 받은 발표 중 하나는 "누가 내 똥오줌을 받아줄 것인가?"였다. 실제로 아픈 사람을 돌보는 많은 사람들이 '용변보조'를 가장 큰 "고비"라고 말한다. 살아 있다는 증거이기도 한 '똥오줌'이 이렇게 견디기 어려운 난제가 되는 것은 아마도 체액과 체취를 완벽히 통제하는 것을 사회화의 핵심 요소이자 '기본 예의'로 삼아온 우리 문화의 결과일 것이다.[30]

27 수전 웬델 (2013), 《거부당한 몸: 장애와 질병에 대한 여성주의 철학》, 강진영 · 김은정 · 황지성(역), 그린비, 177쪽.

28 미치 앨봄 (2010), 《모리와 함께한 화요일》, 공경희(역), 살림, 56쪽.

29 《비혼 PT 나이트》, 언니네트워크 주최, 2011년 7월 8일.

30 정희진 (2015), 〈대소변을 가리지 못할 때까지 살고 싶습니다〉, 《한겨레》 칼럼, 2015년 11월 13일.

어린 시절부터 '깔끔 떠는' 아이였고 지금도 여전히 통제력을 중시하는 인간인 나는, 이런 '똥오줌 못 가리는 공포'나 '용변 보조의 괴로움'에 대한 이야기들에 매번 깊이 공감한다. 하지만 그때마다 마음 한켠에 함께 떠오르는 장면이 있다. 10대 때 당시 의학으로는 '원인 불명의 난치병'에 걸려 여러 차례 수술을 받고 입원해 있을 때의 일이다. 여섯 시간 넘게 걸렸던 첫 번째 수술 이후 며칠이 지나도 똥을 눌 수 없었다. (많은 입원환자들이 침대에서 용변을 봐야 하는 상황에 적응하기 어려워 변비를 겪는다.) 장 운동을 도와주는 약 처방을 비롯해 다양한 시도가 있었지만 실패하자 담당 간호사는 특단의 조치로 관장을 하자고 했고, 어머니와 나는 관장이 너무 괴로울 것 같아 한 번만 더 노력해보기로 했다. 자세히 묘사하기 어려운 갖가지 노력 끝에 결국 딱딱한 변이 나오기 시작했을 때의 그 기쁨이란! 그게 화장실이 아닌 침대 위였다는 것도, 그 침대가 입원병동 복도 구석에 있었고 허술한 간이 칸막이 너머로 사람들의 발자국 소리가 들려오고 있었다는 것도, 그 순간만큼은 정말이지 중요하지 않았다. 물론 그때는 14세의 아이였기 때문일 수도 있다. 하지만 적어도 '똥오줌 못 가리는 것에 대한 공포'가 시대나 사회적 조건과 무관한 초역사적 인간성의 일부인 건 아니라는 점은 분명하다.

이 두려움으로 무엇을 할까

> 우리에게 주어진 것은 무엇일까? 무엇보다도 우리는 두려움을 갖게 된 것 같다. 그렇다면 이 두려움으로 무엇을 할까? 내게 이 질문은 시민이 된다는 것과 어머니가 된다는 것 둘 다에 있어서 핵심적인 문제로 느껴진다. 어머니로서 우리는 어떻게 해서든 우리의 힘과 우리의 무력함을 조화시켜야만 한다. 우리는 아이를 어느 정도까지 보호할 수 있다. 하지만 우리 자신을 전혀 취약하지 않게 만들 순 없는 것처럼, 아이도 전혀 취약하지 않게 만들 순 없다. 도나 해러웨이가 말했듯이, "인생이란 취약성의 기간이다."[31]

> 나는 장애인과 비장애인들이 몸을 통제하려는 욕망을 줄이고, 몸의 연약함과 실패의 경험도 받아들이며 몸을 존중하고 조화롭게 살아가려는 바람을 늘리는 것으로부터 도움을 받을 것이라고 믿는다.[32]

어머니가 된 후 아이에게 백신을 접종할 것인지 고민하면서 위험천만한 세상과 불충분한 의학 사이에서의 혼

31 율라 비스(2016), 《면역에 관하여》, 김명남(역), 열린책들, 230-231쪽.

32 수전 웬델, 위의 책, 217쪽.

들림에 대해 쓴 율라 비스(2016)의 이야기는 '두려움'에 대한 사유로 성큼성큼 우리를 이끈다. 또한 장애여성학 이론가인 수전 웬델의 이야기는 취약함이, 그리고 취약함에 대한 두려움을 구체적으로 사유하는 것이 어떻게 새로운 논의의 출발점이자 더 좋은 사회로의 가능성이 될 수 있는지를 잘 보여준다.

이 문장들을 여러 번 읽으면서, 나는 정확히 무엇이 두려운 것인지 생각해보았다. 읽고, 듣고, 말하고, 생각하고, 걷는 능력을 잃어버리는 것이 두렵고, 제어되지 않는 통증에 시달릴까봐 두렵고, 죽음이 두렵다. 하지만 기능상실, 통증, 죽음이 두려움의 전부는 아니다. 구체적으로 생각할수록 그렇다. 병원에서 칸막이 없이 몸을 드러내고 처치를 받는 것(많은 중환자실들이 그렇다), 밥을 먹을지 말지, 언제 먹을지, 어디서 무엇을 먹을지 선택할 수 없는 것(많은 요양시설들이 그렇다), 몸을 '망치거나' '막 살' 자유를 잃고 치료나 건강을 위해 '바른생활'을 하도록 규율되는 것(아픈 사람들은 항상 이런 말을 듣는다)… 말하자면 자율성과 통제력, 개성과 고유성을 잃는 것이 두렵다. 왜냐하면 바로 이런 것들이 나를 ('302호 환자'나 '요양등급 2'가 아니라) '나' 라는 고유한 개인으로 만드는 것들이기 때문이다.

하지만 우리는 여기서 '나'의 고유성을 낭만화하지 않

도록 주의해야 한다. '진정한 나(다움)'라는 관념은 이데올로기에 가깝다. 모든 '나'는 시대의 산물이자 사회현상의 일부이기도 하다는 점에서, '나'를 변치 않는 상수로 다루는 것은 부적절하다. 페미니스트 이론가 조운 W. 스콧이 통찰한 대로, "경험은 이미 해석이며, 또한 재해석되어야 할 무엇이다."[33] 혼자서 용변 처리를 할 수 없는 몸 상황을 '차라리 죽는 게 나은' 비참함으로 경험하는 것 역시 우리 사회의 규범이 강제한 '해석된 경험'이며, 페미니스트 관점에서 새롭게 '재해석되어야 할 경험'이다.

두려움은 힘이 세다. 뭉뚱그려져 모호하고 거대해진 두려움은 논할 수도 감당할 수도 없고, 너무 쉽게 취약한 이들(병자, 노인, 장애인)에 대한 혐오로 이어지고 만다. 약함을 수치스럽고 혐오스러우며 경멸받아 마땅한 것으로 여기는 사회에서, 다치거나 아프거나 늙는 일은 단순한 불편이나 손상 이상의 두려움이 된다. 물론 아무리 다치고 아프고 늙어가는 일이 모든 인간의 존재조건이라 해도, 그것이 구체적인 나의 일, 내 몸이 겪는 일이 될 때 두려워하지 않기는 어렵다. 나 역시 무척 두렵다. 어떤 종교나 이론도 이 두려움을 말끔히 몰아내줄 수는 없을 것 같다. 하지만

33 Joan W. Scott (1991), "The Evidence of Experience", *Critical Inquiry* 17(4).

적어도 우리는 '구체적으로' 두려워할 수 있다. 중요한 것은 두려움을 제거하는 것이 아니라(불가능하다), 이 두려움으로 무엇을 할 것인가이다.

독립과 의존은 반대말이 아니다

취약함과 의존성에 대한 우리의 두려움을 똑바로 마주하며 논의할 수 있다면, 어쩌면 지금과는 다른 사회에 대한 상상이 가능해질지도 모른다. 그러려면 그간 '사회'를 구성하는 기본요소로 여겨져왔던 건강한 몸, 독립적 개인, 개인의 소유물로서의 권리라는 관념들을 비판적으로 되짚어보아야 한다.

모든 사람이 건강하고 효율적으로 움직이리라고 전제하는 사회보다, 모든 사람이 취약함을 갖고 있다고 전제하는 사회가 더 '현실적'이다. 그런데도 의존이 이토록 두렵고 위협적인 이유 중 하나는, 우리 사회에서 독립적인 사람이 되는 것이 발달과 교육의 기본목표로 여겨져왔기 때문이다. 현재의 정치체제와 경제체제는 '몸에 대한 통제'에 기반하여 성립하고 지탱된다. 노화에 대한 체감을 표현할 때 흔히 쓰는 "몸이 말을 안 듣는다"라는 표현은, 우리 문화와 우리 자신의 삶 전체가 몸을 통제할 수 있다는 신화에 기반해 있다는 것을 반증한다. 몸의 통제를 목표로 하는 다양한 훈육, 예의범절, 의료적 개입은 '몸이 없기를 요구하는 경제'를 떠받치고 있다. OECD 최장 노동시간이라는 악명 높은 통계자료, 과로사로 죽는 사람들, 높은 비율의 산업재해, '병가'나 '돌봄 휴가'가 직업상의 불이익으로 직결되는 상황 등은 '몸이 없기를 요구하는 경제'의 대표적인 예이다. 이런 경제 안에서 다친 몸, 아픈 몸, 늙은 몸, 돌보는 몸은 모두 '실패한' 몸이 된다. '몸이 없기를 요구하는 경제'에서 병자, 노인, 장애인은 '비용'을 발생시키는 사회적 짐일 뿐이다.

이런 사회에서 문제없이 상당한 수준의 건강과 자율성을 누리던 이들은 늙고 아프면 '의존적'이 될까 봐 두려워한다. 만약 당신이 누군가에게 의존한다면, 그건 당신이 충분히 독립적이지 못하다는 뜻이다. 그래서 우리는 적극적으로 의존성을 회피하고 필사적으로 독립성을 추구한다. 이런 식의 사고방식 속에서 독립과 의존은 정확히 반대말이다. 그리고 독립/의존의 이분법은 다양한 통념들을 통해 재생산된다. 특정한 사람에게만 돌봄이 필요하다는 통념(그러나 돌봄이 필요 없는 사람은 없다), 돌봄 받는 사람은 돌보지 않는다는 통념(그러나 돌봄 받는 사람 역시 나름의 방식으로 다른 이를 돌본다) 등이 그것이다.[34]

그런데 정말 '의존적'이지 않은 사람은 존재하는가?

사실은 의존적이지 않은 것처럼 '보일 뿐'인 것이 아닐까? 왜 특정 의존은 '정상'(심지어 '성취')으로 여겨지고 다른 의존은 모욕당하는가? 생계부양자인 남편은 아내의 돌봄노동에 '의존'하지만, 통계상으로는 아내가 일방적으로 '의존'한다고 여겨진다. 기업주들은 노동자들의 노동에 '의존'하지만 한국에서는 '기업이 노동자들을 먹여 살린다'고 생각한다. 전 지구적 노동 분업에 인류 전체가 의존하고 있지만, 자기 손으로 직접 옷을 만들어 입지 않는다고 해서 '의존적'이라고 비난받는 사람은 없다. 지배집단의 의존은 '의존'으로 보이지 않는다. 모든 사람이 의존의 구조 속에 연결되어 있지만 '의존적'이라는 낙인은 그 구조의 하층부를 떠받치고 있는 이들에게만 전가된다. 간단히 말해서, 독립과 의존을 이분법적으로 생각하는 것 자체가 지배체제를 지속시키는 허구적 프레임인 것이다.

> 우리는 서로에게 몸을 빚지고 있다. (…) 이것이 바로 집단 면역herd immunity의 원리이고, 집단 접종이 개인 접종보다 훨

34 의존'하는' 것 역시 노동이다. 장애인들은 활동지원사들을 '걱정'하고, '눈치'보고, 그들의 행동패턴과 사이클에 자신의 용변 시간을 맞추기 위해 노동함으로써 돌보는 사람을 돌본다. 장애여성공감 (2018), 《어쩌면 이상한 몸: 장애여성의 노동, 관계, 고통, 쾌락에 대하여》, 오월의봄 참조.

씬 효과적인 것은 바로 이 집단 면역 덕분이다. 어떤 백신이라도 특정 개인에게서는 면역을 형성하는 데 실패할 수 있다. (…) 미접종자는 자기 주변의 몸들, 질병이 돌지 못하는 몸들에 의해 보호받는다. 반면에 질병을 간직한 몸들에게 둘러싸인 접종자는 백신이 효과를 내지 못했을 가능성이나 면역력이 희미해졌을 가능성에 취약하다. 우리는 제 살갗으로부터보다 그 너머에 있는 것들로부터 더 많이 보호받는다. (…) 집단의 면역에 의지하는 사람은 누구든 이웃들에게 건강을 빚지고 있다.[35]

여동생은 이렇게 제안했다. "서로 의존하는 관계라고 생각해봐. 우리 몸은 자기 혼자만의 소유가 아니야. 우리는 그렇지 않아. 우리 몸들은 서로 독립적이지 않지. 우리 몸의 건강은 늘 남들이 내리는 선택에 의존하고 있어." 이 대목에서 동생은 뭐라고 말해야 할지 몰라서 잠시 머뭇거렸는데, 그녀에게는 드문 일이었다. "어떻게 설명해야 하는지도 잘 모르겠지만, 요컨대 독립성이란 환상이 존재한단 거야." (…) 우리가 자기 피부라는 경계에 오롯이 담긴 한 몸에만 깃들어 산다는 오늘날의 믿음은 정신 면에서나 육체 면에서나 개인을 찬양했던 계몽주의 사상에서 생겨났다. (…) 우리는, 우리 몸은, 독립적이면서도 의존적이다.[36]

35 율라 비스, 위의 책, 33-36쪽.

"우리는 서로에게 몸을 빚지고 있다", "우리 몸은 독립적이면서도 의존적이다." 이런 문장들은 몸의 취약성을 기꺼이 수용함으로써 '개인'이라는 관념에 도전하고 독립/의존의 이분법을 해체한다.

국가는 '저출산 고령화'와 '부양부담의 증가', '의료비용의 증가'를 걱정한다. 그러나 나를 포함한 많은 이들이 두려워하는 것은 아프고 돌보고 늙는 과정에서 존엄성과 인간성을 잃는 것이다. 고독사가 두렵다고들 하지만(고독이 나쁜가?) 실은 고독사에 이르기까지의 존엄하지 못한 삶이 두려운 것이다. 우리 사회 전체가 '존재'나 '관계' 중심이 아니라 '쓸모'와 '기능' 중심의 사회여서 더 그렇다. 젊고 건강한 몸으로 1인분의 '쓸모'를 (국가/가정에) '기여'하는 동안에는 문제가 없다(그리고 관심도 없다). 하지만 그럴 수 있는 기간은 인생에서 그리 길지 않다.

만약 우리가 '독립'과 '의존'을 이분법이 아닌 다른 방식으로 생각할 수 있다면, 아프고 늙어가며 의존성이 높아지는 것에 대해 덜 두려워할 수 있지 않을까? '독립'의 개념, 나아가 '독립적인 개인'의 이미지 자체가 변화할 때 비로소 '존엄한 의존'도 가능하다. 사실 독립과 의존은 반대

36 율라 비스, 위의 책, 188-191쪽.

말이 아니라 연속선 위에 있는 어떤 것, 인생의 시기마다 정도가 달라지고 구체적인 관계 속에서 균형이 달라지는 어떤 것이다. 우리는 '독립적 의존'에 대해, 혹은 '의존에 기댄 독립'에 대해 이야기해야 한다. 그럴 때, '의존하는 이들'은 응당 어느 정도의 인권침해와 사회적 제약을 감수해야 한다는 식의 감각도 달라질 수 있다.

권리와 의무는 '무관하다'

어떻게 변화를 만들어갈 수 있을까? 물론 돌봄을 '권리'(인권-사회권)로 주장하는 데에서부터 시작할 수 있을 것이다. 사회적 변화를 논하고자 할 때 권리는 언제나 강력한 출발점이다. 하지만 문제는 그동안 우리 사회에서 권리가 항상 의무와 함께 논해져왔다는 데 있다. 그것도 거의 등가교환 관계인 듯이 말이다. "권리를 누리려면 먼저 의무를 다하라"라는 언설은 사회적 약자들의 인권운동이 늘 들어왔던 말이다. 이 등가교환을 성립시키지 못하는 듯 보이는 집단은 '사회적 짐'이 되거나(노인), '기생적 존재'로 비난받거나(비혼여성), '지나친 권리주장'으로 '감당할 수 없는 비용'을 초래하는 이기적 집단으로 매도당한다(장애인 자립생활운동). 하지만 만약 우리가 취약한 몸을 사회적 논의의 출발점으로 삼는다면, (독립/의존과 마찬가지로) 권리와 의무 또한 더 이상 지금까지와 같은 방식으로 논해질 수 없다.

> 나답게 살 수 없는 시대다. 세상의 속도와 가치에 맞추어 능력과 상품성을 갖추는 자기계발이 미덕인 시대에 차이는 단지 무능이 된다. 자신의 삶을 돌아보고 타인의 삶에 다가가기에 관계는 삭막해졌다. 서로에게 기대는 관계는 독립적이지 못하다는 비난을 듣기 쉽다. 아프고 장애가 있는 몸들은 의존적이고 폐를 끼치는 사람으로 구분되어 골방이나 시설에 가둬졌다. 그러나 장애의 경험은 성장과 개발이 보편인 시대에 저항할 수 있는 남다른 감각이다. 온전히 홀로 살 수 있는 사람은 없고, 누구나 돌봄에 기대 살아간다는 진실을 몸으로 보여주며, 건강하고 젊은 사람이 아프고 늙은 사람을 돌볼 것이라는 믿음에 도전한다. 그러나 독립에 대한 우리의 열망은 번번이 꺾였고 존엄보단 쓸모의 증명을 강요받아왔다. 우리는 긴 시간 겪어온 부당한 경험이 개인의 불운과 능력의 결과가 아님을 정확히 알고 있다. 권리를 박탈당하고 자원이 없는 이들이 독립에 도달하지 못해 의존하는 것이 아니라 누구에게나 의존과 돌봄 없는 독립은 불가능하다.[37]

37 장애여성공감 20주년 선언문, 〈시대와 불화하는 불구의 정치〉, 2018년 2월 2일.

장애여성운동단체인 '장애여성공감'의 20주년 선언문은 권리와 의무를 등가교환으로 사고하지 않을 때 어떤 새로운 비전이 가능한지를 뜨겁게 보여준다. 기본적 삶과 존엄을 위한 권리를 '의무와 교환해서 얻는 자원 혹은 보상'처럼 이해하는 한, 인간 몸의 취약함을 기본값으로 수용하는 사회는 불가능하다. 다치고, 아프고, 장애가 있고, 늙어가는 사람들이 평범한 시민이 아니라 예외적인 약자로 여겨지고, 취약한 이들에 대한 돌봄이 시혜와 호의에 의존하는 사회에서라면 우리는 아프고 늙는 것을 영원히 두려워할 수밖에 없다. 의료사회학자 아서 프랭크는 심장마비와 암을 겪으며 쓴 책 《아픈 몸을 살다》에서, 아픈 사람들을 '짐', '부담', '민폐'로 여기는 사회의 철학과 가치를 질문하면서 이렇게 썼다.

> 아픈 사람들은 이미 아픔으로써 자신의 책임을 다했다. 문제는 나머지 사람들이 질병이 무엇인지를 보고 들을 수 있을 만큼 책임감이 있느냐다.[38]

"아픈 사람들은 이미 아픔으로써 자신의 책임을 다했

38 아서 프랭크 (2017), 《아픈 몸을 살다》, 메이 (역), 봄날의책, 202쪽.

다.” 이 문장은 ‘책임responsibility’이라는 어휘를 통해 권리와 의무에 대한 우리 사회의 지배적 사고방식에 도전한다. 우리는 흔히 권리를 소유물처럼 말하곤 한다(“10대에게도 성적자기결정권이 있다”). 하지만 권리는 소유하는 것이라기보다 발휘되는 것이다. 관건은 권리가 발휘될 수 있는 관계의 맥락과 사회문화적 조건이 존재하는가에 있다. 그리고 그러한 조건을 만들어내는 것이야말로 정치적 책임이다.

필요한 만큼의 충분한 돌봄을 받는 것은 인간의 기본적인 권리이다.[39] 그리고 권리는 의무와 ‘무관하다’. 즉, 권리는 ‘쓸모’를 입증하고 구매해야 하는 상품이 아니고, 각자가 기여한 만큼 돌려받는 등가교환도 아니다. 권리는 인권과 존엄성의 관점에서 고민해야 하고, 의무는 어떻게 공유되고 분배될 때 정의롭고 지속가능한 ‘사회’를 가능하게 할 수 있는지 고민하는 방식으로 논의되어야 한다.

인간의 몸은 무수히 다르고, 유동적이며, 예측 불가능하다. 또한 사고, 재난, 재해 앞에서 더없이 취약하다. 사람이 인생의 어떤 순간에 아프게 되는 것은 ‘정상’이다. 건강이야말로 예외적이며, 초고령사회에서는 더욱 그렇다. 취

39 차별금지법제정연대 (2019), 《평등정책토론회: 가족, 의무에서 권리로, 차별에서 평등으로》 자료집(미간행).

약함을 기반으로 사회의 철학과 정책을 재설계한다는 것은, 결국 사람이 어떤 존재이고 사람들 사이의 관계가 어떠해야 하는가에 대한 근본적인 성찰과 변화를 요구하는 일일 것이다. 늙고 아프면 시민이기 어려운 사회, 더 돌볼수록 시민이기 어려운 사회를 변화시키기 위해, 권리에 대한 다른 감각, 책임에 대한 더 복잡한 논의가 필요하다.

3. 시민으로서 돌보고 돌봄 받는다는 것

> 다만 나는 우리가 왜 인간적으로 서로를 보살피며 살아야 하는지 그 소중한 이유를 제시해주지 못하는 체제라면 자신의 정통성을 오래 보존하지는 못할 것이라고 생각한다.[40]

우리는 취약함을 극복할 수 있어서 시민인 것이 아니라, 반대로 취약함을 공유하기에 시민이다. 취약함이 기본이 되는 '다른 사회'를 구상한다는 것은, 그 사회의 일원인 우리 모두의 경험과 관계가, 그리고 돌봄에 대한 사회 전반의 상식이 달라지는 것을 의미한다. 그 '다른 사회'의 모습

40 리처드 세넷 (2002), 《신자유주의와 인간성의 파괴》, 조용(역), 문예출판사, 215쪽.

은 아직까지 막연하게 느껴지지만, 적어도 어떤 문제들로부터 멀어질 것인가부터 생각을 시작해보는 것도 도움이 될 것이다.

사람은 왜 돌보며 살아야 하는가? 그동안 주어져왔던 대답은 모두 문제적이다. 첫 번째 대답은 '가족이니까'. 그러나 실제로는 주로 아내와 딸이 다른 가족 구성원을 돌본다. 가족이니까 당연히 돌본다는 생각은 여성들이 주로 수행해온 노동과 마음 씀을 비가시화하고, 불평등한 성별관계를 지속시키며, 지속가능하지도 않다. 개인의 개별성이 뭉개진 채 사회가 제공해야 할 안전망을 가족별로 알아서 해결하도록 하는 한국의 도구적 가족주의 역사를 생각하면 더 그렇다. 우리가 누군가를 '가족이니까' 돌볼 때, 우리는 부정의한 가족규범 또한 돌보게 된다. 나아가 '가족이니까' 돌본다는 대답은 돌보는 사람과 돌봄 받는 사람의 관계를 다른 사회적 관계들로부터 고립시킨다. 그리고 고립된 가족일수록 "역시 힘들 때는 가족밖에 없다"라는 주문을 되뇌기 쉽다.

두 번째 대답은 '불쌍하니까'. 아무리 점잖고 완곡한 말로 바꾸어 표현한다 해도, 장애도 질병도 없는 젊고 건강한 몸이라는 정상성을 기준으로 삼는 사회는 돌봄을 '불쌍한 사람'의 개인적 문제로 만든다. 그리고 '몸이 없기를 요구하는 경제'체제와 '무병장수'라는 개인의 순진한 꿈이 만날 때, 돌봄을 예외로 만드는 체제는 지속된다. 우아한 포장으로 잘 가려진 동정은 많은 경우 정말로 사람을 돕기보다는 돕는 사람 자신의 자기만족에 복무한다.

세 번째 대답은 '친하니까'. 정상가족 이데올로기를 강하게 비판하고 새로운 관계를 모색하려는 시도들은 '대안가족', '대안적 친밀성', '공동체 가족' 등 다양한 이름에 기대어 진행되어왔다. 하지만 우리에게 필요한 것은 "대안가족이 아니라 가족에 대한 대안"이라고 말했던 여성학자 (이)박혜경의 말처럼,[41] '대안가족'과 같은 단어는 가족을 반드시 참조한다는 점에서 한계가 있다. 1인 가구, 비혼 등을 선택하여 비규범적 생애를 살아가고자 하는 이들도 막상 혈연가족이 아프면 (대개 1순위로) 가족 돌봄을 요구받는다. "큰 딸은 살림밑천"이라는 말은 지금 "비혼 딸이 노후대책"이라는 말로 변형되고 있다.[42] 우리는 정상가족 이데올로기의 해체에서 더 나아가 이데올로기로서의 가족의 해체를 고민해야 한다.

41 박혜경 (2008), 〈가족을 넘어선 페미니즘: 필요성, 가능성 그리고 미래〉, 한국여성민우회(편), 《여성주의 학교 '간다': 페미니즘, 경계에서 세상을 말하다》, 지성사.

페미니스트 정치학자 조안 트론토는 "돌봄이 친밀한 삶에 관한 것이라면 돌봄을 생각하는 기준, 즉 '분석 단위'나 '분석 수준'은 개인이나 가족에 맞춰지게 된다"[43]고 지적한 바 있다. 돌봄을 민주주의 의제로 삼고, 제도와 정책이 돌봄을 구조화하는 방식을 함께 논하지 않으면 안 된다는 것이다. '친한 사람을 돌본다'는 생각에만 의존한다면, 결국 돌봄은 상당한 정도로 개인의 인간관계 역량에 달려 있게 된다. (물론 우리는 밉살맞은 '꼰대'가 되지 않기 위해 노력해야 하지만, '꼰대'에게도 돌봄은 필요하다.)

그렇다면 어떤 언어가 가능할까? 필요한 단어는 부정의한 떠넘기기와 독박의 고통으로 표상되어온 '가족 돌봄'과는 다른 것이어야 한다. 또한, 결국 극히 소수의 '회장님'에게나 가능할 값비싼 의료복지 '서비스'들과도 다른 것이어야 한다. '믿을 건 가족밖에 없는' 사회에서 '믿을 건 돈밖에 없는' 사회로 이동하는 것을 대안이라고 부를 수는 없다. 다치고 아프고 늙고 언젠가는 죽어가는 취약한 존재로서,

42 비혼/돌봄 연구자 지은숙은 비혼 딸에게 집중되는 노년돌봄 요구 양상에 대해 연구한 바 있다. 지은숙 (2017), 〈비혼여성의 딸노릇과 비혼됨(singlehood)의 변화: 일본의 부모를 돌보는 딸들의 사례를 중심으로〉, 한국문화인류학회, 《한국문화인류학》 50(2).

43 조안 C. 트론토 (2014), 《돌봄 민주주의: 시장, 평등, 정의》, 김희강·나상원(역), 아포리아, 201쪽.

인간이라면 누구나 참여하고 연루되어 그 속에서 살아가야 하는 것이 바로 돌봄관계다. 이 보편성을, 이 불가피성을, 이 공동의 운명을 '시민적 돌봄'이라 이름 붙이면 어떨까?

우리는 취약한 이들을 돌볼 책임이 있다. 사적/개인적 수준에서만이 아니라 민주주의 사회를 위해서도 그렇다. 돌봄은 경제 문제이고, 정치 문제이고, 민주주의의 문제다. 사회를 어떻게 조직하느냐에 따라 "돌봄은 강화될 수도 있고 약화될 수도 있다."[44]

'시민'을 재구성하기: 몸, 관계, 돌봄

많은 페미니스트들이 시민권citizenship에 대한 논의에서 이미 밝혀왔듯이, 서구 근대 자본주의 국가는 몸의 유동성과 취약성을 탈각시킨 '추상적 개인'이라는 관념에 기반해왔다. 우리가 '시민'이라는 단어를 말할 때 자동적으로 떠올리게 되는 사람은 어리지 않고, 늙지 않고, 장애가 없고, 교육받고, 교양 있는, 아무튼 '어엿한' 어떤 사람이다. 법적 권리와 의무도, 교육도, 참정권도, 노동권도, 이 '어엿함'(정상성)을 바탕으로 설정된다. 그러나 이런 식의 시민 개념은 페미니스트들을 비롯한 많은 사회적 약자들의 운

44 낸시 폴브레, 위의 책, 27쪽.

동을 통해 비판되어왔다. "여성도 시민이다", "청소년도 시민이다", "장애인도 시민이다"와 같은 슬로건들은 단순히 시민의 범위를 넓히는 것이라기보다는, '시민'의 정의 자체를 해체하고 재구성한다. 시민은 민주주의를 향한 강한 지향을 통해 갱신되어온 개념이며, 그런 점에서 돌봄을 공적인 의제로 다룰 수 있게 해주는 단어다.

감정이 있고 취약하며 동시에 타인을 이해하고 보살필 수 있을 정도로 강하고 다정한 존재로 '시민'이라는 단어를 색칠해가는 상상. 그러면서도 동시에 그 감정, 취약성, 다정함 같은 것들을 '가족'이라는 징한 환상으로부터 분명하게 떼어내는 상상을 한다.[45] 모든 시민에게는 몸이 있다. 시민들 사이의 모든 관계에는 얼굴과 표정이 있다. "사랑, 의무, 호혜의 문화적 가치들"[46]을 강화하기 위해서는 가족을 넘어서는 동시에 공/사 영역을 다른 방식으로 잇고 '시민'의 이상ideal을 재구성하는 것이 필요하다.

45 서로 돌보며 사는 사회에 대한 논의들에서는 '우정과 환대'라는 단어가 자주 등장하는데, 나는 이 역시 '시민'의 개념을 개정/재구성하고 탈가족화된 사회에 대한 상상력을 촉발하려는 노력의 일환이라고 생각한다. 그렇지만 우정은 여전히 지나치게 개인의 사회성에 기대고 있고, 환대는 제대로 관리되지 않는다면 남용되거나 고갈되거나 착취되기 쉽다는 점에서 돌봄을 공적으로 다루는 데에는 충분치 않다.

46 낸시 폴브레, 위의 책, 309쪽.

'시민적 돌봄'이라는 개념은 누구나 자신을 포함시킬 만큼 충분히 보편적이되, 몸의 구체성과 취약성을 추상시켜버릴 만큼 지나치게 보편적이지는 않은 단어가 될 수 있다. '같은' 시민이지만 '같지 않다'. 이것을 알 때 비로소 시민적 돌봄관계는 성립한다. 우리가 시민을 얼굴이 있고 몸이 있는 존재로 생각할 수 있다면, 즉 자기완결적이고 '독립적'인 개인이 아니라 언제나/이미 타인에 의해, 타인과 함께, 타인에 대해 비로소 개인인 존재, 타인에게 반드시 의존하고 끊임없이 연루되는 존재로서 '시민'을 사고할 수 있다면. 그런 시민은 이미 시민적 관계 속에서 살아가는 것이며, 시민적 관계는 반드시 돌봄을 포함할 것이다.

물론 이 개념이 완벽히 만족스러운 것은 아니다. 하지만 적어도 '가족 같은 돌봄'이라는 함정으로 미끄러지지 않기 위한 지지대가 될 수는 있다. 또한 '결국 제도가 바뀌어야 하는 문제'라는 식의 '국가책임론'으로 건너뛰지 않게 하는 정지선이 될 수 있다.[47] 민주시민 없이는 민주사회가 성립할 수 없듯이, 시민적 돌봄이 가능하려면 우리 스스로

47 가령 '돌봄의 공공성 제고'에 대한 논의들은 돌봄의 공적 측면을 강조함으로써 시장에 내맡겨진 현실에 대한 대안을 제시하는 힘이 있지만, 돌봄이 지속적 관계맺음 속에서 매우 구체적인 손길을 통해 이루어지는 노동집약적인 일이라는 사실을 은연중에 간과하게 만들 위험도 있다.

가 이전과는 다른 '시민'이 되어야 한다. '국가의 책임'이라는 말은, 실은 국가가/정책이/제도가 그렇게 작동하도록 만들고 거기에 충분한 예산과 인력과 인내심이 배정되도록 추동하는 우리의 책임이라는 말이기도 하다. 시민인 우리들 모두의 책임 말이다.

모두가 함께 책임질 때, 돌봄은 권리가 된다

'시민적 돌봄'이라는 개념을 통해 우리는 '사회'의 조직원리, 그리고 돌봄의 책임을 모두가 공유할 때 비로소 만들어지는 구체적인 '관계양식'에 대한 이야기들로 나아갈 수 있다. 우선 이것은 사회 전체가 돌봄을 어떻게 재조직해야 하는가에 대한 이야기이다. 낸시 폴브레는 돌봄을 정의롭게 분배하는 것이 모두를 위해 왜 중요한지에 대해 통찰력 있는 설명을 제시한다.

> 수발자가 여럿이면 아이나 노약자의 정서적 욕구가 충족될 확률이 그만큼 높아진다. 더 중요한 것은 그들에게 경제적 안정을 제공할 책임을 많은 사람들이 나눌 수 있도록 한다는 것이다. 어린아이나 노약자에 대한 수발자의 공감과 책임은 직접적인 만남뿐만 아니라 실제로 돌보는 과정에서 계속 유지된다. 돈을 지불하는 것만으로 타인에 대한 책임을

수행하도록 하면 매년 그 액수가 작아져 결국에는 땡전 한 푼도 지급하지 않는 상황이 될 것이다. 아이나 노약자를 돌보는 일을 공유해야 하는 다른 이유가 또 있다. 협상 과정 자체가 수발자는 자신이 돌보는 사람들을 위험에 빠뜨리기 때문에 자원에 대한 협상을 하는 데 결코 유리한 입장에 설 수 없다. 어머니들은 보통 아버지들에게 "당신이 좀 더 좋은 아빠가 되는 데 시간을 쓰지 않으면 나도 애들한테 소홀히 할 거야"라고 하지 않는다. (…) 돌봄노동자들 또한 사랑의 포로다. (…) 우리는 이러저러한 사랑의 감옥에서 해방될 수도 없고 해방되는 것이 늘 좋은 것도 아니다. 그러나 어떤 죄수는 다른 죄수보다 더 나은 대우를 받아야 하며 벌은 죄에 상응해야 한다. 돌봄으로 인한 불이익이 커지면 결국 사람들은 돌보는 일을 그만두려고 할 것이다.[48]

아무도 돌보지 않기를 권장하는 사회, 아무도 돌보지 않을수록 '이득'이 되는 사회는 망할 수밖에 없고, 망해야 마땅하며, 이미 망하고 있는지도 모른다. 그러나 그 망해가는 과정은 약자들에게 더욱 고통을 전가하는 방식으로 이루어지고 있다. 그러므로 돌봄을 정의롭게 분배하는 것은 좋은 돌봄을 위한 필수요소이다. 돌봄은 사회를 조직하는

48 낸시 폴브레, 위의 책, 76-77쪽.

정책과 정치 안에 지금까지와는 다른 방식으로 포함되어야 한다.[49] 구체적인 돌봄의 책임으로부터 면제될 특권은 누구에게도 없다. 돌봄은 반드시 아프고 서서히 죽어가는 인간으로서 서로를 더 안전하게 만드는 '자연'스럽고 '합리'적인 권리가 되어야 한다. 시민이기에 돌봄에 참여해야 할 책임을 공유하고, 그 공유된 책임의 시스템을 통해 비로소 돌보고 돌봄 받을 개인의 권리가 가능해진다.

> 이시가키 섬에 갔을 때 현지의 헬퍼에게 "이 주변에 배회 노인은 없다. 산책하는 노인이 있을 뿐이다"라는 이야기를 들었다. 이시가키 섬의 주민은 노인이 산책하는 모습을 주위에서 따뜻하게 지켜보는 것만으로 배회하는 노인을 없앴다.[50]

다른 한편, '시민적 돌봄'은 좀 더 구체적인 인간관계의 양식에 대한 이야기이기도 하다. '공공의 돌봄, 국가가 책임지는 돌봄, 전문적 돌봄' 담론에는 누락된 것이 있다. 그것은 바로 관계의 구체성과 시간의 지속성을 통해서만 가능한 신뢰와 우정, 고유성에 대한 것들이다. 치유가 '판

49 존재론, 윤리, 노동, 정책 등의 차원을 망라하는 여성주의 돌봄 논의들에 대해서는 마경희(2010; 2011) 참조.

50 우에노 치즈코, 위의 책, 211쪽.

매'되기 어려운 이유, 도움이 '제도화'되는 것만으로는 충분치 않은 이유는 모두 그것이 '관계'이기 때문이다. 돌봄에 대한 많은 논의들은 돌봄이 표준화된 의료와 구분되는 측면을 강조한다. 이른바 '큐어에서 케어로', 즉 치료cure에서 돌봄care으로의 전환이다.[51] 매뉴얼화되고 표준화된 지식은 반드시 필요하다. 그러나 표준화된 지식으로는 만들어질 수 없는, 그가 '그'이기에 필요한 돌봄 역시 반드시 있다. 그래서 "케어는 주는 것이 아니라 인간관계 그 자체다."[52]

우리는 타인과 관계맺을 때 언제나 '누군가로서as someone' 상대방을 만난다. 어떤 면에서는 타인과의 관계 설정이 각자의 정체성이나 사회적 페르소나보다 더 우선하기도 한다. 돌봄관계에서, 지금까지 우리는 '가족으로서' 관계 맺거나, 아니면 '남이지만 가족이나 다름없이' 관계맺을 것으로 기대되어왔다. 하지만 가족도 타인이고, 가족도 시민이다. '타인'이라는 거리가 있을 때, 당연시를 경계하고 '시민'으로서 관계에 임할 때, 가족을 돌보는 일 역시 더

51 아서 프랭크(2017)와 우에노 치즈코(2016) 참조.

52 무라카미 기미코 (2016), 《환자의 시선: 환자나 환자 가족이 되면서 비로소 알게 된 것들》, 윤지나·김지원(역), 메디캠퍼스, 108-109쪽.

잘해낼 수 있고, '가족만의 세계'에 고립되지 않을 수 있다. 우리가 희망하고 추구할 만한 돌봄의 모습이 있다면 거기에는 분명 타인에 대한 실감, 그리고 '타인임'에 대한 실감이 있을 것이다. '시민으로서' 돌보고 돌봄 받는다는 것은 그러한 적당한 거리, 어느 정도가 적당한 거리인지를 조절할 수 있는 쌍방 모두의 힘, 그 힘을 발휘하고 협상할 수 있는 조건과 환경을 이야기하자는 제안이다.

돌봄관계는 익명이 아닌 실명의 관계다. 하지만 그 실명의 관계성이 가족 판타지에 붙들리지 않고 언제든 새로워질 수 있기 위해 '시민'이라는 어휘의 보편성이 주는 사유의 공간이 필요하다. 물론 시민인 우리는 이미 취약하고, 이미 유한하며, 이미 감정적이고, 이미 애착과 안전을 필요로 하는 존재다. 얼굴과 표정, 함께한 시간, 지지고 볶음… 이런 것들이 쌓여 지인, 이웃, 친구가 된다. 하지만 출발점은 타인과 '시민으로서' 관계맺는다는 것이다. 사적 관계에서든 계약이나 '봉사'를 통해서든, 우리는 근본적으로 시민으로서 시민인 타인을 돌본다. 몸 없는 평등과 정의롭지 못한 친밀성을 넘어, '시민으로서' 관계맺는 연습과 실천이 필요하다. '시민됨'은 여의도나 광화문에만 있는 것이 아니라 우리의 일상적 관계 안에서, 병실과 침실에서도 실천될 수 있다.

병이 돕는 관계: 돌보는 실력, 돌봄 받는 실력

이러한 실천을 위해서는, 무엇보다 이미 돌봄에 깊이 연루되어왔던 이들의 돌봄 경험과 의존 경험 모두가 지식화될 필요가 있다. 기존의 주류 언설들은 돌봄의 경험을 비가시화(의료)하거나 당연시(모성애, 효도, 도리…)해왔지만, 타인을 돌보는 것은 배울 수 있는 '지식'이며, 취약한 존재인 모든 시민이 배워야 할 지식이기도 하다.

특히 잘 의존하는 법, 돌봄 '받는' 실력은 주목할 필요가 있다. 우에노 치즈코(2016)는 "장애인에 비해 노인은 돌봄을 받는 데에 있어선 초심자다"라고 말하면서 '능력'으로서의 의존을 강조한 바 있다. 이것은 우리가 주로 배워왔던 것('남에게 폐 끼치지 말 것')과는 매우 다른, 새로운 인간관계의 양식을 '발명'하는 것에 가깝다. 그리고 그 발명은 구체적인 관계의 맥락과 역사에 따라, 질병과 늙음의 속도와 양상에 발맞추어, 계속 이루어져야 한다. 돌보는 쪽도 돌봄 받는 쪽도 상당한 노력이 필요하다. 그 노력이 '병을 돕는 관계'를 '병이 돕는 관계'로 변화시켜준다.

'시민적 돌봄'을 통해 이루려는 돌봄 정의가 '고통분담' 이상의 것이라는 점 또한 강조될 필요가 있다. '어쩔 수 없이'가 아니라 원해서 '기꺼이' 하는 돌봄이 존재하며, 더 많은 돌봄이 기꺼운 것이 될 수 있다. 돌보는 사람들이 경험하는 가치, 보람, 기쁨, 변화, 충만함은 승인되어야 한다. 그러나 당연시되어서는 안 된다. 당연시되고 본질화되면, 바로 그때 돌봄의 기쁨은 사라지고 만다. 누구를 돌보든, 그 돌봄에 대한 분명한 사회적 인정이 필요하다. 그래야만 공정함의 감각, 이것이 '시민인 우리 모두의 일'이라는 감각이 만들어지고, 나아가 사회정책에까지 반영될 수 있기 때문이다. 돌봄의 고통과 기쁨 둘 다를 이해할 때 비로소 우리 모두에게 공동의 감각이 생길 수 있다. '이 정도가 공정하다'라는 감각, '기꺼이'라는 감각 말이다. 그것은 나만 해도 된다는 뜻도 아니고, 돌봄이 '쉬운 일'이라는 뜻은 더더욱 아니다.

> 그러나 감사와 호혜가 존재하지 않으면 [돌보는 사람의] 내재적 만족이 사라질 가능성이 더 높다. 개인간의 관계에서 우리는 그걸 보고 가슴이 찢어진다고 한다. 돌봄 직종에서는 그걸 보고 나가떨어진다는 표현을 쓴다. 선의가 바닥나고 냉소가 피어오른다.[53]

'누가 나를 돌봐줄 것인가?'라는 질문을 '나는 누구를

53 낸시 폴브레, 위의 책, 90-91쪽.

돌볼 것인가?'라는 질문과 연동시키지 않는다면 그러한 논의는 윤리적이지 않을뿐더러 유의미한 대안을 만들어낼 수도 없다. 문제를 '국가정책과 제도의 변화'로 제기하는 것은 필수적이지만, 돌봄의 모든 문제가 국가와 제도의 문제로 완전히 변환되지는 않는다. "나는 누구를 돌볼 것인가?"라는 질문을 건너뛰고 제도의 변화와 국가의 책임을 논하는 논의 전개의 무의식적 흐름 속에, 혹시, 돌봄은 어쨌든 누구라도 하기 싫은 고역이라는 생각, 그래서 할 수만 있다면 가급적 돌보는 일을 피하고 싶다는 생각이 숨어 있지는 않은지 자문해본다. 이런 마음을 부추기고 정당화하는 사회가 사람이 살 수 있는 사회일 것 같지는 않다.

우리에게 필요한 것은 돌봄의 장면에 최대한 진입하지 않게 해줄, 혹은 돌봄의 장면에서 재빨리 빠져나올 수 있게 해줄 획기적인 정책이나 놀라운 테크놀로지가 아니다. 아무도 돌보지 않는 것을 '어른스러움'이나 '독립성', '유능함'으로 착각하게 하는 불평등한 합리화도 아니다. 오히려 우리에겐 돌봄의 장면에 '머무르게' 해줄 철학, 방법, 기술이 필요하다. 돌봄은 희망할 만한 것, 머무를 만한 것, 마땅히 배워야 하고 깊이 경험할 가치가 있는 것으로 다시 자리매김되어야 한다. 모든 인간은 시민으로서 사회 안에서 살아가기 위해 돌보는 실력과 돌봄 받는 실력 둘 다를 키워가야 한다. '시민적 돌봄'이라는 단어는 그러한 변화를 위한 하나의 축이 될 수 있다. 돌봄이 시민의 개념, 시민의 책임, 시민의 권리, 나아가 시민들 사이의 관계양식으로 통합된 사회는, 적어도 지금처럼 두렵고 불안한 사회는 아닐 것이다.

질병이나 장애로 인해 용변 처리를 남에게 맡겨야 해도, 다른 이를 돌보느라 머리가 산발이 되어도, 우리는 여전히 시민일 수 있다. 우리의 시민임은 선험적으로 가정되는 것이기보다는 구체적 돌봄관계 안에서 구현되고 생산되는 것이다. 시민적 돌봄이 사회정책의 첫 번째 전제가 될 때 우리는 방치될까봐 두려워하지 않을 수 있다. 시민적 돌봄이 구체적인 돌봄관계 안에서 '적당함'의 감각을 잃지 않을 수 있는 버팀목이 될 때 우리는 한계까지 몰려 절망하지 않을 수 있다. 시민으로서 돌보고 돌봄 받는 사회에서, 아프고 돌보는 동안의 삶은 지금보다 더 좋은 삶이 될 수 있다. 돌보는 사람에게도, 돌봄 받는 사람에게도 말이다.

늙고 아프면 누가 나를 돌봐줄 것인가? 이 글의 맨 처음에 썼던 문장을 이렇게 고쳐본다. '나는 누구를 돌볼 것인가? 그리고 어떻게 돌볼 것인가?' 고쳐 쓴 질문 앞에서, 내가 '기꺼이' 돌보고 싶은 사람들의 얼굴을 떠올린다. '차마' 돌보지 않을 수 없었던 관계들을 돌아본다. 기꺼이 뛰어들었지만 파국으로 이어졌던 돌봄의 경험도 곱씹어본다. 어머니를 돌보는 동안의 몇몇 장면들은 죽을 때까지 잊고 싶지 않다는 생각을 한다. 이 모든 돌봄의 시간, 돌봄을 주고받았던 관계는 '나'의 일부다. 각자, 혼자 알아서 하는 사회에서 살아갈 수 있는 인간은 없다. 우리는 언제나 서로의 짐이고, 또한 힘이다.

‘보호자’라는 자리: 돌보는 사람의 위치와 경험을 사유하기

전희경

부끄러운 얘기지만 전화를 끊었을 때, 나는 해방된 기분이었다.

물론 아픈 사람을 사랑하는 사람들이 겪는 고통이 아무리 크다 해도 당사자가 겪는 고통에 비할 바가 못 된다. 그러나 나는 친지들이 느끼는 무력감에는 어딘가 비슷한 데가 있다고 생각한다. 개중에는 어머니가 실성했다고 생각한 사람들이 있었다. 나는 그렇지 않을 거라고 생각했지만 설사 그랬다 해도 어머니로서는 그러고도 남을 만한 상황이었다. 하지만 이러다가 내가 실성하는 게 아닌가 하는 생각은 들었다. 내가 한 게 뭐가 있다고.

죄책감이란 무엇을 했건 하지 않았건 상관없이 찾아오는, 어쩔 수 없는 감정이기도 하다. 사랑하는 이가 죽은 뒤에 죄책감 없이 살기 위해서는 그 사람이 원하는 것을 그야말로 하나도 빠짐없이 다 들어줘야 할 것이다. (…) 그렇지만 아무리

말도 안 되는 소리라고 해도, 아무리 어리석은 소리라고 해도, 그럴 수만 있었다면 얼마나 좋았을까, 생각하며 회한에 빠지는 사람이 나 한 사람만은 아닐 것이다. 어머니가 그렇게 자주 울었는데, 그때마다 나는 아무것도 하지 못했다.[1]

수전 손택(1933-2004)은 소설가, 평론가, 사회운동가로 널리 알려진 미국의 지식인이다. 하지만 나는 그녀를 생각할 때, 43세에 유방암 4기 진단을 받고, 65세에 자궁암 진단을 받고, 71세에 골수성 백혈병으로 사망한 그의 암 병력病歷을 가장 먼저 떠올린다. 6세 때 폐결핵으로 아버지를, 53세 때 폐암으로 어머니를 여읜 수전 손택. 40대 중반에 유방암 4기를 진단받고 당시로서는 흔치 않았던 근치적 절제술을 받았던, 그때의 경험을 사유하며 《은유로서의 질병》을 썼던, 20년 후 자궁암 진단을 받고 다시 싸우고, 6년 후 골수성 백혈병 진단을 받고 다시 또 싸웠던 손택. 많은 질병과 문자 그대로 '싸웠던' 손택에 대해 생각하다 보면, 언제나 그 싸움 가까이에 있었을 사람에 대한 생각에 다다른다.

손택의 외아들 데이비드 리프가 손택의 죽음 3년 후

1 데이비드 리프 (2008), 《어머니의 죽음: 수전 손택의 마지막 순간들》, 이민아(역), 이후, 11쪽, 75-76쪽, 91-93쪽.

에 쓴《어머니의 죽음》(원제: *Swimming in a Sea of Death: A Son's Memoir*, 2007)의 몇몇 문장들은 가슴을 친다. 2016년 3월에 어머니가 오랜 암 투병 끝에 돌아가신 후 나는 데이비드 리프의 책을 여러 번 읽었고, 읽을 때마다 울었다. 직접적인 몸의 돌봄을 제공한 주조호자는 아니었을 백인 남성의 책에 이렇게까지 많이 공명하는 것이 마음에 들지 않지만, 매번 흐르는 눈물을 참기 어렵다. 죄책감, 회한, 가슴이 미어지는 상실감, 아무것도 할 수 없었다는 무력감, 이렇게 혹은 저렇게 했었다면 얼마나 좋았을까 하는 후회 같은 것들. 어머니의 죽음 이후에도 중압감은 나를 짓누른다. 어떤 면에서는 어머니의 죽음으로 인해, 이 중압감은 영원해졌다.

아픈 사람의 '보호자'가 된다는 경험에 대해 간결하게 말하는 것은 불가능하다. 보호자로서 느끼게 되는 감정들 역시 한두 가지 단순한 감정들의 조합 내지 나열로 묘사되기 어렵다. 가족간병인이나 '주조호자'의 경험(주로는 스트레스)을 연구한 간호학 내지 사회복지학 분야의 연구들에서 많은 것을 배울 수 있지만,[2] 여전히 그것을 읽는 나는 그 모든 말들이 맞는 말이면서도 틀린 말이라고 느낀다. 보호

2 권미자(2015), 김동화·엄기욱(2015), 김명아 외(2012), 김선영 외(2014), 김인자(2012), 이인정(2016), 한숙정(2010) 등을 비롯한 다수의 논문들을 참조할 수 있다.

자가 겪는 것들을 몇 가지 개념으로 '분류'하고 때로는 단계화하는 설명들 속에서는, 너무 많은 것들이 지나치게 깔끔하게 정리되어버린다. 보호자가 겪는 그 모든 고뇌와 어려움들이 해결로 향하는 하나의 '단계'일 뿐일 리는 없다.

무엇보다 돌봄이라는 단어에서 가장 먼저 '고역'의 이미지를 떠올리는 것은 정당하지 않고, 필연적인 것도 아니다. 돌보는 과정에서 느끼는 기쁨, 위로, 보람, 희망, 신뢰, 충만함이 있다. 물론 이런 '긍정적인' 감정들에 생각해야 할 바가 없는 것은 아니다. 가족 돌봄을 당연한 것으로 여기는, 그래서 그 의미를 탐구하고 여정을 뒤쫓아보아야 할 필요 자체를 느끼지 못하는 사회에서, 돌봄의 '긍정성'을 탈맥락적으로 강조하는 것은 위험하다. 게다가 돌봄 받는 사람도 돌보는 사람과 같은 그런 긍정적인 감정을 느끼는지는 함부로 단정할 수 없다.

다른 한편, 거기에 슬픔, 분노, 좌절과 같은 '부정적인' 감정들이 있다 하더라도 그러한 감정이 반드시 나쁘다고 할 수는 없다. 특히 낫기 어려운 질병의 경우, 슬픔을 느끼는 것은 자연스러우며, 또 슬픔을 느낄 수 있어야 한다. 마비된 채로, 덜 느끼는 채로, 아픈 사람의 고통으로부터 자신을 차단한 채로 이루어지는 돌봄이 더 나은 것처럼 상상되어서는 안 된다. 내가 하고 싶은 말은, 그러한 감정들이 주조되는 간병이라는 일의 구체성, 간병이 이루어지는 맥락을 구성하는 의료와 법과 가족의 문제들, 그리고 무엇보다 간병하는 사람의 '마음'이 처한 풍경과 그 풍경의 지도에 대해 우리가 함께 이야기해야만 한다는 것이다. 마음의 풍경을 날마다 황폐하게 만드는 그 수많은 감정들의 '무게'와 '복잡성'에 대해, 그러한 감정을 다룰 수 있는 시간과 관계에 대해, 그리고 그 감정들의 미로 안에 갇혀버리거나 통째로 망각되지 않기 위한 사회적 조건들에 대해서도 말이다.

1. 누군가의 보호자가 된다는 것

"보호자 와서 사인하세요." "보호자는 나가 있으세요."

이 두 가지 문장은 누군가의 '보호자'가 되어 병원을 드나들게 되면 가장 많이 듣는 말일 것이다. 사실 '보호자'는 정확한 이름이 아니다.[3] 하지만 바로 그 부정확성 때문

3 국내에서는 보호자, 간병인, 간병자, 가족간병인, 주조호자, 케어러(carer) 등의 명칭이 혼용되어 쓰이고 있는데, 각각 주로 사용되는 분야나 현장에 차이가 있다. 이 글에서는 '보호'의 직무범위가 어느 정도 정해져 있는 직업적 간병인이 아닌 가족간병인을 지칭하는 용어로서 일상에서 모호하고 광범위하게 통용되는 '보호자'라는 단어를 의도적으로 사용하고자 한다. '보호자'는 '가족'인 면과 '간병인'인 면의 산술적 덧셈으로만 설명되기는 어렵기 때문이다.

에, 이 이름이야말로 논의의 출발점이 될 만하다. 무엇보다 '보호자'라는 이름의 모호성은 '정상가족'과 가족간병을 당연시한 결과로, 아픈 사람을 누가 돌봐야 하는가에 관한 우리 사회의 전제를 자동 재생한다는 점에서 비판적 연구의 대상이다.

일상어법에서 흔히 사용되는 '보호자'라는 호명은 선행조건으로서 보호대상을 전제하며, '스스로 판단할 수 있고, 의사 표현할 수 있고, 움직이고 노동할 수 있는 건강한 성인'에 미달하는 존재('미성년자', '금치산자', '치매노인' 등)를 '보호' 대상으로 규정하는 법제도들과 광범위하게 관련되어 있다. 법률상의 '보호자'는 노인복지법, 정신보건법, 그리고 아동 청소년 관련법과 장애인 관련법 등에서 주로 등장하는데,[4] 이런 법률들 안에서 '보호자'가 등장하는 방식과 맥락은 법률이 권리와 의무의 법적 주체로 가정하는 시민의 요건이 무엇인지를 꽤 분명하게 드러낸다. 즉 정신적/신체적 '정상성'에 미달하는 존재에게는 '보호자'가 필요하다는 것이다. 그러나 정작 '보호자'의 역할에 대한 법의 가정은 그리 분명하지 않다. 법은 '보호자'가 때로는 부양하기를, 때로는 돌보기를, 때로는 대변하고 옹호하기를,

4 법령정의사전(http://www.law.go.kr) 참조.

때로는 대리하거나 대신 결정하기를 요구한다. 심지어 의료법은 '환자와 보호자'를 단일한 이해관계를 가진 하나의 실체처럼 취급한다.[5]

제도가 '보호자'를 호출하는 순간은 분명하다. 그러나 '보호자'가 무엇을 하는 사람인지는 분명치 않다. 일시적 대리인으로서 간단한 서류를 작성하는 것부터 상황에 따라 24시간 곁에서 간병하는 것까지, 보호자가 할 일의 범위는 넓고도 모호하다. 의료인이 할 일이 아닌 모든 일들이 보호자의 일이며, 제도와 서비스가 닿지 않는 모든 '틈'들이 보호자가 있어야 할 곳이다.

질병은 누구에게나 갑자기 찾아온다. 그리고 누가 간병할 것인지는 어느새 저절로 정해진다. 보호자 개념의 모

5 '보호자'는 의료법상 명확한 정의가 없음에도 불구하고 현장 병원들에서 광범위하게 호출되는 존재이다. 하지만 수술동의서나 입원약정서를 비롯한 다양한 순간에 이루어지는 병원의 "과도한 보호자 찾기"는 환자의 이익보다는 병원 측의 "리스크 관리" 차원에서 이루어지는 관행에 불과하다. 공선영, 박건, 정진주 (2019), 《의료현장에서의 보호자 개념은 다양한 가족을 포함하고 있는가?》, 2019년 사회건강연구소 연구보고서(미간행) 참조. 차별금지법제정연대는 《평등정책토론회: 가족, 의무에서 권리로, 차별에서 평등으로》 발제에서 시민들이 취약한 존재로서 필요한 돌봄을 원하는 방식으로 주고받을 수 있는 권리를 새롭게 포괄하면서, 이를 "운명을 기댈 권리"로 개념화한 바 있다. 이때 '운명을 기댈 권리'에는 의료관련 결정을 상의할 권리, 재난으로부터 함께 벗어날 권리, 애도를 누릴 권리 등이 포함된다〔차별금지법제정연대(2019), 26-32쪽〕.

호함은 가족에 대한 판타지로 채워진다. 그러나 그 모든 '틈'들을 정확히 어떻게 채워갈 것인지, 즉 구체적으로 무엇을 어떻게 간병할 것인지는 보호자에게 달려 있게 된다. 바로 여기에 아픈 사람을 돌보는 보호자가 갖는 중압감의 무게가 있다. 사회가 안 하거나 못 하고 있는 돌봄이 떠넘겨지는 자리, 건강한 사람들이 인간의 취약성과 상호의존성을 보지 않아도 되게 하는 자리, 그것이 '보호자'라는 자리다.

끝이 없다는 고통

아프게 되는 것과 마찬가지로, 아픈 사람을 돌보게 되는 것 역시 '어느 날 갑자기' 시작된다. 매일매일 건강하고 모든 것을 혼자 알아서 할 수 있는 사람들을 기본 값으로 돌아가는 사회 안에서는, 질병과 돌봄 둘 다 비非일상, 반反일상이 될 수밖에 없다. 우리는 '왜 나에게 이런 일이'라는 감정과 함께 질병을 맞이하고, '왜 하필 내가'라는 분노와 '그래도 내가 아니면 누가'라는 이중감정 속에서 누군가를 간병하기 시작한다. 한 사람의 안전, 회복, 통증 조절, 병세, 기능보존, 때로는 생명까지 '나한테 달려 있는' 상황의 중압감은 크고 무겁다. 진단을 받기 위한 수십 개의 우여곡절, 환자로 가득한 대기실, 먼 곳에 있는 종합병원, '지켜보자'라는 의료진의 간단한 말 뒤에 이어지는 하염없는 불안과 기다림의 시간을 정신없이 지난다. 특히 아픈 사람의 병이 잘 낫지 않거나 '완치'할 수 없거나 죽음이 가까운 병일 때, 보호자는 환자와 함께 어떤 다른 세계로 이동한다. 일상과 나란히 지속되어야만 하는, 그러나 일상을 살던 과거의 삶과는 너무나 멀리 떨어진 세계다.

아침이다. 누군가는 식사를 준비해야 하고, 그 '누군가'가 바로 나다. 일단 몸을 움직인다("오늘 아침에는 죽을 했어요"). 환자의 '필요'를 알아차리는 것부터가 돌봄의 시작이다("한동안 누워 있어서 그런지, 요즘 소화력이 떨어진 것 같아서요"). 질병의 종류와 양상에 따라 '필요'는 세분화되고("다음주부터 4차 항암 시작인데 면역력 수치가 너무 낮아서, 이번 주말만이라도 입맛 있을 때 열심히 먹어서 면역 수치를 높여놔야 하거든요"), 정보는 너무 많거나 너무 적고("아는 사람이 오랫동안 간병을 했는데, 암 환자한테 고기가 안 좋다면서 절대 안 된다고 해서… TV에 나오는 의사들은 고기를 꼭 먹어야 한다고 하던데, 사실 누구 말이 맞는지 모르겠어요"), 보호자는 끊임없이 선택과 결정을 거쳐야 한다("왠지 꺼림칙해서, 죽 재료는 일단 유기농 채소만 넣었죠"). 게다가 변수는 항상 발생한다("하필 믹서기가 고장 나서 쌀을 직접 빻았더니 팔이 좀 아프더라고요"). 아침 식사 한 끼 얘기다.

우리 사회는 아픈 사람을 돌보는 사람에게 너무 많은 짐을 지운다. 누군가는 환자를 병원에 데려가고 약을 타 와야 한다. 친구와 가족들에게 소식을 알리고, 집을 치우고 장을 보고, 아픈 사람의 직장에 연락하고, 집에서 붕대를 갈거나 기타 처치를 하고, 병원에서는 유쾌하고 다정한 문병객 역할을 하고, 자동차 엔진오일을 교환하고, 약물 때문에 정신없는 환자 대신 의사에게 질문해야 한다. 언젠가는 화학요법 치료를 받는 중에 간호사가 정맥 주입 펌프를 잘못 설정해 둔 것을 캐시가 발견한 적도 있다. 펌프가 약물이 아니라 혈액을 끌어올리게 되어 있었던 것이다. 이렇게, 돌보는 사람이 책임져야 하는 일엔 끝이 없다. 하지만 사회 일반은 돌보는 사람을 인정하거나 뒷받침하지 않으며, 병원도 마찬가지다. 병원의 공간과 일정은 질환 치료를 위해서만 설계되어 있어서 돌보는 사람을 배려하지 않는다. 질병이 삶을 갈가리 찢는 동안 관계들을 지탱하려 노력하는 사람이 바로 이들인데도 그렇다. 보조해줄 사람이 필요할 때 의료진은 돌보는 사람이 대기하고 있기를 기대한다. 이 역할을 해줄 수 없는 그 밖의 사람은 문병객일 뿐이다. 병원은 질환이 있는 당사자만 아픈 사람이라고 가정한다. 또 기타 사회조직도, 때로는 가족이나 친구들까지도 똑같이 가정한다.[6]

6 아서 프랭크 (2017), 《아픈 몸을 살다》, 메이(역), 봄날의책, 166-167쪽.

역사적으로 여성들이 주로 수행해온 노동들은 대개 "끝이 없다"는 말로 묘사되어왔다. 집안일은 해도 해도 끝이 없다는 말은 얼마나 익숙한가. 간병에 있어서도 이 짧은 문장이 의미하는 바는 너무 많다. 가장 일차적인 의미는 문자 그대로 해야 할 일의 목록이 끝없이 많다는 것이다. 숨을 쉬고, 먹고, 배설하고, 옷을 입고 벗고, 씻고, 머리를 감고, 다시 옷을 갈아입고, 땀을 닦고, 양치를 하고, 잠을 자고, 돌아눕고, 이동하는, 생존의 기본을 이루는 모든 일들에 관심과 준비, 시선과 의사소통, 손길과 발길과 몸의 접촉이 필요하다. 피해야 할 일과 권해야 할 일들도 많아서, '잔소리'하지 않을 수 있는 보호자는 드물다. 페미니스트 경제학자 낸시 폴브레는 노동으로서의 돌봄이 갖는 이러한 특징을 '극도로 노동집약적'이라고 묘사한 바 있다.[7] 나아가 단지 '생존'만이 아니라 '인간으로서의 생활'이 되도록 돌보려면 수많은 사회적 장면에서 보호자의 대리, 중재, 조율, 동반이 필요하다. 보호자의 일에 끝이 없는 이유는, 어찌 보면 '생활'이 끝이 없는 것이기 때문이기도 하다. 그

7 "돌봄은 컴퓨터 기술과는 정반대에 있는 기술이라는 사실을 명심하자. 돌봄은 극도로 노동 집약적이다. 일대일의 접촉과 개인별 맞춤 지식이 필요하다. 표준화되거나 객관화될 수도 없다." 낸시 폴브레 (2007), 《보이지 않는 가슴: 돌봄 경제학》, 윤자영(역), 또하나의문화, 87쪽.

래서 간병생활이 끝나는 것은 보호자에게 희망이기도 하고 두려움이기도 하다.

두 개의 시간을 오가기

긴 가족간병 끝에 한계에 다다라 '간병살인'을 저지른 사건들을 추적한 일본 NHK 〈간병살인〉[8] 기획취재팀은 취재 결과를 책으로 펴내면서 전국의 케어매니저와 간병인들을 대상으로 설문을 진행했다. 설문 결과 많은 가족간병인들이 '수면부족'을 호소했고, 가장 절실하게 필요하다고 말한 것은 '야간이나 긴급할 때 대응할 수 있는 서비스'였다. 이는 간병인이 (환자 못지않게, 혹은 환자와는 매우 다른 방식으로) 완전히 '다른 시간'을 살고/버티고 있음을 드러낸다.

한국의 상황도 마찬가지다. 2018년 가을, 서울신문은 〈간병살인 154인의 기록〉이라는 제목의 탐사기획보도를 했다.[9] 판결문 전수 분석, 간병살인 '가해자'에 대한 인터뷰, 한국치매협회, 뇌질환환우모임 등과 공동으로 진행한

8 이 내용은 단행본으로 출간되어 한국에도 번역되었다. 마에다 미키 외 (2018), 《간병살인: 벼랑 끝에 몰린 가족의 고백》, 남궁가윤(역), 시그마북스.

9 이 보도는 2019년 책으로 출간되었다. 유영규 외 (2019), 《간병살인, 154인의 고백: 우리 사회가 보듬어야 할 간병 가족들의 이야기》, 루아크.

가족간병인 325명 대상 설문조사 등을 거친 연재기사였다. 기사 내용은 너무나 상상되어 읽기 힘들 정도였다. 아픈 가족을 돌보는 가족간병인 95.7%가 "간병으로 신체와 정신 모두 한계에 몰리고 있다"고 느낀 적이 있다. 76.9%가 불면증이나 수면부족을 호소했다. 10명 중 3명은 환자를 죽이거나 같이 죽으려고 생각한 적이 있고, 간병 시간이 하루 8시간을 넘어가면 살인 및 자살 충동이 급격히 증가한다(20.4% → 46.3%).[10] 그리고, 이 조사에서 응답자들이 가장 큰 '간병의 어려움'으로 꼽은 항목이 바로 "간병은 끝이 없다"라는 것이었다.

> 끝이 보이는 상태에서 달리는 거랑 끝이 안 보이는데 계속 달리는 거랑은 벌써 시작부터가 다르잖아요. 아, 저기까지만 달리면 전력질주도 할 수 있는데 그게 없으면 속도를 얼마만큼 내야 될지도 모르고 내가 50km로 달릴지, 100km로 달릴지 끝이 안 보이니까, 예를 들면 끝이 보이면 속도 조절을 할 수 있잖아요. 한 20km 정도씩 달리다 나중에 50km로 달려야지. 이렇게 뭐 그 조절도 사실 할 수 없는 거고 내가 막 100km 달려서 나중에 완전히 막 나가떨어질 수 있는 거고. 그니까 그 힘 조절을 얼만큼 해야 될지를 이제 모르게 되

10 유영규 외, 위의 책.

는 거니까. 어쩌면 그런 사실을 몰랐으니 5년만, 5년만, 5년 만 하면서 버텨온 거겠죠. 지금은 되게 암담하네요.[11]

간병은 끝이 없다. 그리고 완치 불가능한 환자를 돌보는 경우라면, '끝'을 희망해서는 안 된다. 아니, 희망은커녕 상상만으로도 죄책감을 피할 수 없다. '끝이 있다'고 생각해서는 안 된다. 그러나 '끝이 없다'고 생각하면 절망적이다.

그런데 '끝이 없다'는 것이 단지 완치가 불가능하다는 의학적 사실만을 뜻하는 것은 아니다. 그것은 앞으로 어떤 나날이 기다리고 있을지 알 수 없다는 것, 자신의 인생에 대해 아무런 계획을 세울 수 없다는 것, 회사의 시간, 전철의 시간, 신문과 달력의 시간 같은 평범한 일상과 사회적 삶을 구성하는 시간들로부터 동떨어져 나만 다른 시간 안에 갇혔다는 느낌과 관련된 무언가다.

일하지 않고 개호에 전념하는 사람이 느끼는 불안이 바닥이 보이지 않는 깊은 구렁텅이에 빠지는 것과 같다면, 일하면서 개호하는 사람이 느끼는 불안은 등 뒤에서 누군가가 쫓

11 교모세포종이 재발한 어머니를 돌보는 딸의 이야기. 김명아 외 (2012), 〈가족 돌봄제공자의 말기 교모세포종 환자 돌봄 경험: 갈등과정에 대한 내러티브 분석〉, 대한종양간호학회, 《종양간호학회지》 12(2), 189쪽.

아오는 것을 느끼며 달리는 것과 같다.[12]

30년 동안 다섯 명의 가족을 직접 수발한 일본의 작가 하나리 사치코는 "수발은 수동적인 시간"이라고 말한 바 있다.[13] 앞서 언급한 일본과 한국의 조사 모두에서 한결같이 등장하는 '수면부족'은 보호자들이 환자만큼이나 시간에 대한 통제력을 상실한다는 것을 잘 보여준다. 보호자가 자는 시간에 맞춰 환자의 구토가 멎을 수는 없다. 환자가 기침을 하면 보호자는 눈을 떠야 한다. '24시간 아픈 사람의 몸-상황에 맞춰야 하는' 것이 간병이다.

다발성경화증 환자들의 경험과 서사를 연구한 멍크스와 프랑켄버그는, 예측 불가능성을 특징으로 하는 만성질환을 앓는 사람들은 건강한 사람들과는 '다른 시간'을 살게 된다고 설명한다.[14] 시간, 그중에서도 특히 미래는 질서의

12 야마무라 모토키 (2015), 《나 홀로 부모를 떠안다: 고령화와 비혼화가 만난 사회》, 이소담(역), 코난북스, 98쪽.

13 하나리 사치코 (2010), 《노인 수발에는 교과서가 없다: 일본 최고의 수발전문가가 들려주는 노인수발 이야기》, 심명숙·최태자(역), 창해, 64쪽.

14 주디스 멍크스, 로널드 프랑켄버그 (2011), 〈병든다는 것 그리고 나를 찾는 것: 다발성경화증 내러티브 속에서의 자아, 몸, 시간〉, 베네딕테 잉스타·수잔 레이놀스 휘테(편), 김도현(역), 《우리가 아는 장애는 없다: 장애에 대한 문화인류학적 접근》, 그린비출판사.

핵심이자 '사회 구성원'의 핵심이다. 친구들과의 여행계획 하나조차 '한 달 후에도 나는 여전히 걸을 수 있을 것'이라는 미래에 대한 예측이 있을 때에만 가능하다. 그러나 아플 때, 그리고 아픈 사람을 돌볼 때, 우리는 우리를 '사회 구성원'으로 살 수 있게 하는 바로 그러한 종류의 '질서'에서 떨어져 나온다. 예측이나 계획이 가능한 '미래'라는 시간지평을 가질 수 없다. 그래서 질서 있는 시간을 사는 모든 사람들로부터 분리된다.

이렇게 보호자는 환자와 함께 '다른 시간'을 산다. 그러나 보호자는 또한 완전히 고립되지 않도록 막고 버티는 사람이기도 하다. 아픈 사람의 고독한 시간에 함께 머무는 동시에, 안 아픈 사람들의 사회적 시간에도 머물러야 한다는 것, 그 두 세계와 두 시간을 오가며 조율하고 중재해야 한다는 것에 또 한 겹의 어려움이 있다. 잠을 잘 시간이 없다. 하지만 은행은 4시까지다. 옆집 사람과 같은 일상의 템포를 가질 수 없다. 그러나 옆집 사람의 도움과 양해를 얻어야만 한다. 질서를 잃은 아픈 사람의 삶에 들어가 함께 길을 잃으면서, 동시에 아픈 사람의 질서가 되어주는 모순적인 과업이다. 한국처럼 모두가 바쁘게 사는 사회에서, 아픈 사람의 시간과 건강한 사람의 시간 사이의 거리는 영원처럼 멀다. 두 개의 시간질서를 오가며 중재해야 하는 보호자의 몸은 부서진다.[15] 동년배들 대다수가 간병과 전혀 상관없는 삶을 살고 있는 10대나 20대의 젊은 보호자들에게 이 간극은 더욱 크다.[16] 그렇게 24시간이 36시간[17]처럼 느껴지는 매일매일이 지나는 동안 보호자는 '내 인생'이라는 시간을 잃는다.[18] 과거는 아득하고, 현재는 정신없고, 미래는 존재하지 않는다. 어떻게 살아야 하는가.

이런 점들을 생각하다 보면, '수발은 수동적인 시간'이라는 표현은 기묘한 느낌이 든다. 보호자는 한시도 '수동적'으로 있을 수 없기 때문이다. 보호자는 '능동적으로 수동적인 시간 살기'라는 비문非文을 산다.

15 그래서 보호자를 '숨겨진 환자(hidden patient)'라고 부르기도 한다(Fengler and Goodrich, 1979). 미국에서 알츠하이머 환자를 돌보는 보호자 중 30%는 환자보다 먼저 사망한다〔코스테(2014), 217쪽〕. 한국에서 2011년 국립암센터가 실행한 암환자 및 보호자 990쌍에 대한 조사 결과에 따르면, 암환자 보호자의 정신건강 상황은 우울(82.2%), 불안(38.1%), 자살충동(17.7%), 자살시도(2.8%)로 매우 심각한 것으로 드러났다. 〈"숨겨진 환자" 가족간병인〉, KBS 뉴스, "고령화의 그림자 간병"(2017년 3월 26일)도 참조.

16 조기현 (2019), 《아빠의 아빠가 됐다: 가난의 경로를 탐색하는 청년 보호자 9년의 기록》, 이매진 참조.

17 피터 V. 라빈스, 낸시 L. 메이스 (2012), 《36시간: 길고도 아픈 치매 가족의 하루》, 안명옥(역), 조윤커뮤니케이션 참조.

18 한국보다 일찍 고령화가 진행된 일본에서는 이른바 '개호독신', 즉 고령의 환자를 돌보는 일이 가족 중 비혼 자식에게 귀착되고, 그 결과가 돌봄을 제공하는 쪽의 삶에 장기적인 영향으로 이어지는 상황에 대한 분석이 이루어지고 있다. 야마무라 모토키, 위의 책 참조.

분투奮鬪의 시간, 난투亂鬪의 감정들

의료인과 '용한 약 판매자' 외에 환자의 경험에 깊이 귀 기울이는 사람이 드물듯이, 보호자의 경험을 알고자 하는 사람 역시 드물다. 투병에 대해 쓴 글도 적지만, 간병에 대해 쓴 글 역시 적다. 간병의 경험, '보호자'가 되어 아픈 사람의 곁에서 돌본다는 것에 대해 우리가 알고 있는 것이 얼마나 되는가 물어야 한다. 그러한 물음은 한편으로는 사람으로 산다는 것, 즉 취약하고 유한한 존재로 산다는 것에 대한 철학적, 윤리적 사유를 촉구하고, 다른 한편으로는 그러한 취약함을 돌보는 일에 대해 놀라울 정도로 무지하고 무능한 우리 사회와 우리 자신을 직면케 한다.

한 가지 흥미로운(?) 사실은, 그나마 출간된 간병기들 중에는 아들/남편인 남성들에 의해 쓰여진 책들이 눈에 띄게 많다는 것이다(현실은 간병의 80% 이상을 여성들이 하고 있다). 이 침묵에 대해, 혹은 불균형한 목소리에 대해 생각해야 한다. 여성들의 간병 경험은 너무 흔하거나 너무 자연스러워 보여서 흥미롭지 않기 때문일 수도 있고, 문자 그대로 글을 '쓸 시간'이 없기 때문일 수도 있다. 혹은, 갖가지 감정들이 얽히고설키다 못해 '떡져 있는' 나머지 아무것도 언어가 될 수 없기 때문일지도 모른다.

[수년간 꼬리를 물고 이어진 아픈 부모 돌봄을 하면서] 부모와 나의 관계는 갈수록 애증으로 얽히고설켰다. '너하고 같이 사니 좋다'라든가 '너 없으면 우리끼리 어떻게 살았겠느냐'라는 말을 들을 때마다 심장이 쪼그라들어서 나마저 부정맥에 걸릴 것 같은 느낌이다. 나에 대한 부모의 의존의 말과 태도들을 정말 견디기가 힘들다. 내가 고양이를 집에 데려와서 정을 주기 시작하자 두 분은 고양이에 대해 질투 섞인 말들과 태도를 보였는데, 그 역시도 참기 힘들었다. 한편으로는 안됐고 옆에서 힘이 되어주고 싶기도 한데, 또 마음 한구석에서는 부모에게서 벗어나고 싶다고 강하게 소리치고 있으니 내 마음은 지진이 났다가 다시 봉합되었다가를 반복하고 있다. (…) 내게 노골적으로 드러내는 의존적인 모습과 당당하게 '이젠 너에게 해준 만큼 받아야겠다'는 태도, 또 어떤 때는 눈물로 약한 모습을 보이며 한없이 초라해지는 모습을 번갈아 보이는 엄마. 그럴 때마다 분노가 치밀다가 연민에 빠지다가 하는 내 모습에 나 스스로 적응이 안 될 지경이다. 그때마다 '의연하자, 의연하자' 속으로 계속 외친다.[19]

중압감, 무력감, 불안, 초조, 좌절감, 슬픔, 두려움, 분노, 그리고 무엇보다 죄책감. 죄책감은 압도적인 감정이다.

19 이혜원, 〈견디기 힘든 '부모를 책임져야 한다'는 부담〉 – 비혼여성의 가족 간병 경험을 듣다 ③, 《페미니스트 저널 일다》, 2017년 9월 12일.

또한 아무것도 바꾸지 못하는, 참으로 무용한 감정이자 고단한 감정이기도 하다. 어느 겨울 지리산 자락에서, 엄마가 그렇게나 아픈데 여행을 온 나는 괴물이 아닐까 생각한 적이 있었다. 간병에 대해 글을 쓰고 '분석'을 하려 드는 내가 징그럽다고 생각한 적도 있었다. 어쩌면 분석 같은 건 불가능한 게 아닐까 싶은 감정들도 있다. KBS 시사교양 프로그램인 〈거리의 만찬〉 중 간병살인 이슈를 다룬 회차[20]에 잠시 등장한 한 '간병살인 가해자'는 "이걸 누구한테 얘기해요?"라고 스치듯 말했는데, 내게 그 말은 거의 비명으로 들렸다.

2. 환자라는 타인: 위험과 긴장을 직시하기

의료사회학자이자 자신도 심장마비와 암을 겪은 아서 프랭크는 저서 《아픈 몸을 살다》에서 질병이 아픈 사람에게 '위기', 즉 위험한 기회라고 말한다. 질병이 우리를 데려가는 삶의 경계가 또한 삶을 새롭게 조망하기에 유리한 위치vantage point이기도 하다는 뜻이다. 그의 저서를 지극한 한

20 "삶의 조건 첫 번째 이야기: 우리가 사랑할 수 있는 시간", KBS 〈거리의 만찬〉 6회(2018년 12월 21일 방영).

국어로 번역한 페미니스트 질병연구자 메이는 옮긴이의 말에서 이렇게 썼다.

> 한 사람의 전환이 사회의 전환으로 확장되는 지점에 이야기가 있다. 아픈 몸이 이야기가 되고 이야기에 공명하는 사람들의 원이 커지면 질병의 고립은 연결의 계기가 된다. 홀로 아팠던 몸의 경험은 한 사회의 자원과 지식이 된다. 아픈 사람의 낭비되고 버려진 시간은 사회적으로 귀중한 시간이 된다. 병자, 환자, 피해자, 희생자는 가장 멀리 여행한 사람이자 남들이 보지 못한 것을 본 사람, 다른 시각과 경험을 가진 사람이 된다. (…) 한 사람이 혼자 마주봤던 절벽은 마침내 '우리'의 밴티지 포인트가 된다.[21]

나의 질문은 '우리' 라는 단어에 있다. 책의 후반부에서 아서 프랭크는 "아픈 사람과 돌보는 사람은 질병을 함께 경험한다. 각자 다른 식으로 경험하지만 결코 어느 한쪽이 '덜' 경험하지는 않는다"[22]라고 썼다. 그런데 각자 다른 식으로, 정확히 어떻게? 여기서 우리가 생각해봐야 할 것은, 돌보는 사람이 정확히 어떤 "위험하고 무서운" 경험을

21 아서 프랭크, 위의 책, 옮긴이 후기, 254쪽.

22 아서 프랭크, 위의 책, 167쪽.

하고, 또 그것으로부터 어떤 "유리한 위치"를 얻게 되는가 하는 점이다. 보호자가 겪는 '위험하고 무서운' 경험은 환자의 경험과 같을까? 보호자가 간병 과정을 통과하며 얻게 되는 '유리한 위치'가 있다면, 그것은 무엇에 대한, 혹은 무엇을 위한 '유리함'일까? 우리 사회는 그러한 경험들로부터 무엇을 배워야 하는 것일까?

마음 씀, 소중하고 위험한 일

'거의 모든 일'이라고도 할 수 있고 '2천 가지 정도의 잡다한 일'이라고도 할 수 있지만 결코 '매뉴얼'로 완성될 수는 없는 일. 그래서 누군가를 곁에서 책임지고 돌보고 나서야 알게 되는 긴요한 돌봄이 있다. 그 수많은 애씀에 기대어 한 인간의 '인간임'이 가까스로 유지된다. '오늘은 생일 때 선물받은 목도리를 둘러주면 기분이 좀 나아질지도 모르는데'라고 생각하는 보호자의 마음 씀이 그 돌봄에 영혼을 불어넣는다.

> 아픈 사람을 상대해야 하는 사람들은 대부분 차이와 독특함을 인식하고 싶어 하지 않는다. 구별하는 데는 시간이 들기 때문이다. 차이를 파악하려면 아픈 사람과 맺는 관계 속으로 더 깊게 들어가야 한다. (…) 치료는 돌봄과 똑같지 않다.

> (…) 위중한 병이 있다는 진단을 받은 후 아픈 사람이 필요로 하는 도움은 지구상의 인간들이 모두 다른 만큼이나 각기 다르다. (…) 돌봄제공자가 이 고유함에 마음 쓰고 있다는 사실을 아픈 사람에게 어떻게든 전할 때 아픈 사람의 삶은 의미 있어진다. 나아가 아픈 사람의 인생 이야기가 돌보는 사람의 인생 이야기를 이루는 한 부분이 되면서 돌보는 사람의 삶도 의미 있어진다. (…) 아픈 사람의 경험에서 고유함을 목격하고 차이를 전부 인식하는 것, 이것이 바로 돌봄이다.[23]

아픈 사람은 통계상의 숫자나 서류상의 정책대상자 혹은 CT 결과지 속의 그래프가 아니라 살아 있는 인간, 살아왔고 살아갈 인간, 사람들과 관계 맺고 성격과 인생 곡절과 소망이 있는 고유한 존재다. 이를 알 수 있고 또 알고자 하는 것, 그리고 함께 지켜가려는 것이 바로 '보호자'라는 자리다. 이런 면에서, 보호자는 환자의 증인이다. 아플 때 우리는 누구나 고통의 지인知人, 투병의 동반자, 인생의 목격자가 필요하다. 아픈 사람에게 기꺼이(혹은 어쩔 수 없이라도) 마음을 쓰는 사람이 있다면, 아마 대다수의 아픈 사람은 그를 자신의 '보호자'로 여길 것이다. 법적 가족관계

23 아서 프랭크, 위의 책, 75-82쪽.

여부와 상관없이 말이다.

그런데, 바로 이 '마음 씀'이 보호자를 위험에 처하게 한다. 마음을 써서 진심으로 간병할수록 '충분'하다고 느끼기 어렵기 때문이다. 나는 지금 충분히 돌보고 있는가. 제대로 돌보고 있는가. 이대로 괜찮은 걸까. 마음을 쓸수록 더 할 수 있는 일을 찾게 된다. 그러나 아무리 해도 부족하게 느껴지거나, 때로는 너무 많이 해서 지나치게 느껴진다. 간병에는 '이 정도면 됐다'고 말할 수 있는 '끝'이나 한계선이 없다. 말 그대로 '할 수 있는 한' 하는 것이 보호자 노릇이다. 그러는 사이 보호자 역시 환자와 마찬가지로 몸이 있는 존재라는 사실, 즉 유한한 신체, 유한한 시간, 유한한 에너지를 가진 존재라는 사실을 모두가 잊게 된다. 때로는 보호자 자신마저도 말이다.

건강한 사람은 몸을 잊는다.[24] 아픈 사람은 몸을 잊을 수 없다. 아픈 사람을 돌보는 사람은 몸을 잊어야만 한다. 너무 시간이 없고, 너무 정신이 없고, 너무 할일이 많고, 너무 안타깝고 슬프기 때문에.

24 장 아메리 (2014), 《늙어감에 대하여: 저항과 체념 사이에서》, 김희상(역), 돌베개.

열심히 하는 사람일수록 한계까지 몰리는 경향이 있다.[25]

간병이란 해도 해도 끝이 없어서 나중에 후회가 남기 마련이다. 이것을 젊은 간병 연구자 이구치 다카시 씨는 '가족 간병의 무한정성無限定性'이라고 불렀다. 간병이란 몸은 떨어져 있어도 가족에게는 일할 때도 쉴 때도 잠시도 내려놓을 수 없는 무거운 짐 같은 것이다.[26]

간병하는 사람들을 위해 쓰여진 수많은 자조서들이 빠짐없이 강조하는 것이 있다. 바로 '자기 자신을 돌봐야 한다'는 것이다. 아픈 사람을 돌보는 과정에서 지치고 완전히 소진된 끝에 다다르게 되는 여러 비극적인 결과들을 보며, 보호자였던 나는 '자기 자신을 돌봐야 한다'라는 문장에 매번 밑줄을 쳤다. 그러나 이내 책을 펼쳐 들 시간 자체가 사라지곤 했다. 병세는 무자비했고, 아랑곳하지 않았다. 사실 모든 책이 돌보는 사람의 자기 돌봄을 강조한다는 사실 자체가, 그것이 현실에서는 얼마나 어려운 일인지 반증하는 것이기도 하다. '타인을 향하는' 노동은 기본적으로

25 마에다 미키 외, 위의 책, 164쪽.

26 우에노 치즈코 (2016), 《누구나 혼자인 시대의 죽음: 홀로 죽어도 외롭지 않다》, 송경원(역), 어른의시간, 146쪽.

위험하다. 돌봄을 문제화하고 이론화해온 페미니스트들이 '투명자아'의 필요와 위험에 대해 논해왔듯이 말이다.

> 의존노동[27]은 타인의 필요를 수용하는 자아를 요구한다. 타인의 필요를 제공하기 위해 자신의 필요를 우선시하지 않거나 제한하는 자아를 요구한다. (…) 이러한 자아는 관계 내 자아self-in-relationship, 용해성 자아soluble self, 주는 자아giving self 등으로 다양하게 표현되었다. 각각의 표현은 이러한 자아의 다른 측면을 강조하는 데 유용하다. 필자는 투명 자아transparent self라는 표현을 추가하려 한다. 이는 다른 사람의 필요가 식별되는 자아, 자신의 필요를 알고 있지만 타인의 필요를 우선으로 간주하는 자아이다.[28]

'완결'이나 '한계'를 설정하기 어렵다는 것, 이것은 살아 있는 취약한 존재를 보살피는 돌봄노동이 갖는 다른 노동과 가장 구분되는 측면일 것이다. 돌봄에 있어 '완벽함'을 추구하는 것이 가져오는 문제들은 지금까지 주로 근대적 가부장제가 강제한 제도로서의 모성 및 아이 돌봄과 관

27 키테이의 논의에서 '의존노동'이란 가령 영유아와 심각한 중증장애인 등 '불가피하게 의존적인 사람들을 돌보는 노동'을 뜻한다.

28 에바 페더 키테이 (2016), 《돌봄: 사랑의 노동 – 여성, 평등, 그리고 의존에 관한 에세이》, 박영사, 114-115쪽.

련하여 연구되어왔다. 헌신적이고 희생하는 모성이라는 관념은 이데올로기이며, 어머니 외의 다른 사람(남성)들을 돌봄의 책임에서 효과적으로 면제시켜주는 제도의 일부라는 분석이다.[29] 이러한 논의에서 더 나아가, 최근 페미니스트들은 어머니노릇mothering에 대한 이론이 '어머니를 위한' 것이기도 하려면 무엇을 더 다루어야 하는지 고민하면서 '충분히 좋은 어머니good-enough-mother'라는 심리학자 위니캇의 개념을 소개한 바 있다.[30] '완벽한'이 아니라 '충분히 좋은'이라는 형용사는 아이를 돌보는 어머니들에게 숨통을 틔워준다. 하지만 아이 돌봄은 성장을 함께하는 과정인 반면, 아픈 사람 돌봄은 통증과 고통을, 때로는 쇠약과 죽음을 함께하는 과정이다. 환자를 돌보는 보호자는 '충분히 좋은' 보호자라는 개념으로 스스로를 구할 수 있을까?

함께 겪는 병, 서로 다른 이야기

이제까지 우리 사회에서 가족의 당연한 책임(정확히는

29 에이드리언 리치 (2018), 《더 이상 어머니는 없다: 모성의 신화에 대한 반성》, 김인성(역), 평민사.

30 이진희, 배은경 (2013), 〈완벽성의 강박에서 벗어나 '충분히 좋은 어머니(good-enough mother)'로: 위니캇의 유아정서발달이론과 어머니노릇을 중심으로〉, 한국여성연구소, 《페미니즘 연구》 13(2), 35-75쪽.

여성의 당연한 희생)으로 여겨져온 '아픈 사람을 돌보는 일'은, 바로 그 당연시 때문에 제대로 가시화되지도, 지식화되지도 못해왔다. 돌보는 사람은 아픈 사람과 함께 질병을 경험하지만, 어떤 면에서는 바로 그 점 때문에 말하기 어렵고, '목격'되기도 어렵다("내가/네가 아무리 힘들어봤자 아픈 사람만 하겠어?"). 그래서 간병하는 사람이 하루하루를 어떻게 보냈는지 아는 최대의 목격자는 환자다. 보호자는 환자와 자신, 둘만 아는 장면들 속에 조용히 고립된다. 그러나 '함께' 고립된다 해도 '같은' 현실에 고립되는 것은 아니다. 가령 보호자가 '오랜만에 콧바람 좀 쐰 단비 같은 날'이 환자에게는 '익숙지 않은 다른 사람에게 맡겨져 힘든 날'이 될 수도 있다는 그 상이한 위치 때문에, 둘만 아는 장면은 각자의 이야기로 쪼개진다.

> 엄마한테 늘 고마운데, 뭐 서운한 것도 있고. 정말 케어를 굉장히 잘 해주셨죠. (…) 서운한 거는, 엄마도 이 병이 어떤 건지 잘 모르고 이 고통이 어떤 고통인지를 몰라요. (유방암, 50세, 비혼)

> 이 친구도 되게 지쳤던 것 같아요. 나의 긴 투병 생활에 지쳐가고. 내가 지랄해도 잘 안 받아주고(웃음). 근데 그게 그 친

구 입장에서는, 얘도 살아야 되는 거잖아요, 사실. (…) 근데 막판에 애에 대해서 되게 원망하는 마음이 생긴 거예요. 내가 이렇게 힘든데 그걸 충분히 받아주지 않은 것에 대해서. (갑상선암, 하혈, 38세, 비혼)[31]

한국여성민우회 여성건강팀에서 진행한 '아픈 여성 일상 복귀 프로젝트'에 등장하는 이 인터뷰들을 읽을 때, 누군가는 아픈 사람의 입장에 감정이입하고 또 누군가는 돌보는 사람의 입장에 감정이입할 것이다. 한 번에 두 입장에 동시에 감정이입할 수는 없다는 것만은 분명해 보인다. "이 고통이 어떤 고통인지를 몰라요"라는 말은 가슴을 친다. 일레인 스캐리가 썼듯, 나의 고통은 명백하지만 타인의 고통은 의심스럽다.[32] 하지만 때로 보호자라는 위치는, 아픈 사람이 '아무도 모른다'라고 느끼는 바로 그것을 알고자 애쓰는 사람이기도 하다. 어떤 느낌일까? 어떤 감각일까? 어떤 심정일까? 내 몸이 아닌 타인의 고통에 대한 (불가능한) 상상이자, 닿으려는 의지다.

미국 감독 미첼 프랑코가 만든 극영화 〈크로닉Chronic〉

31 한국여성민우회 (2014), 《아플 수 있잖아: 아픈 여자들의 일상-복귀 프로젝트》(미간행)에 실린 인터뷰 중에서.

32 일레인 스캐리 (2018), 《고통받는 몸》, 메이(역), 오월의봄.

(2015)에는 '데이비드'라는 매우 인상적인 남자 호스피스 간호사가 등장한다. 영화 내내 다양한 관계에서 변주되는 데이비드의 간병 장면들을 본 사람들은 하나같이 "나도 아프면 저런 돌봄을 받고 싶다"라고 입을 모았다. 아픈 사람의 고통을 알고, 필요에 닿아, 가장 적절하게 반응하고자 하는 데이비드의 시선과 몸짓은 너무나 인상적이어서, 우리 모두로 하여금 "하지만 현실에 저런 사람은 없지, 저건 영화니까"라고 말을 맺게 할 정도였다. 영화 속에서 데이비드의 환자 간병은 환자 가족들의 행동과 가장 명백하게 대비된다. 죽음이 가까운 말기 환자를 어떻게 대해야 좋을지 모르는 가족들이 그 사람을 '환자'로 만들면, 데이비드가 적절하고도 세심한 간병으로 그 '환자'를 이름이 있는 한 인간으로 되돌려놓는 식이다.

잘 돌보려는 사람은, 아픈 사람이 어떻게 느끼고 무엇을 원하며 또 필요로 하는지를 알고자 그를 향해 다가선다. 간병에 있어 이러한 '다가감'은 중요하다. 그것은 가끔 문병 오는 친척의 예의바른 거리두기나 서둘러 물러섬과는 다르다. 돈으로 돌보는 먼 가족의 탈인격화된 원거리 돌봄과도 다르다. 이 '다가감'이 무엇인지, 아픈 사람을 직접 몸으로 돌본 경험이 있는 사람은 알 수 있으리라 생각한다. 하지만 그것이 아픈 사람에게 등가等價의 '다가옴'으로 경험될지는 별개다.

가장 가깝고, 가장 먼

아픈 사람에게 다가갈 때, 마음을 쓸 때, 그 다가간 곳에서 우리는 자주 어려운 질문을 만나게 된다. 그가 원하는 것을 해야 하는가, 아니면 내가 원하는 것을 해야 하는가? 아니, 그 두 가지를 구분할 수 있는가? 감히 구분해도 되는가?

> 어머니는 사람들한테서 이겨낼 수 있다는 응원이며 그 힘든 치료를 받은 덕분에 살아난 것이라는 이야기를 듣고 싶다고 말한 적이 없다. 그렇기는커녕 진실만을 말해달라고 했다. 그러나 어머니가 실제로 바라는 것이 무엇인지는 어머니를 정말로 염려하는 사람이라면 누구라도 알았다. 바로 그 바람을 나는 묵인했으며, 깊고 깊은 죄의식 속에서도 나를 어머니의 공범으로 만든 것도 바로 그 바람이었다.[33]

낫기 힘든 병, 오래가는 어려운 병, 죽음이 가까이 있는 병만큼 아픈 사람과 돌보는 사람이 '타인'이라는 것이 명백해지는 상황도 없을 것이다. 앞서 언급한 영화 〈크로

33 데이비드 리프, 위의 책, 44쪽.

닉〉에서, 데이비드의 돌봄은 숙련되어 있고 또한 마음이 담겨 있다. 하지만 무엇보다 그의 돌봄을 특별하게 만드는 것은 그의 고뇌다. 타인의 요청 앞에서 흔들리는 것, 정답 없는 윤리적 갈등 앞에 서게 되는 것이 돌봄이다.

존 M. 헐은 10대 때 선천성 백내장을 진단받고 서서히 시력을 잃어간 끝에 48세에 완전히 실명한 후 이 경험을 책으로 써낸 호주의 신학자이자 작가다. 그가 실명 이후 아내와 나눴던 대화는 실명이라는 경험을 가장 가까이서 겪은, 그리고 바로 그렇기 때문에 더없이 멀리 떨어져 있다고 느끼는 두 사람의 '깊은 소외감'을 잘 드러낸다.

> 그녀는 내 고통을 이해 못했거나 함께하지 못했다는 걸 미안해하며 시각장애인이 된 나에게 적응하는 데 나보다 6, 7년은 더 걸리는 것 같다고 말했다. (…) 나와 함께 외출할 때면 내게 닫혀 있는 그 모든 세계 — 아이들을 포함한 — 가 느껴져 마음이 온통 상실감으로 얼룩지게 된다고 마릴린은 내게 설명했다. 나는 볼 수 없는 것은 내게 별 의미가 없다고 그녀에게 설명하려고 애썼다. (…) 이런 생각이 들었다. 만약 눈에 보이는 세상이 내게 아무 의미가 없다면, 그리고 만약 마릴린이 그 눈에 보이는 세상의 일부라면, 그렇다면 마릴린의 일부는 내게 아무런 의미가 없다고. (…) 내가 새로운 정체성을 획득해 나아가는 반면, 그녀는 이전에 겪어보지 못한 고

통을 감내하며 두 세계 사이에서 한 발은 안으로 또 한 발은 밖으로 그렇게 늘 중재자로 존재해야 하는 것이다. 그날의 대화로 우리 둘은 깊은 소외감을 느꼈다. (…) 나는 이 소외감 저편에는 사랑에 의해 탄생한 새로운 존재 방식이 있다고 그녀에게 얘기하고 싶었다. 그러나 그 말을 하지 못했다. 새로운 세계의 탄생이 너무나 더디고, 고통스럽고, 그쳤다 이어졌다 한다. 그래서 얼마 안 되는 찬란한 순간들을 제외한다면 어쩌면 영원히 실현되지 않을지도 모른다.[34]

환자는 항암치료를 멈추고 싶어 하지만, 보호자는 이를 받아들일 수 없다. 환자는 깊은 산골로 들어가 쑥뜸으로 치료하고 싶어 하지만, 보호자는 서울에 있는 큰 병원에 가지 않고 '사이비 시술'에 현혹되는 환자의 '고집' 때문에 가슴이 문드러진다. 환자는 어떻게든 휠체어를 타고 화장실에 가서 용변을 보려 하지만, 보호자는 간병 과정에서 얻은 요통으로 허리를 쓸 수 없다. 환자는 두어 시간에 한 번씩 가래흡인을 해주지 않으면 숨이 넘어가고, 보호자는 제발 서너 시간만이라도 깨지 않고 잘 수 있기를 소원한다. 이런 상황에 처했을 때 "어차피 각자 자기 인생 사는 것"이라거

34 존 M. 헐 (2001), 《손끝으로 느끼는 세상》, 강순원(역), 우리교육, 216-217쪽.

나 "살 사람은 살아야지", "니 몸도 챙겨가면서 간병해" 같은 말들이 도움이 된다고 느낄 보호자는 없을 것이다.

아서 프랭크가 표준화된 치료와 대비시키면서 말하듯, 좋은 돌봄은 매뉴얼화될 수 없다.[35] 좋은 돌봄의 핵심이 아픈 사람이 '누구인가'에 있기 때문이다. 누구나 자기답게, 혹은 자기 식으로 아프다. 그리고 그럴 수 있어야 한다. 돌보는 것 역시 마찬가지다. 돌보는 사람도 자기답게, 자기 식으로 돌본다. 그러나 환자의 '자기 식'과 보호자의 '자기 식'은 때때로 경합한다. 가령 연명의료 결정 앞에서, 고가의 비급여 치료 여부를 놓고, 항암 중단 시점을 두고 보호자의 생각과 환자의 생각이 격렬하게 부딪히는 일은 드물지 않다. 이런 점에서 환자의 마음을 헤아리려는 '마음 씀', 환자의 자기다움에 가까이 가려는 '다가섬'은 보호자 자신에게는 위험을 자초하는 일인지도 모른다.

언제든 지배로 흐를 수 있다

한편, 보호자들의 힘겨움에 대한 이야기만큼이나 자주 들려오는 이야기는 '간병학대'와 '진상 보호자'에 대한 이야기이다. 간병학대의 89%는 집 안에서 이루어진다. 자

35 아서 프랭크, 위의 책.

기 가족'만' 우선시하는 보호자들에 의한 응급실 폭력도 빈번하다. 어떤 면에서, 그간 우리가 사용해왔던 '평등'이라는 단어가 가장 아득하고 희미해지는 것이 바로 아픈 사람과 돌보는 사람 사이의 기울어진 관계가 아닐까 생각한다. 환자와 보호자는 '동등한 권리를 가지고 민주적으로 대화할 수 있는 두 사람의 독립적 개인'이라는 이미지에서 참 멀리 떨어져 있다(그래서 건강권을 '권리에 접근할 수 있는 권리'라고 말하는 것이다).

이 '기울어짐'을 '지배'라고 말하는 것은 너무 가혹한 일인지도 모른다. 그러나 요양시설에서 벌어지는 노인 학대 뉴스나 간병인과 요양보호사들이 사각지대에서 감내하고 있는 폭언과 폭력에 관한 기사들을 생각해보면, 어느 쪽으로든 기울어질 수 있다는 것을 진지하게 생각하고 공적으로 토론하는 일이 왜 중요한지를 깨닫게 된다. 학대하는 보호자가 있고, 학대받는 보호자도 있다. '모든 걸 다 해주는 헌신적인 보호자'가 환자의 재활 기회나 결정 기회를 빼앗기도 한다. 어떤 보호자들, 특히 미성년자인 환자를 돌보는 보호자들은 때로 '너무나 잘 돌보고 싶은 나머지' 지배로 흐른다.

어리거나 젊은 환자일수록 가족들은 '죽음'이라는 단어를 환자 앞에서 꺼내는 것조차 금기시한다. 살려야만 하고 살리지 못한다는 상황을 상상하는 것만으로도 보호자들은 심한 공포감을 느끼곤 한다. 젊은 사람뿐 아니다. 나이가 지긋하신 어르신 환자의 보호자들도 '사실대로 병세를 이야기하면 환자가 남은 생을 포기해버릴까봐 두렵다'며 환자에게 나쁜 예후에 대해 솔직하게 이야기하는 것을 꺼린다. (…) 환자의 뜻과는 상관없이 의료진과 환자의 솔직한 의사소통을 막게 된다. 결국 환자는 자신의 속마음을 나눌 사람이 없이 삶의 정리도 못하고 외롭고 우울하게 가족이라는 장벽에 가로막혀 마지막 순간을 맞이한다. (…) 10대 이하의 환자들에게 부모는 의사 결정자이다. 환자는 철저하게 중요한 의사 결정 과정에서 제외된다. 독립된 인격체로서 자신의 의료적 상황을 알고 치료 방향을 결정하기보다는 나쁜 소식을 듣는 것과 남은 삶을 어떻게 보낼까를 모두 부모가 판단한다. (…) 어쩌면 부모들은 내가 환자의 생명을 태어나게 했으니 죽지 않도록 해야 하며 그렇게 할 수 있다고 생각하는 것 같다.[36]

'할 수 있는 한 최선을 다해 힘껏 돌본다'는 것이 절대 명제가 되는 것은 위험하다. 좋은 돌봄을 위해서는 '다가

36 한국죽음학회 웰다잉 가이드라인 제정위원회 (2013), 《죽음 맞이: 인간의 죽음, 그리고 죽어감》, 모시는사람들, 202-206쪽.

섬'만큼이나 '물러섬' 역시 필요하기 때문이다. 어떤 불균형과 기울기를 감지할 때, 보호자인 우리는 때로 '덜' 돌보거나 일시적으로라도 '그만' 돌보기를 선택해야 한다.

아픈 사람과 돌보는 사람 사이의 관계는 근본적으로 가파르게 기울어져 있다. 돌봄의 1:1 등가교환이 어려운 이유는 바로 이 비대칭성 때문이다. 보호자가 되어 아픈 사람을 돌보는 일은, 말하자면 '비탈에서 균형 잡기'와 같은 것인지도 모른다. 당연히 둘 중 한 사람만의 애씀으로는 불가능하며, 두 사람만의 고립상태에서 지속할 수 있는 일도 아니다. 철학자 에바 키테이는 이처럼 명백한 비대칭성을 가진 관계를 보다 일반적인 '돌봄노동/돌봄관계'와 구분하여 '의존노동dependency work/의존관계'라고 개념화한 바 있다.

> 의존관계의 도덕적 특징은, 적어도 부분적으로 의존관계에 있는 당사자들이 의존인의 취약성과 의존노동자의 취약성에 대해 어떻게 대응하느냐에 따라 결정된다. 의존노동자와 대상자 모두 의존관계를 지배관계로 전환시킬 수 있다. (…) 의존노동자와 대상자의 관계는 신뢰의 관계라는 점은 중요하다. 대상자는 의존노동자가 책임을 다할 것이며, 자신의 취약성을 존중해줄 것이고, 책임을 완수하기 위해 부여된 권한과 책임이 무엇이든지간에 그것을 남용하지 않을 것이

라 신뢰해야 한다. 역으로, 의존노동자도 대상자가 자신의 필요 이상의 요구를 하지 않으며, 의존노동을 통해서 형성된 애착을 남용하지 않고, 의존노동의 결과적인 취약성이나 의존노동에 가담하고 있는 돌봄제공자에게 미치는 취약성을 착취하지 않는다는 확신이 있어야 한다. 쌍방에게 요구되는 섬세한 감정적 균형과 절제, 그리고 돌봄을 완수하기 위해 필요한 막대한 감정 에너지의 소진은 신뢰를 요구하는 의존노동자와 대상자 간의 감정적인 관계를 보여준다.[37]

'취약성에 대한 존중', '필요 이상의 요구를 하지 않는 것', '애착을 남용하지 않는 것'… 이런 문구들에 밑줄을 치며, 어떤 경험들을 떠올렸다. 돌보는 사람은 돌봄 받는 사람을 지배할 수 있다. 돌봄 받는 사람도 돌보는 사람을 지배할 수 있다. 지금 당장 누구 편에 설 것인가 하는 감정이입의 양자택일 이상이 우리에겐 필요하다. 의도하지 않더라도 지배로 흐를 수 있는 가능성이 엄존한다는 것, 때로는 잘 돌보고자 하는 '마음 씀'이 간병을 지배로 흐르게 하거나 반대로 지배에 취약하게 한다는 것, 그 비대칭성에 대한 깊은 인식과 인정에서 시작할 때, 좋은 돌봄관계를 상상할

37 에바 페더 키테이, 위의 책, 89쪽.

수 있는 가능성이 열릴 수 있을 것이다.

3. 고립된 경험담을 넘어 사회적 문해력으로

이 글을 쓰면서, 어떤 두려움을 느낀다. 누군가, 아마도 많이 아픈 사람이, 혹은 돌아가신 어머니가 이 글을 읽는다고 생각하면 무서워진다. 어쩌면 "그래도 환자가 제일 힘들지" 라는 말 앞에서 입을 다무는 보호자의 기분인지도 모르겠다. 그런데 사실 이런 기분 자체가 돌봄관계에 내포된 위험과 긴장을 보여주는 일면이다.

환자와 보호자 사이에는 위험과 긴장이 존재한다. 정말로 그렇다. 우리는 이 사실을 외면한 채 순진한 채로 머물러서는 안 되고, 또한 어느 한쪽을 침묵시킴으로써 문제를 해결했다는 환상으로 도피해서도 안 된다. 그러려면, 우선은 누구도 타인과 '한 몸'은 아니라는 사실을 더 깊고 복잡하게 직시하는 것에서부터 시작해야 한다(아픈 사람의 마음을 '내가 다 안다'고 자신하는 보호자가 있다면, 그는 환자에게 위험한 존재일 것이다). 가족이든 아니든, 보호자와 환자는 타인이다. 질병을 함께 겪는다고 해서 같은 것을 겪는 것은 아니다. 그렇다면, 각자의 경험담을 독백하는 것 외에 다른 어떤 길이 우리에게 있을까?

경험담과 비교급을 넘어서

보호자의 자리에서 겪는 수많은 어려움과 괴로움들을 '그래도 소중한 경험이었다'라고 너무 빨리 봉합하지 않았으면 좋겠다. 어떤 상처는 '승화'될 수 없고, 끝내 해결되지 않는 딜레마도 있다. 모든 것을 해야 한다고 느끼는 동시에 아무것도 할 수 있는 게 없다고 느낄 때, 최선을 다해 돌보고 있는데 "너는 내가 얼마나 아픈지 모른다"라는 말을 들을 때, 좌절과 분노에 못 이겨 소리를 지른 다음 '아픈 사람에게 내가 무슨 짓을 한 건가' 하는 죄책감에 시달릴 때, 해답은 적어도 그 감정들을 제거하는 데에 있지 않다. 부정적인 것을 제거하고자 하는 욕망과 강박은 간병의 경험이 가져다주는 질문과 통찰을 외면하고, 간병이 변화시킨 나 자신을 무시하게 한다.[38]

'바꿀 수 있는 건 나 자신뿐'이라는 정언명제에 기대어 엄청난 양의 심리학 서적들이 읽히고 있고, 미칠 것 같은 상황에 있는 보호자들에게 그런 책들이 갖는 효용은 부정

38 전희경 (2018), "'직면'에 대하여", 생애문화연구소 옥희살롱 〈2018 살롱영화제: 질병과 죽음이 찾아올 때, 어떻게〉 1강 강의자료(2018년 3월 31일)(미간행). 한편, 바바라 에런라이크는 긍정적 사고를 강조하는 문화가 어떻게 아픈 사람들에게 침묵과 자기비난을 강요하게 되는지를 신랄하게 분석한 바 있다. 바바라 에런라이크 (2011), 《긍정의 배신: 긍정적 사고는 어떻게 우리의 발등을 찍는가》, 전미영(역), 부키.

할 수 없다. 그러나 '토로'만큼이나 중요한 것은 '토론'이다. 누군가의 토로를 수신하고, 돌보는 사람의 곁에 다가서고, 경청하고 이해할 수 있는 사회적 문해력literacy이 문제다. 우리에게는 "그래도 환자가 제일 힘들지"라는 비교급의 언어가 아닌 다른 언어가 필요하다. 나아가 "안 겪어봤으면 말을 말라"라는 토로의 이면과 행간을 읽고 질문할 수 있는 힘이 필요하다. 간병의 일상 켜켜이 쌓여 있는 '부정적인 감정들'에 대한 사유는, 그런 언어와 힘이 쌓일 때 비로소 가능하다.

글을 읽고 이해할 수 있는 능력을 문해력이라고 한다. 그러나 사실 문해력은 단지 글자를 읽을 수 있는 능력만을 의미하지는 않는다. 농담은 그 좋은 예다. 세계관의 일치 없이 '농담'은 통용될 수 없다. 죄책감도, 후회도, 슬픔과 분노도 마찬가지가 아닐까. 아픈 사람의 경험에 대한 사회적 문해력이 높아져야 한다. 그리고 '보호자'의 경험에 대한 사회적 문해력 역시 높아져야 한다. 이 두 가지는 서로가 서로에게 기대어 있고, 경험을 '이야기'로 엮어내는 환자와 보호자의 용기와 분투에 기대어 있고, 그 이야기를 듣고자 하는 청자의 존재에 기대어 있고, 듣고 이해할 수 있는 사회적 상상력에도 또한 기대어 있다.

어느 날 치매인 어머니를 수발하고 있는 지인이 전화를 했다.

"어머니를 죽이고 싶어."

"알았어. 지금 바로 밧줄을 가지고 도와주러 갈게."

나는 말이 떨어지기 무섭게 대답했다.

그러자 수화기 저편에서 깊은 한숨 소리가 들렸다.

"고마워. 마음이 이제 좀 안정됐어."[39]

위의 대화는 30년간 아픈 가족들을 수발한 하나리 사치코가 직접 경험한 에피소드이다. 대중강연에서 이 이야기를 인용했을 때 뜻밖에도 웃는 사람들이 많아 놀란 적이 있다. 하지만 최근 요양보호사를 대상으로 한 강의에서는 아무도 웃지 않았다(그들은 주로 '치매 어르신'을 돌보는 이들이었다). 문해력이란 이런 것이다. 많이 아픈 사람을 돌보는 보호자들이 경험하는 복잡한 감정들은, 심리적 현상이기보다는 사회적 현상이다. 감정이 비롯되는 사회적 조건과 상황적 맥락을 이해하는 것이 중요하다.

'환자와 보호자 둘만 아는' 세계에 고립되어 있는 이들에게 필요한 것은 많다. 사회적 안전망, 의료접근권, 간병휴직 등의 제도 확대,[40] 그리고 무엇보다 젠더 정의가 필요

39 하나리 사치코, 위의 책.

하다. 그러나 사회가 느리게 변할 동안에도 누군가는 심하게 아프고, 누군가는 전적으로 환자를 돌봐야 한다. 하나리사치코의 대화가 보여주듯, 환자와 보호자 사이에 있는 위험과 긴장은 때로 '죽고 싶은/죽이고 싶은' 정도의 문제다. 지금 이 순간에도 남들은 모르는 둘만의 밀실에서 미칠 것 같은 상황을 살고 있는 이들이 있다. 이 밀실에 비상구를 만들어야 하고, 그 비상구 밖에 누군가 서 있어야 한다. 치열하고 힘겨울수록 더 고립되기 쉬운 돌봄의 국면을 견딜 수 있게 해줄 수 있는 것은 '우리 둘만이 아닌' 누군가 다른 사람이 알고 있다는 사실, 누군가 가까이 있다는 실감이다.

돌봄은 언제나 돌봄관계: 완결은 없다, 힘껏 마주할 뿐

인간은 인간관계 안에서만 인간일 수 있다. 모든 인간관계가 언제나/이미 사회적이며 사회적 분석대상이 되듯이, 돌봄관계 역시 더 많은 이들이 함께 고민하고 토론하는 공적인 주제가 되어야 한다. 그래야 독방에서 쓰여진 경험

40 영국이나 독일, 미국 등에서 도입한 '레스핏 케어(respite care)'나 '휴식 프로그램(break service)'은 당장이라도 제도화되어야 한다. 육아휴직이 '육아로부터의 휴직'이 아니듯, 간병휴직이 '간병으로부터의 휴직'이 아니라는 것조차 이해하지 못하는 사회에서는 요원한 일처럼 느껴지지만 말이다. 이가옥, 우국희(2005) 참조.

담을 독방 바깥으로 가져올 수 있고, 개별화된 '나만의 진실'을 넘어 이해하고 토론하고 배울 수 있는 '지식'으로 만들어낼 수 있다.

돌봄은 언제나/이미 돌봄관계다. 즉, 좋은 돌봄에 대한 상상은 반드시 좋은 돌봄관계에 대한 상상에서부터 시작되어야 한다. 여성에게 돌봄의 책임을 전가하는 한국사회, 장시간 노동으로 돌볼 시간 자체를 빼앗는 한국사회에서, 돌봄을 가능케 하는 사회적·제도적·법적·정책적 변화를 말하는 것은 매우 중요하다. 그리고 실제로 제도와 정책이 어떠한 전제와 목표를 가지고 시행되는가에 따라서 돌봄의 현실, 아픈 사람과 돌보는 사람 모두의 현실은 크게 바뀔 수 있다. 하지만 완벽한 시스템이 완벽한 돌봄을 만들어내는 것은 아니다. 돌봄은 결국 사람과 사람 사이의 관계, 시선과 말을 주고받고 수없이 몸을 접촉하는 관계 속에서 이루어지는 것이다. 제도가 관계를 만들어주지는 않는다. 법률이 관계를 만들어주는 것도 아니다. '좋은 돌봄'과 '보호자의 의사 대리'에 있어 핵심은 그 돌봄관계의 내용과 깊이다.

아빠를 간병하며 가장 많이 들었던 말은 "그러다 너 나중에 후회한다"였다. 그러니 지금 잘하라고. 가끔 아빠에게 화가 나 잔소리를 하거나 투닥거려 짜증난 마음을 얘기하면 열에 아홉은 똑같이 그렇게 말했다. 그럴 때마다 나는 여기서 지금 최선을 다하고 있는데 어떻게 더 이상 잘할 수 있는지 묻고 싶었다. 조금씩 죽어가고 있는 사람에게 짜증을 내고 화를 냈다는 죄책감을 내게 굳이 심어주는지, 왜 내 감정은 항상 나중에 할지도 모를 후회에 가려져야 하는지, 더군다나 왜 꼭 후회를 할 것이라 생각하는지 묻고 싶었다. 아무도 내 마음은 들여다봐주지 않았다. 스스로 다독거리며 입을 닫았다.[41]

"그러다 너 나중에 후회한다"라는 협박은 내 마음속에서도 자주 메아리치던 말이었다. 그 '나중'의 후회를 겁내느라 '지금'을 돌보지 못한 때도 있었다. 하지만 지금 이 순간, 환자와 보호자의 "생과 사의 조건은 동일하다."[42]

환자와 보호자 사이에 상존하는 위험과 긴장은 마치 시소의 기울기와도 같다. 매 순간 균형을 잡아보려는 양쪽 모두의 의식적/감정적/몸적 노력이 없이는, 시소는 곧바로 기울어지고 만다. 동시에, 시소가 완벽한 평형을 이루는 것은 거의 불가능하다는 사실에 대한 인정도 필요하다. 건

41 밀알, 〈아빠의 임종… 우리의 선택은 옳았던 걸까?〉 – 비혼여성의 가족간병 경험을 듣다 ⑦, 《페미니스트 저널 일다》, 2017년 10월 13일.

42 하나리 사치코, 위의 책.

강이 질병 없는 상태가 아니듯, 좋은 돌봄관계를 갈등, 번민, 방황, 분노 등 온갖 부정적인 감정들이 제거된 클래식 음악 같은 것으로 상상할 필요는 없다고 생각한다. 적어도 나는 전혀 싸우지 않는 관계, 언제나 예의 바른 얼굴만 보여주는 관계의 누군가를 나의 보호자라고 느끼지는 않을 것 같다. 물론 상대방도 마찬가지일 것이다.

좋은 관계의 기본이 상호성이라면, 비대칭 관계에서의 상호성은 절충과 타협, 끊임없는 조정을 통해서만 가능하다. 가능한 것과 불가능한 것을 분별하는 것 역시 필요하다. 그 불가능한 지점에서 '어떻게든', 혹은 '그럭저럭' 해나가는 것이다. 완결은 없다. 후회도 피할 수 없다. 완벽한 돌봄이 아니어도 돌봄은 귀한 것이다. 완결이 없다는 것은 죽을 때까지 살아 있는 인간 삶의 속성이고, 완벽할 수 없다는 것은 오히려 우리를 깨어 있게 만들어 지금 여기 내 앞에 있는 사람과의 관계에 힘껏 임하게 하는 이유가 될 수 있다. 지금 이 순간 살아 있는 존재로서, 서로 힘껏 겪고 힘껏 마주할 뿐이다.

정답 없는 질문 앞에 서는 용기

아픈 것은 '정상'이고, 의존은 인간의 자연스러운 존재 조건이다. 지금은 아픈 데 없이 건강한 비장애 성인에게도

"내 보호자는 나 자신"이라고 말할 수 없는 순간이 반드시 온다. 그런데도 우리는 이 엄연한 사실 앞에서 어떻게 해야 하는지 아는 바가 많지 않다.

우리 모두가 자주 잊듯이, 하루는 누구에게나 24시간이다. 24시간 간병이 필요한 환자를 돌보지 않는 것은 인권침해다. 그리고, 누군가에게 24시간 간병을 도맡게 하는 것 역시 인권침해다. 독박이 되지 않는 돌봄은 가능한가. 지배로 흐르지 않는 간병, 수치스럽지 않은 의존은 가능한가. 의존관계가 깊이 비대칭적일 수밖에 없다면, 돌봄이 1/n로 기계적으로 '분담'될 수 있는 것이 아니라면, 그러나 보호자도 유한한 몸인 존재라면, 어떻게 해야 할까. 이런 '답 없는' 질문들은 지금 이 순간에도 많은 보호자들이 직면한 현실이다.

마법의 정답 같은 것은 없을 것이다. 그나마 생각해낼 수 있는 답조차 아득히 멀리 있는 것 같다. 어쩌면 우리 사회 전체가 지금보다 훨씬 더 느려질 때, '환자의 시간'이나 '보호자의 시간'을 경험해본 시민들의 수가 지금보다 훨씬 더 늘어날 때, 모든 시민이 돌봄의 무대 위에 올라설 때, 그토록 예측 불가능하고 아무것도 약속할 수 없으며 자주 무질서해지는 시간성을 수용할 수 있을 정도로 유연하고 인간적인 시스템을 만들 때, '답'이라고 할 만한 것이 비로소

찾아질 수 있을지도 모른다.[43]

우리는 우선 아픈 사람도 돌보는 사람도 '몸인 존재'라는 사실을 기억하고, 아픈 사람과 돌보는 사람 사이의 관계에는 언제나 위험과 긴장이 존재한다는 사실을 인정하는 것에서 출발해야 할 것 같다. 무엇보다 환자와 보호자가 '둘만 아는' 현실에 고립되지 않는 것이 가장 중요하다. 아픈 사람과 돌보는 사람 모두의 유한성과 온갖 '어쩔 수 없음'으로 둘러싸인 사회적 상황을 매개하는 '적당함'의 감각, 돌보는 사람과 돌봄 받는 사람 사이의 갱신되는 상호적 관계성이 없다면, 아픈 사람을 돌보는 일은 파국을 향해 달려가게 된다. 완전히 지칠 때까지, 한계에 몰리게 될 때까지 걸리는 시간은 그리 길지 않다.

보호자와 환자 사이의 위험과 긴장은 아마 사라지지 않을 것이다. 하지만 이런 간단명료한, 슬프고 힘든 사람들의 입을 막는 최종판결 같은 말을 하기 전에, 우리는 그 '사이'에 놓인 것들을 경험할 수 있어야 한다. 좌충우돌하고, 좌절하고, 상처받고, 다시 시작하고, 어찌저찌 버티느라 할 말이 없어지고, 그럼에도 불구하고 스스로를 납득시키고

43 그런 점에서, 세계에서 가장 빠른 속도로 진행되고 있는 고령화는 우리 사회 전반을 바꿀 수 있는 기회이자 (이렇게 말해도 된다면) '기대되는' 미래이기도 하다.

지속되는 돌봄의 현장으로 다시 발길을 옮기는 의미를 찾을 시간이 필요하다. 사회적 문해력은 그 '시간'을 보내는 가운데 태어난다.

보호자는 불현듯 도망치고 싶다는 마음에 사로잡히지만, 동시에 도망칠 수 없다고 생각하거나, 차마 도망치지 못한다. 이 '차마'에 담긴 마음에 대해 생각한다. 많이 아픈 사람을 곁에서 돌본다는 것이 어떤 것인지, 지금의 사회가 '보호자'에게 무엇을 요구하고 있는지, 마음은 어째서 수시로 진창이 되는지, 그럼에도 불구하고 곁에 머물 수 있게 하는 용기는 어디에서 나올 수 있는지, 우리는 간병하는 이들로부터 배워야 한다. 그리고 '같이' 배우지 않는다면 아무도 배우지 못한다.

'병자 클럽'의 독서: 아픈 사람의 이야기를 읽는 아픈 사람들

메이

아프다는 것을 아는 문장들

> 내 고통, 너는 내 모든 것이어야 한다. 너로 인해 방문할 수 없을 그 모든 이국의 땅을 네 안에서 발견하게 해다오. 내 철학이 되어다오, 내 과학이 되어다오.

통증에 시달려본 사람이라면 이 구절에 멈춰 있을 수밖에 없을 것이다. 통증과 씨름한 긴 시간을 알아볼 수밖에 없을 것이다. 고통 때문에 줄어드는 삶의 반경, 내 모든 것을 부수고 그 대신 모든 것이 되는 고통, 항상 그것을 생각하고 연구하게 만드는 고통, 없애야 하는 적이었다가 점점 '내 고통, 너는…'이라고 말을 걸 수 있을 정도로 친밀하고도 지겨운 관계의 한편이 되어가는 고통. 통증과 관계 맺는다는 것, 그리고 그런 관계 안에서 살아가는 사람의 몸과 정신과 삶에 어떤 일이 일어나는지를 이렇게 단 몇 문장으로 표현하다니.

또 같은 글의 이런 문장. “마드무아젤 드 레피나스가 자기 사랑의 매 순간을 세듯이 나도 내 통증의 매 순간을 셀 수 있다.” 질병의 순간을 사랑의 순간에 비유하는 언뜻 불가해한 이 말에 지병을 가지고 사는 사람이라면 고개를 끄덕일 것이다. 아픈 사람에겐 연애하는 이들처럼 기념일들이 있으며, 아픈 사람은 고통과 나의 배타적이며 계속 변해가는 관계가 연애 관계와 몹시 닮았다는 걸 이해한다. 또 이런 문장. “‘지금 뭐하세요?’ / ‘아프고 있습니다.’” 그리고 또 이런 문장. “고통이 지평선을 지우고 온 세상을 채워버린다.”

위 구절들은 소설 〈마지막 수업〉으로 잘 알려진 알퐁스 도데의 〈고통la doulou〉이라는 글의 일부다. 젊은 시절 걸린 매독이 20여 년 후 척수매독으로 진행되어 신경이 손상되면서 도데는 죽기 전까지 십수 년을 끔찍한 통증에 시달린다. 수은, 온천, 매달려 있기 요법 등 당시의 치료법은 큰 도움이 되지 못했고, 도데는 여러 종류의 진정제에 의존하여 생활하며 나중에는 모르핀 주사를 놓을 자리가 없을 정도였다고 한다. 〈고통〉은 자신의 통증에 관해 도데가 남긴 메모를 모은 글로서 사후 30여 년이 지나 출판된다.

“통증의 실제 느낌이 어떤지를 묘사할 때 말이라는 것

이 조금이라도 쓸모가 있는가? 언어는 모든 것이 끝나버리고 잠잠해진 뒤에야 찾아온다. 말은 오직 기억에만 의지하며, 무력하거나 거짓이거나 둘 중 하나다."[1] 통증 환자들은 흔히 통증을 제대로 표현하고 전달하기가 어렵다고 호소하곤 한다. 〈고통〉에는 통증을 생생하게 묘사하는 문장이 수두룩함에도, 다른 환자들과 마찬가지로 통증을 언어화하기 어렵다며 좌절을 토로하는 도데에게는 작가로서의 자의식과 무력감이 엿보인다. 도데의 이런 호소는, 문학적 성취뿐 아니라 평생 조울증과 여러 신체 이상 증상에 시달린 것으로도 유명한 또 다른 작가-환자 버지니아 울프의 한탄으로 이어진다. "평범한 여학생도 사랑에 빠지면 셰익스피어나 키츠로 자신의 마음을 대신 말할 수 있지만, 아픈 사람이 머릿속의 통증을 의사에게 묘사하려고 하면 언어는 즉시 말라버린다."[2] 본인의 만성 통증 경험에서 출발하여 통증 이해의 역사를 훑는 책을 쓴 좀 더 현대의 작가-환자 멜라니 선스트럼도 말한다. "통증의 한 가지 저주는 통증이 없는 사람에게 거짓말처럼 들린다는 것이다. 환자

1 알퐁스 도데 (2003), 《알퐁스 도데 작품선》, 손원재·권지현(역), 주변인의 길, 375쪽.

2 Virginia Woolf (2012), *On Being Ill*, Paris Press, p.7.

는 멜로드라마 같은, 비현실적이고 상투적인 은유로 통증을 표현하려 안간힘을 쓴다."[3]

아픈 사람은 이런 문장들을 발견하고 기뻐한다. 자신의 경험을 알고 있는 이 문장들에 감격하여 밑줄을 긋고 페이지 모서리를 접어두며 스티커 책갈피를 붙인다. 수첩과 포스트잇 위에 필사한다. 아픈 사람이 선호하는 독서 장르는 효율적 시간 관리법을 강의하는 자기계발서는 분명 아닐 것이다. 아픈 사람이 익혀야 하는 것은 시간 관리법이 아니라 시간 낭비법이기 때문이다. 만성피로증후군과 자율신경실조증으로 누운 채 살아야 하는 엘리자베스 토바 베일리는 썼다. "나는 병이 난 뒤로 시간이 너무 많이 남아돌아서 그야말로 시간 속에 파묻혀 있다고 느꼈다."[4] 내용이 복잡하거나 두꺼운 책, 또는 학술서적도 읽기 적당한 글은 아닐 것이다. 이런 사실 또한 버지니아 울프가 웃음을 섞어 짚은 적이 있다. "산문을 읽으려면 오랫동안 짜임새 있는 노력을 해야 하지만 아플 때는 그런 활동에 마음이 내키지 않는다. 우리는 제대로 능력을 발휘할 수가 없고 사고

3 멜러니 선스트럼 (2011), 《통증 연대기: 은유, 역사, 미스터리, 치유 그리고 과학》, 노승영(역), 에이도스, 163쪽.

4 엘리자베스 토바 베일리 (2011), 《달팽이 안단테》, 김병순(역), 돌베개, 54쪽.

력과 판단력과 기억력을 똑바로 붙잡아 둘 수가 없다. (…) 《로마 제국 쇠망사》는 독감에 걸렸을 때 읽을 만한 책이 아니며 《황금 주발》이나 《보바리 부인》 역시 적당치 않다."[5] 부연하자면, 《로마 제국 쇠망사》는 장장 6권짜리 역사서이며 《황금 주발》과 《보바리 부인》은 장편소설 중에서도 장편이다.

아픈 사람의 서가

질병은 아픈 사람의 책장도 바꾼다. '이렇게 나았다' 또는 '이렇게 하면 낫는다', OO요법, XX건강법, ◎◎ 환자를 위한 식단 등 치료와 섭생 정보를 제공하는 책들이 진단, 치료, 이후의 관리 시기를 거치면서 늘어간다. 종교 서적처럼 질환 종류와는 큰 상관없이 늘어나는 경향이 있는 책들도 있다. 욥은 갑작스러운 재앙을 맞은 사람의 대명사라서 큰 병이 난 사람들은 〈욥기〉를 뒤적거리거나 적어도 욥의 이름을 한 번쯤은 떠올린다. 치유 장면이 이어지는 신약 성서도 많이 읽힌다. 어떤 사람들은 제행무상, 곧 모든 것은 변한다고 말하는 불교 경전을 읽는다.

5 Virginia Woolf, 위의 책, pp.19-20.

"심하게 아픈 모든 사람들은 병을 앓는 자신만의 스타일을 계발해야 하는 것이 아닐까."[6] 암으로 대량의 진통제를 맞으면서도 죽기 전까지 계속 글을 쓴 칼럼니스트 아나톨 브로야드는 말했다. 브로야드의 글쓰기처럼, 아픈 사람의 읽기도 어쩌면 개개인의 앓는 스타일이 드러나고 계발되는 영역인지 모른다. 버지니아 울프는 아플 때 '시간을 죽이기 위해' 읽는 글로, '아름답고 고귀한 두 귀족 여성'의 삶을 기록한, 문학사적으로 전혀 중요하지 않은 시시한 전기를 길게 언급한다. 어릴 때 암으로 턱 일부를 잘라내고 외모 때문에 고달픈 10대를 보낸 시인 루시 그릴리는 청소년기에 접어들기도 전에 프리모 레비와 엘리 위젤의 강제수용소 경험에 관한 책을 (다소 부적절한 일임을 알았기에 몰래) 탐독했다고 한다. 누운 채로 살아야 하기 때문에 독서도 누운 채로 해야 하는 엘리자베스 토바 베일리는 책이 얼굴로 떨어져 질식하지 않도록 조심한다고 농담했다.

통증 등 몸의 여러 이상 증상에 수년간 시달린 나의 책장에도 앓기의 역사와 스타일이 나타난다. 뇌과학과 통증 연구가 있고, 역시나 종교와 명상 서적이 있고, 외계인이

6 Anatole Broyard (2010), *Intoxicated by My Illness: And Other Writings on Life and Death*, Random House Publishing Group, p.25.

등장하는 소설과 우주를 다루는 과학 서적이 있다. 최근의 통증 연구는 환자가 통증의 기전을 이해하면 통증에 더 잘 대처할 수 있다고 말하며, 그래서 통증 연구물들은 내게는 섭생을 위한 책에 가깝다. 아프기 전의 나라면 관심 없었을 종교와 명상 서적은 아픈 후의 변화를 보여준다. 외계인과 우주 서적은 지구를 떠나고 싶을 때마다 늘어났다.

그리고 가장 많이 늘어나서 여러 칸을 차지하는 책들이 있다. 아픈 사람이 아팠던 경험을 직간접적인 소재로 삼아 쓴 글[7]이다. 먼저 앤드루 솔로몬, 케이 레드필드 재미슨, 올리버 색스, 수전 손택의 유명한 책들이 있다. 또 알퐁스 도데, 버지니아 울프, 엘리자베스 토바 베일리를 비롯해 내가 가장 자주 되돌아갔고 오래 멈춰 있었던 작가들의 글이

7 질병 경험을 서술한 글을 칭하는 말은 학자마다 조금씩 다르고 한국어 번역어도 달라서, '투병기', '병지(病誌)', '질병서사', '질병체험서사' 등의 용어가 있다. 이 글에서는 '투병기'와 '질병이야기'라는 말을 사용할 텐데, 투병기는 앤 헌세이커 호킨스의 용어인 'pathography'에 해당하는 말로 아픈 사람 본인이나 타인이 개인적 질병 경험을 서술한 글이다. 질병이야기라는 단어는 투병기를 포함하여 개인의 질병 경험에서 촉발되었거나 자신의 질병을 직간접적인 소재로 삼아 쓴 글을 포괄적으로 언급하기 위해 이 글에서 사용하는, 개념적으로 엄밀하지 않은 단어다. 예를 들어 버지니아 울프의 〈아프다는 것에 대하여(On Being Ill)〉, 수전 손택의 《은유로서의 질병》, 앤드루 솔로몬의 《한낮의 우울》, 엘리자베스 토바 베일리의 《달팽이 안단테》는 정확한 의미에서 투병기라고 할 수는 없지만 이 글에서 질병이야기라고 부르는 글에 해당할 것이다.

있다. 평범한 사람들의 그리 유명하지 않은 회고록도 꽤 있다. 만성 통증, 암, 우울증, 뇌출혈, 류머티즘, 사고로 몸 손상 등 여러 신체 이상과 어려움을 겪은 본인이나 그와 가까운 사람이 쓴 글들이다. 사실 물리적으로는 '종교와 명상' 서적 칸에 꽂혀 있는 책들도 내 머릿속에서는 아픈 사람들의 이야기로 분류된다. 성서에 아픈 사람과 각종 질환이 얼마나 수없이 출현하는지! 일례로 바울은 간질 또는 눈병으로 추정되는 지병으로 고생한 사람이고, 그래서 알랭 바디우의 《사도 바울》은 내 책장에서 철학 칸이 아니라 종교(적 인물이자 병자들) 칸에 있다. 마더 테레사의 편지들은 "모든 것이 죽어버린 듯 끔찍한 어둠"[8] 안에서 살아가는 고통을 고백하기에 사랑한다(마더 테레사가 심한 우울증을 앓았다고 보는 사람들도 있다). 《세계의 무당》이라는 책에 나오는 세계 곳곳의 샤먼들은 내게는 아픈 후 삶이 달라진 사람들이다. '영적 스승'이라는 직업명으로 소개되는 에크하르트 톨레의 책들도 있는데, 이 사람도 우울증에 시달리다가 어느 날 갑자기 깨달음을 얻었다고 한다. 위파사나 명상 책도 여러 권 있다. 위파사나 수행을 대중화하는 데 공헌한 사트야

8 브라이언 콜로디척(편) (2008), 《마더 데레사 나의 빛이 되어라》, 허진(역), 열림원, 236쪽.

나라얀 고엔카가 이 명상을 배운 동기는 모르핀 주사를 맞아야 할 만큼 극심한 두통 때문이었다.

사회학자 아서 프랭크가 암을 앓고 나서 쓴 개인적인 질병 에세이인 《아픈 몸을 살다》도 어느 시기엔가 내 책장의 질병이야기 칸으로 들어온 책이다. 한국어로 먼저 번역 출간되어 있던 같은 저자의 《몸의 증언》은 투병기 연구에서 선구적이고 중요한 연구인데, 이 책을 읽고 아서 프랭크가 자신의 질병 경험에 관해 썼다는 전작이 궁금해져서 찾아봤던 것으로 기억한다.

《아픈 몸을 살다》를 읽으며 밑줄 그은 부분은 여럿이지만 내겐 크게 두 가지 지점에서 울림이 컸다. 먼저 이 책이 질병 경험의 양가성을 용기 있고도 섬세하게 말했다는 점이다. '다시 겪으라면 차라리 안 살고 만다. 하지만 지금의 내가 예전의 나보다 마음에 든다'라는, 표현하기 어려웠던 모순된 감정과 생각을 아서 프랭크는 '질병은 위험이지만 또한 새롭게 될 수 있는 기회'라고 설득력 있게 묘사하고 설명했다. 두 번째 지점은 질병 경험이 개인에게뿐 아니라 사회에도 새롭게 되는 기회를 제공할 수 있다는 것이었다. 인간됨의 근본 조건이 드러나는 때를 지나온 사람들의 이야기는 인간과 세계를 이해하는 자원이 되며, 인간의 취약함을 받아 안는 방식으로 사회를 조직하는 데 기여할 수 있다는 주장이다.

아픈 사람들의 이야기를 책장에 쌓아가던 나는 이 책을 소개하고 싶은 마음이 들었고, 한국어로 번역하면서 더 깊게, 오래 읽는 기회를 누릴 수 있었다.

여행기인 질병이야기

가장 아팠던 시기에 나는 내가 '이곳'에 없다고 느꼈다. 나는 절벽에, 땅속에, 땅끝에, 황무지에 있었다. 이곳이 아닌 곳에 있다는 감각, 혹은 황무지를 끝없이 걷고 있다는 감각, 그건 오직 나만 겪고 나만 아는 것이라고 생각했다. 이걸 아는 사람이 세상에 아무도 없다…. 외로움은 센티멘털한 것이 아니라 혹독한 것이었다. 그러나 몇 년이 지나고 책을 읽을 수 있을 정도로 회복되면서 찾아본 아픈 사람들의 질병이야기에서 나는 다른 사람들도 '이곳이 아닌 곳'을 자주 언급하며 여행이라는 표현을 한다는 사실을 발견했다.

버지니아 울프의 〈아프다는 것에 대하여〉의 첫 문장은 "건강의 빛이 사그라질 때야 드러나는 미지의 영토"와 "독감의 가벼운 공격에 드러나는 영혼의 황무지와 사막, 체온의 미미한 상승에 펼쳐지는 눈부신 꽃들로 뒤덮인 벼랑과 잔디밭"을 언급하며 시작한다. 알퐁스 도데는 "고통의 땅에서"라는 구절을 쓴다. 아서 프랭크는 "벼랑", "심연", "깊은 틈새", "깊은 골", "여행", "여행자"라는 말을 사용한다. 등산 중에 사고로 다리를 다치고 수술 후 감각을 잃은 경험이 있는 올리버 색스는 다리에 감각이 돌아오고 다시 기능하기 시작할 때까지의 경험을 "지독히 어둡고 깊은 곳", "지하세계", "죽음의 그림자가 드리워진 계곡"에 다녀온 것으로 그린다. 만성피로증후군 환자인 캣 더프는 아플 때 자신이 '다른 세계'에 있다고 느낀다는 점을 특히 명료하게 표현했다. 그는 심지어 '질병이 풍경'이라고 말하며 ("[질병은] 친숙하면서도 낯선 풍경"), 책 1장 제목은 "질병이라는 보이지 않는 지하세계"다.[9]

발견할 때마다 반가웠던 이런 예들은 빙산의 일각이었다. 미국에서 출판된 수백 편의 투병기를 연구한 앤 헌세이커 호킨스의 저작은 투병기를 쓴 사람들이 질병 경험을 설명할 때 끌어오는 '신화'들을 추출하는데, 여기서 여행은 전투, 재탄생 등과 함께 주요한 신화다.[10] 아서 프랭크의 연구에서도 마찬가지여서, 여행(탐구 서사)은 투병기의 주요

9 Kat Duff (2000), *The Alchemy of Illness*, Random House.

10 Anne Hunsaker Hawkins (1999), *Reconstructing Illness: Studies in Pathography*, Purdue University Press.

서사 유형 중 하나다.[11]

여행이라니, 예전의 나라면 이 비유가 지나치게 낭만적이고 진부하다고 여겼을 것이다. 좀 낯간지러운 표현 아닌가, 부정적인 경험을 너무 미화하는 것 아닌가, '나 자신을 찾아 떠나는 여행'의 다른 버전 같은데. 그러나 지금은 표현할 수 있는 다른 단어가 드물 뿐 아니라 그 자체로 정확한 말이라고 생각한다. 여행을 떠난 사람은 낯선 곳에서 예측할 수 없는 일들을 겪고 돌아오지만(혹은 돌아오지 못하기도 하지만), 돌아온 이곳은 예전의 이곳이 아니며 나 자신도 전과 같은 사람이 아니라는 뜻에서 그렇다.

'이곳이 아닌 곳'을 여행한다는 감각은 병으로 일상이 멈추고 병원이라는 공간과 시스템 안으로 이동하기 때문에 생기기도 하며, 한편으론 손상되거나 이상이 생긴 몸이 경험하는 지각의 변화 때문에도 생긴다. 몸이 물리적으로 이동한 것이 아니며 이름을 댈 수 있는 여행지가 아니기에 설명하기 어렵지만, 자신이 머물렀던, 혹은 흘깃이라도 보았던 낯설고도 어딘가 익숙한 장소. 급격한 변화를 겪는 몸이, 한계 지점에 있는 몸이 보는 어떤 장소. 이렇게 자신이

11 아서 프랭크 (2013), 《몸의 증언: 상처 입은 스토리텔러를 통해 생각하는 질병의 윤리학》, 최은경(역), 갈무리.

실제로 있었던 어떤 장소에 대한 감각을 표현하려 애쓰는 말이 지하세계나 심연일 것이다.

또한 여행이라는 말은 질병을 살아낸 과정 전체를 묘사하는 단어로도 자주 등장한다. 병이 나고 치료를 받고 여러 문제와 어려움들을 통과하며 몸이 나아질 때까지의 과정, 또는 아픈 몸이라는 조건이 어느 정도 삶으로 통합될 때까지의 과정을 여행이라고 표현하는 것이다.

심각하거나 만성적인 병을 앓게 된 사람은 삶의 단절을 경험한다. 특정한 몸에서만 가능했던 특정 삶은 멈추거나 사라진다. 신체적으로는 치료된다고 해도, 몸이 손상되고 죽음을 눈앞에 두었던 경험 이후에 한 사람의 몸, 자아, 세계에 대한 감각은 크게 변한다.[12] 심하게 아팠던 이들의 이야기에 '그 이전'과 '그 이후'의 삶이라는 서사가 자주 등

12 예를 들어 암이 제거되었다고 삶이 전과 똑같은 상태로 복원되는 것은 아니다. 유방암 치료를 받은 여성들을 인터뷰한 이지은의 연구는 암이 '치료된' 환자들이 이후에도 계속 만성적인 환자로서 불확실성의 감각을 안고 살아감을 마일즈 리틀 등의 '지속된 리미널리티(sustained liminality)' 개념으로 지적하고 설명한다. 환자들은 몸 안에서 암이 다시 자라고 있는지 아닌지 확신할 수 없으며, 자신의 생존 자체도 병 이전처럼 당연한 것으로 가정할 수 없다. 이들은 계속 불확실한 상태에, '사이에(liminal)' 남는다. 환자들은 자신의 몸과 주변 환경을 새로운 방식으로 이해하고 그에 따라 실천함으로써 불확실성을 관리 · 통제하고자 한다. 이지은 (2016), 〈불확실성과 함께 살아가기: 유방암 환자/경험자들의 자기관리 실천이 제기하는 윤리적 질문들〉, 《한국문화인류학》 49(2).

장하는 이유다.

아픈 사람은 몸을 낫게도 해야 하지만 질병이 삶에 가져오는 모든 차원의 변화와 문제에 대처해야 한다. 직업, 관계, 시간, 돈, 자아감, 삶의 의미 등등 모든 것이 고민거리이며 매일매일이 어려운 시험이다. 공포, 불안, 상실감, 분노, 슬픔, 온갖 부정적 감정을 감당하고 견뎌야 하며 거대하고 근본적인 질문들과 씨름해야 한다. 왜 나에게 이런 일이 생겼을까, 이 고난의 의미는 무엇일까, 이렇게 많은 것을 잃고도 살 수 있을까, 살 수는 있을까, 어떻게?

심각한 병이 가져오는 변화와 문제를 열거하자면 끝이 없을 테지만, 질병 상황에서 아픈 사람이 마주한 과제를 어쩌면 이렇게 요약해볼 수도 있겠다. 달라진 삶을 사는 것, 또는 '그 이후'를 사는 것이라고. 이 과제를 아서 프랭크는 다음과 같이 요약했다. "끝까지 가라앉은 다음 다른 편에 있는 삶을 발견해야 했다."[13]

다른 편의 삶에 도달하는 과정은 상실을 수용하는 과정이기도 하고 이전과는 다른 삶의 모습을 더듬어가는 과정이기도 하다. 한 장소를 떠나서 다른 곳에 도달한다는 아이디어 자체에 여행 은유가 내포되어 있기도 하며, 새로운

13 아서 프랭크 (2017), 《아픈 몸을 살다》, 메이(역), 봄날의책, 50쪽.

삶을 조직해가는 지난한 과정이 낯선 영토로 들어가서 힘겹게 전진하고 떠돌며 탐험하는 여정으로 경험되기도 한다. 아픈 사람은 끊임없이 걷고 헤맨다. 길을 잃었다가는 다시 찾고, 막다른 곳에 이르렀다가는 출구를 발견하고, 갈림길 앞에서 고민하고, 더 이상 못 걷겠다고 느끼지만 어떻게든 계속 발걸음을 뗀다. 저편의 삶으로 건너가는 이 여정에서 고통은 이정표/징조sign이자 나침반이다.

인지언어학에서 말하는 은유는 단순히 문학적 표현이 아니라 인간들이 세계를 이해하고 지각하는 방식에 틀을 부여하는 것이다. 투병기에서 전투, 재탄생, 여행 같은 신화를 추출해내는 호킨스도 이 신화들을 그와 유사하게 설명해서, 신화들이 경험을 설명하기 위한 허구라기보다는 그 자체가 경험을 인식하는 방식이며 "체화된 진실"[14]이라고 강조한다. 따라서 아픈 사람이 자신의 경험을 단순히 여행에 비유한다기보다는 이렇게 말할 수 있을 것이다. 아픈 사람은 자신이 여행하고 있다는 것을 '알며', 자신이 낯선 땅을 건너가는 중이거나 탐험하고 있다고 '느낀다'.

건강한 이들에겐 목소리를 낮춘 소문으로만 전해지는 어느 먼 곳의 땅을 고되게 걷는 이들, 나는 아픈 사람들이

14 Hawkins, 위의 책, p.20.

여행자라고 생각하곤 한다. 침대, 병실, 방 안에 붙박여 있지만 사실 누구보다 멀리 가보고 남들이 못 본 것을 본 사람들이라고. 그렇다면 이들이 남긴 기록은 일종의 여행기, 고난의 여행기라고 할 수 있을 것이다.

고통스러운 경험을 일부러 되살려 글로 남기는 이유는 무엇일까? 다른 환자들에게 치료 정보를 제공하고자, 의료 체계에 분노를 표하고자, 에이즈 같은 질환처럼 질병의 정치적 측면을 쟁점화하고자 등의 다양한 이유로 사람들은 질병 경험을 글로 남긴다고 호킨스는 투병기 저술 동기를 정리한다. 그럼에도 이런 이유들 아래에는 공통된 욕구가 있는데, 바로 외상적 경험을 쓰고 전함으로써 그 경험에서 회복하는 것이다. 다른 투병기 연구들도 유사한 동기를 지적한다.[15] 투병기 저자는 경험 쓰기를 통해 손상된 자아와 삶의 온전함과 일관성을 되찾고자 한다는 것이다.

아팠던 경험을 말하는 이들의 목소리가 새뮤얼 테일러 콜리지의 시 〈늙은 선원의 노래〉에 나오는 주인공의 목소리와 너무도 닮아 있는 것은 우연이 아닐 것이다. 주인공

15 아서 프랭크 (2013), 위의 책; G. Thomas Couser (1997), *Recovering Bodies: Illness, Disability, and Life Writing*, University of Wisconsin Press; 황임경 (2011),《의학과 서사》, 서울대학교 대학원 박사논문.

인 늙은 선원이 말 그대로 땅끝(남극)에 다녀오는 이 서사시는 고통-여행 이야기의 전형이기 때문이다. 선원은 항해길에 올랐다가 놀랍고 끔찍하고 무섭고 아름답고 믿을 수 없는 일들을 보고 겪으며 동료들을 모두 잃은 채 홀로 돌아온다. 생환 이후 그는 떠돌아다니면서 지나가는 사람을 붙잡고 자기 이야기를 들려주는데, 이는 가슴속의 고통을 가라앉히기 위해서다.

> 고통은 내가 이야기를 하게 만들었소
> 이야기를 마치자 고통은 나를 풀어주었소
> 그 이후 시시때때로
> 고통이 되돌아온다오
> 그리고 내 끔찍한 이야기가 끝날 때까지 이 가슴속은 타오른다오.[16]

고통스러운 경험을 말하고 공유함으로써 타오르는 고통을 누그러뜨리고자 하는 이와 같은 종류의 충동은 투병기에 자주 나타나서, 집필 동기로 콜리지의 선원을 직접 언급한 이도 있다. 두 번의 암을 겪은 어느 투병기 저자는 적

16 Samuel Taylor Coleridge (1970), *The Rime of the Ancient Mariner*, Dover Publications, pp.66-68.

는다. "한 번도 생각지 못했던 방식으로 나를 시험하고 뒤바꾼 혹독한 경험을 겪었다. 누구에게든 늙은 선원처럼 내 이야기를 하고 싶었다."[17]

질병을 앓은 경험을 글로 쓰는 일은 이렇듯 늙은 선원의 이야기와 마찬가지로 고통을 말하고 공유함으로써 고통을 가라앉히려는 치유 노력이다. 또한 투병기로 분류하기 어려운 질병이야기들, 즉 개인적 질병 경험이 집필의 동기이긴 하지만 그 경험을 직접 다루지 않거나 부차적인 소재로만 등장시키는 글들도 크든 작든 어느 정도는 고통스러운 경험을 창조 활동을 통해 순치하려는 노력에서 탄생한다고 볼 수 있을 것이다.

아픈 사람이 질병이야기를 읽는다는 것

그리고 이제 질병의 영토로 앞서 들어간 여행자가 남긴 기록을 읽는 아픈 사람들이 있다. 이들은 특정 질환을 앓은 사람이 어떻게 치료했는지 구체적인 정보를 습득하기 위해 읽기도 하지만 그것만은 아니다. 황임경의 투병기

17 Max Lerner (1990), *Wrestling with the Angel: A Memoir of My Triumph over Illness*, Touchstone, p.20.

연구에는 루게릭병의 치료와 관리 방법을 알기 위해 《모리와 함께한 화요일》이라는 책을 찾아본 환자의 이야기가 나온다. '어떤 치료법을 써보았는가', '사레가 들리면 어떻게 하는가', '목욕은 어떻게 잘 할 수 있는가' 같은 정보를 알고 싶어서 이 환자는 책을 구해 읽지만 내용은 예상과 달랐다. 질환에 관련된 정보보다는 루게릭병으로 죽음을 앞둔 모리 슈워츠 교수가 제자에게 삶에 대한 통찰을 전하는 것이 주된 내용이었던 것이다. 그럼에도 이 환자는 이 책을 "눈이 빠지게" 읽고 또 읽었으며, "그 책이 얼마나 고마왔는지 저는 마치 그것이 루게릭병의 지침서라도 되는 양 시간만 나면 펴보고 보고 또 펴보았"[18]다고 한다. 알고 싶은 내용이 들어 있지 않았음에도 그 책이 그렇게나 소중했던 이유는 아마 자신과 같은 처지處地에 있는 사람의 말을 들을 수 있었기 때문일 것이다.

앓기는 외롭다. 내 몸에 처해 있는 사람은 나뿐이다. 걱정해주고 돌봐주는 가족과 친구들이 있더라도 그들 대부분은 건강하고 바쁘게 살아가는 보통 사람들의 세계에 속한다. 병이 길어질수록 아프고 힘들다는 호소는 혼자 삼키는 게 좋다는 걸 아픈 사람은 점차 배운다. 주변 사람들

18 이정희 (2003), 《그날이 내게 온다 해도》, 5쪽. 황임경, 위의 책에서 재인용.

을 불편하게 하고 때로는 거의 지루하게 하기 때문이다. 또는 그렇게 될까 봐 두렵기 때문이다. 무엇보다 건강한 그들은 이해하지 못할 것이라고 느낀다. 내가 느끼는 막막함의 심도를, 이걸 어떻게 살아내야 할까라는 질문의 무게를 그들의 선한 마음과 연민으로도 전부 헤아리지는 못할 것이다. "똑바로 서 다니는 사람들의 군단에 더는 속하지 않"[19]는 아픈 사람은 그리하여 다른 아픈 사람들에게 더 친밀감을 느끼기도 한다. 가장 어려웠던 시기에 내 마음속에서 누구보다 가깝다고 느낀 사람은 우울증을 앓는 친구였다. 나는 내 절벽에, 그는 그의 절벽에, 같은 절벽에 서 있을 순 없지만 저 멀리 자신만의 절벽에 서 있을 친구의 존재가 위안이 됐다. 다른 아픈 사람의 존재가 위로가 된다니, 뒤틀린 이기심이 아닌지 오래 생각했다. 아마 이기심이라기보다는 우리가 같은 무리에 속한다고 느꼈기 때문인 것 같다.

아픈 몸이라는 고립에서 자라나는, 다른 아픈 이들과 한 무리라는 감각을 엘리자베스 토바 베일리는 이렇게 표현한다. "내 침대는 황량한 바다와도 같은 방 안에 외롭게 떠 있는 섬이었다. 그러나 나 말고도 전 세계 여기저기 흩어져 있는 수많은 시골 마을과 도시에는 다치고 병들어 집

19 Virginia Woolf, 위의 책, p.16.

안에만 틀어박혀 있는 사람들이 많이 있다. 우리는 모두 서로 볼 수는 없지만 하나의 공동체였다. 나는 비록 여기 침대에 누워 있지만 그들 모두와 연결되어 있음을 느꼈다."[20] 이 구절에서 '공동체'로 번역된 부분은 원문에서 'a colony of hermits'로, '은둔자 무리' 또는 '질병으로 격리된 사람들 집단'이라는 뜻이다. 아픈 나는 병으로 격리되어 은둔하고 있는 이들 중 하나, '병자 클럽'[21]의 구성원인 것이다.

여기서 아픈 사람들의 경험이 그렇게 동질하며 서로 쉽게 공감할 수 있는 것인지 질문해볼 수 있겠다. 이 질문을 던지는 건 내가 전해 들은, 《아픈 몸을 살다》에 대한 어

20 엘리자베스 토바 베일리, 위의 책, 102쪽.

21 나는 이 말을 아서 프랭크의 '회복사회(remission society)'라는 개념 때문에 떠올렸다. 《아픈 몸을 살다》를 번역할 때는 문맥과 문장에 맞아들도록 보수적으로 번역어를 택하여 '회복사회'로 번역하고 '계속 회복 중인 상태로 살아가는 사람들이 이루는 사회'라는 설명 어구를 덧붙였지만, '회복인 클럽'처럼 좀 더 직관적인 번역어도 좋다고 본다. 그리고 이 글에서 나는 병이 진정된 상태로(in remission) 사는 사람들의 집단을 일컫는 회복인 클럽보다는 지금 아픈 사람들을 더 주요하게 가리키기 위해 병자 클럽이라는 말을 썼다.
한편 《아픈 몸을 살다》의 끝부분에서 제시되는 회복인 클럽이라는 개념도 수명 곡선 변화와 질환 종류 및 인구 구성 변화를 통계 분석한 결과로 나온 것이라기보다는 아서 프랭크가 자신처럼 아팠던 사람들, 즉 치료 후에도 계속 병의 자장(磁場) 안에서 살아가는 사람들의 존재를 지각하고 그들과 자신이 동류라는 인식을 하면서 형성된 것이다. 프랭크는 자신의 질병 경험이 혼자만의 특별한 경험이 아님을 깨달으면서 자신이 회복인 클럽의 구성원이라고 생각하게 되었다고 말한다.

느 분의 반응 때문인데, 나의 지인이 이 책을 권했을 때 이 분은 '백인 남자 교수가 쓴 책을 왜 읽어야 하느냐'라고 부정적으로 말했으며 아서 프랭크가 고환암에 걸린 것을 소재로 쓴 책이라는 점도 마음에 들어 하지 않았다고 한다. 나는 그 책의 여러 세부사항 중 굳이 고환을 언급했다는 점에 크게 웃었지만, 이런 반응은 내가 어느 위치에서 무엇 때문에 동일시했는지를 생각해보는 계기가 되기도 했다. 캐나다 의료 제도의 혜택으로 치료비를 전혀 내지 않고 암 치료를 받았으며 아내의 돌봄을 받은 정규직 남자 교수의 경험에, 무직과 모호한 직업 상태를 오가며 혼자 앓은 때가 많고 불안정한 주거가 고민거리인 한국의 비혼 여성인 내가 공감했다는 것은 어불성설일까(이렇게 써놓고 보니 더 말이 안 되는 것 같다). 질환의 종류도 암과 만성 통증으로 대단히 달랐다.

질병 경험은 질환 종류에 따라서도 다르지만 국가, 지역, 계층, 성별, 나이, 가족 관계 등의 배경과 조건에 따라서도 크게 다르다. 개인에게 발생하는 질환 자체도 이런 조건들에 따라 달라지거나 다른 질환으로 진단받기도 한다. 그렇기에 페미니즘의 입장에서, 성차를 고려하는 의학 연구는 대단히 중요하다. 나아가 질병 과정 전반에서 성별 등의 요인에 따라 경험이 어떻게 구성되는지 밝히고 부정의와 불평등을 제거하는 일도 너무나 중요하다.

그러나 사람들이 제각기 다른 모습으로 아프다고 해도 질병을 겪는다는 경험의 핵심에는 유사점이 있다. 이 유사점은 우리가 몸을 지닌 인간이며, 몸을 통해서만 이 세계에 존재하고 살아간다는 공통조건에서 나온다. 아서 프랭크는 자신의 책에 사람들이 흥미로운 칭찬을 한다고 언급한 적이 있다. 사람들이 다가와서는 "선생님이 쓰신 모든 게 제가 느낀 것과 똑같았습니다"[22]라고 말한다는 것이다. 엘리자베스 토바 베일리도 독자들에게서 자신이 경험하는 일을 너무도 잘 표현해주었다는 편지를 받곤 했다고 한다. 경험의 세부까지 전부 똑같았다는 말이 아닐 것이다. 몸이 삶의 전면에 등장하여 나머지 모든 것을 지배하게 될 때, 몸의 위기가 삶의 위기가 되는 경험의 어떤 차원이 크게 유사하다고 느꼈다는 뜻일 것이다.

"우리 몸이 자아의 전부이자 운명의 전부가 되는 때가 있다. 나는 내 몸일 뿐 다른 무엇도 아니다. (…) 내 몸은 (…) 나의 재앙이었다." 아우슈비츠 생존자인 작가 장 아메리의 말을 아서 프랭크는 《몸의 증언》에서 제사題詞로 쓴

22 Arthur W. Frank (1994), "Reclaiming an Orphan Genre: The First-Person Narrative of Illness", *Literature and Medicine* 13(1), p.16.

다. 인류가 벌인 가장 끔찍한 일의 대명사가 된 나치의 강제수용소 경험을 전유하고자 프랭크가 위 문장을 가져온 것이라기보다는, 고통받아본 다른 이의 말이 심각한 질병을 겪는다는 경험의 핵심—'내가 내 몸일 뿐이며 내 몸이 재앙'—을 표현하고 있기에 이 문장을 책 시작 부분에 걸어두고 싶었을 것이다. 내가 150년 전의 유럽 백인 남성이며 매독 환자인 소설가의 글에 공감한 이유도 마찬가지였다. 가엾게도 페니실린 발명 이전 시기에 태어난 탓에 고생한 옛날 사람임을 감안해서가 아니라, 항상적인 통증이 있는 채로 사는 사람의 삶에서 통증이 어떤 것이 되는지, 고통이 전제 군주가 되는 삶이란 무엇인지 그의 글이 알기 때문이었다.

몸 하나만 남게 되는 세계의 수축이 아프다는 경험이라면, 이걸 알고 있는 내 몸 바깥 누군가의 존재는 그 자체로 수축에 맞서는 힘이다. 알아주는 것은 세계와 이어지는 끈, 또는 산산조각 나려는 세계를 간신히 붙들어 매는 가느다란 끈이 될 수 있으며 고통을 줄여준다(고난의 시기에 신을 만나는 사람이 많은 것은 어쩌면 당연하다. 남들이 모르는 내 고통을 아는 이는 '주님밖에' 없기 때문이며, 신이 알아주기에 그 사람은 살 수 있다). 그리고 아픈 몸은 이신전신以身傳身,[23] '알아줌'의 기반이 되곤 한다.

위에서 언급한, 나처럼 병자 클럽에 속한다고 생각한 친구는 많은 설명이 필요 없이 그냥 '알았다'. 그가 알고 있기에 내 고통은 줄어들었고, 그가 어떻게든 계속 살아 있다는 사실 자체가 나를 좀 더 견디게 했다. '힘 내'라든가 '가족들을 생각해'가 아니라 '몸의 비위를 맞춰줘라'라는 그의 말은 아픈 사람이 하루하루를 이어가는 방법을 진정 이해하는 이의 현실적인 조언이었다. 구원이라는 단어는 거창하지만 위기의 시간에 우리를 붙잡아주는 이런 순간을 작은 구원의 순간이라고 할 수 있지 않을까. 또한 아픈 이들이 남긴 기록에서 내가 찾고 만났던 것도 결국 이런 작은 구원의 순간들이 아니었을까.

"내 고통, 너는 내 모든 것이어야 한다." 이 한 문장으로 알퐁스 도데는 표현하기 어려운 통증과 환자의 삶이 어떤 것인지 표현해줬다. 열에 들떠 쉬지 않고 떠드는 것 같은 문장들로 아프다는 경험을 (드러낸다기보다는) 살짝살짝 건드리기만 하는 버지니아 울프의 글에서는 말하지 않음으로써 말하는 기술을 보았다. 울프를 살게 하고 쓰게 하고 결국은 죽게 한 "이 괴물, 몸, 이 기적, 몸의 고통"[24]을 장난

23 2018년 10월 생애문화연구소 옥희살롱 바깥대학원 전희경의 강의 중.

24 Virginia Woolf, 위의 책, p.6.

스러운 그의 목소리 안에서 오히려 더욱 아프게 감지할 수 있었으며, 이는 질병의 끔찍함과 경이를 동시에 소통할 수 있는 환우들끼리의 경험이었다. 병에 관한 글이라기보다는 달팽이에 관한 글인 엘리자베스 토바 베일리의 책은 누군가의 체화된 시간을, 느리고 조용하고 끝없이 긴 시간을 놀랍게도 문장으로 직조해냈다. 침대에 누워 달팽이를 바라보며 '낭비한' 시간을 적은 그의 글이 있었기에 내 시간을 조금이나마 더 '쉬이' 낭비할 수 있었다. 《아픈 몸을 살다》는 아픈 사람이 땅끝에서 가져온 이야기의 가치를 말해줬다. 병과 씨름하며 혼자 배운 것들은 더욱 많이 이야기되고 유통되어야 하는 지식이고 관점이었다. 질병에서 상실뿐 아니라 기회 또한 발견한 아서 프랭크가 자신이 미친 생각을 하는 게 아니라는 걸 알기 위해 다른 사람들의 이야기를 필요로 했던 것처럼,[25] 내 경험이 소중하고 중요하다는 확신이 나만의 것이 아님을 확인하기 위해 나도 이 책이 필요했다.

그리고 내가 만난 또 다른 많은 이야기들이 있다. 병을 앓은 작가의 잘 쓰인 작품도 있고, 아프기 전에는 글을 써

25 Arthur W. Frank (2013), *The Wounded Storyteller: Body, Illness, and Ethics*, University of Chicago Press, p.xi.

본 적 없는 사람들이 남긴 소박한 증언도 있다. 병이 나은 사람도 있고 계속 아픈 사람도 있고 죽은 사람도 있다. 현대 의학으로 치료된 사람도 있고 대안 치료법을 찾은 사람도 있다. 치료할 수 없는 병으로 실명의 위기에 처하자 모든 것을 버리고 동쪽으로 가다 보니 인도네시아까지 가서 구루를 만난 남자, 다발성 경화증으로 살 날이 얼마 남지 않았다는 진단을 받은 후 '5만 년 동안 이어내려온 호주 원주민들의 치유법'을 찾아간 과학자, 우주와의 합일을 경험하게 해준다는 환각 성분이 있는 풀로 우울증을 치료하기 위해 남미로 떠나는 청년의 이야기…. 나는 놀라운 동시에 다소 수상쩍게 들리는 이런 이야기들도 좋아한다.

'좋아한다'라니, 남의 고통스러웠던 경험 이야기를 좋아해도 되나? 윌리엄 오슬러라는 의사는 "병에 대해 말하는 것, 그것은《아라비안 나이트》같은 오락"이라고 했다고 한다. 올리버 색스가 자신의 책에 인용한 이 말의 원출처를 찾을 수 없었기에 어떤 맥락에서 나온 말인지 정확히 알 수는 없지만, 나는 이 말을 두 가지 방식으로 이해한다.[26] 먼저 질병을 둘러싼 이야기는 극적일 때가 많으며, 그래서 쉽

26 2018년 11월 김영옥과의 대화에서《아라비안 나이트》의 양가성을 생각해 보게 됐다.

게 오락이 될 수 있다. 이럴 때 이야기를 듣는 사람은 자신이 서 있는 지반 역시 위태로운 것임을 성찰하게 되기보다는 안전한 자리에서 실재한 사람의 실재한 고통을 흥미진진한 드라마로 구경하기 쉽다. 이 같은 윤리적 위험은 다른 모든 고통 이야기와 마찬가지로 질병 이야기를 하고 듣는다는 일에 언제나 존재한다.

그러나 한편으로 나는 질병이야기가 정말 《아라비안 나이트》와 같다고 생각한다. 질병이야기가 이국적이고 흥미로워서라기보다는 그것이 하루씩 계속 사는 이야기이기 때문이다. 눈앞에 닥친 상실과 죽음 앞에서 사람들은 어떻게든 삶이 계속되도록 한다. 사람들은 병원에 가고, 병원이 아닌 곳에도 가고, 동쪽으로도 가고, 남쪽으로도 간다. 모든 지푸라기를 잡아본다. 온 힘을 다해 애쓰고 견딘다. 질병이야기의 드라마 자체에 매혹을 느끼지 않는다고 한다면 거짓말일 것이다. 하지만 아팠던 사람들의 이야기에서 내가 보는 것은 무엇보다 이렇게 '그 이후'를 살아가는 사람들이다. 그들의 이야기는 확실하고 당연해 보였던 것들이 얼마나 한순간에 바스러지는지를 보여주지만, 인간이 얼마나 갖가지 놀라운 방식으로 대응하고 적응하고 회복하는지도 보여준다.

사람들은 재앙을 살아낸다. 어떻게든, 어떤 모습으로

든 삶은 이어진다. 그리고 그 삶도 '괜찮다'. 심지어는 더 깊고 귀하다. 이 사실을 그 많은 이야기 안에서 거듭 확인하면서 나는 내 불안과 두려움을 조금이나마 가라앉힐 수 있었다. 병을 앓는 스타일, 내게도 그런 게 있었다면 아마 이렇게 앓기를 읽기로 달래는 것 아니었을까.

병자 클럽의 독서

호킨스는 투병기가 환자에게 간접적인 환우 모임이 될 수 있다고 말한다. 읽기가 클럽 모임과 같다는 것이다. '우리'는 외롭고 고립된 경험을 나누면서 조금 덜 아파지고, 질병이라는 보편의 우연성('왜 나에게만 이런 일이')은 조금 덜 잔인해진다. 내 문제와 비슷한 동시에 각자 고유한 문제들과 씨름하는 다른 사람들을 보며 하루를 더 이어갈 힘을 얻는다. "우리는 혼자가 아님을 알기 위해 읽는다."[27] 나는 덧붙이고 싶다. '아픈 사람은 더욱 그렇다'라고. 아픈 사람의 질병 경험 쓰기가 자기 치유와 구제 노력이듯 이렇게 아픈 사람의 질병이야기 읽기도 자기 치유와 구제의 노

27 신학자이자 작가 C. S. 루이스와 암으로 죽어가는 그의 아내의 이야기를 그린 영화 〈섀도우랜드(Shadowlands)〉(1993)에서 루이스의 대사.

력일 것이다.

이제 나는 아픈 사람의 글을 읽는 다른 아픈 사람들, 병자 클럽의 독서가들을 새로운 눈으로 발견한다. 《한낮의 우울》과 《통증연대기》와 올리버 색스의 책들을 경전처럼 끼고 사는 이들이 있다. 《아픈 몸을 살다》에 밑줄을 긋고 책 구절을 사진으로 찍어 올리고 인터넷 환우 커뮤니티에 소개하는 이들이 있다. 중병을 진단받은 충격, 병원 치료를 받으며 경험한 부당함과 분노, 아픈 사람을 비난하는 말들, 긍정적인 태도의 환자여야 한다는 압력, 돌봄이라는 문제, 아픈 사람의 이야기를 사회가 들어야 할 필요성 등 사람들이 이 책에서 반응하는 부분은 여럿이지만 가장 많이들 밑줄을 친 말이며 나 역시 몇 번이고 색연필로 칠한 부분은 이 구절이다. 바로 "고통과 상실은 삶과 대립하는 것이 아니"라는 말. 상실을 삶의 일부로 받아들이려는 다짐에서든, 상실이 삶의 일부라는 깨달음을 재확인하면서든, 어떤 이유로든 나처럼 이 말이 필요한 사람들이 있었다.

나의 독서 목록과 다른 사람들의 독서 목록이 겹쳐지는 걸 보면서, 또 나의 밑줄과 다른 사람들의 밑줄이 겹쳐지는 걸 보면서 내가 품고 있던 공동체의 감각도 변하고 이동했다. 이미 세상을 떠난 먼 나라의 작가들이 주요 구성원이었던 내 머릿속의 병자 클럽 안으로 지금 이곳의 아픈 사람들이 들어왔다. 우리는 저 경전들을, 병자 클럽의 권장 도서 또는 인기 도서를 책장에 채우고 복용한다. 먼 옛날 주문을 잉크로 쓴 후 녹여 마셨다는 이집트인들처럼 말을 약 삼아 삼킨다.

"중병을 앓는 것만큼 외로운 일은 없다." 어느 투병기 저자의 칼럼 아래에 붙어 있던 댓글이 이 글을 쓰는 동안 계속 맴돌았다. 또 계속 떠오르던 다른 어구가 있다. '론리 플래닛', 외로운 행성. 유명한 여행 가이드북의 이름이기도 한 이 말이 어쩌면 질병이야기 책들을 분류하는 또 다른 이름이 될 수 있을 것 같다고 생각했다.

상실을 삶으로 통합하고 다른 삶을 일궈야 한다는 과제, 아픈 사람이 떠안게 된 이 과제는 지독하게 어렵지만 전례 없는 발명은 아니다. 각자의 심연에, 각자의 벼랑에, 각자의 여로 위에 있는 아픈 사람들은 혼자 걸어가야 하지만 혼자만 이렇게 걷고 있는 것은 아니다. 질병이야기의 저자들은 환우, '아는' 사람, 경험자, 낯선 영토를 앞서 횡단한 사람들이며, 이들이 남긴 횡단의 기록은 가이드북이 될 수 있다. 어떻게 상실해야 하는지, 어떻게 견뎌야 하는지, 어떻게 아파야 하는지, 어떻게 돌보고 돌봄 받아야 하는지, 어떻게 살아야 하는지, 어떻게 죽어야 하는지, 거대하고 난해하고 고통스러운 물음들을 각자 구체적으로 살아낸 그들의 이야기 안에서 아픈 사람은 공감, 연민, 조언, 기술, 지식, 지혜, 계시를 발견한다. 각자의 스타일대로 만들어가는 그들의 '그 이후'에 밑줄을 그으며 자신의 '그 이후'를 겹쳐 본다.

젊고 아픈 사람의 시간

전희경

1. 눈앞에서 닫히는 문

그때는 생물학 수업 중이었다. 수업에 빠지고 싶지 않았지만 집중할 수가 없었다. 필기도 못했고, 수업이 끝나자마자 절뚝거리면서 교정을 가로질러 돌아와 침대에 누웠다. 몸은 지쳤지만 한 일이 없었다. (…) 그날 병원에서 기숙사로 어떻게 돌아왔는지 모르겠다. '미래'에 대해 상의하러 학과장실에 가야 했던 그 다음 주 중반까지 아무것도 기억나질 않는다. 며칠째 수업에 들어가지 못했다. 그런데도 나는 "내일이면 분명히 괜찮아질 거야." "수업에 안 빠질 거야, 안 빠진다고. 정말이야." 하고 고집을 부렸다. 학과장실에서 떨리는 몸으로 앉아 '병결 휴학'과 '집에 가라'는 말만 들었다. 나는 마른침을 삼켰다. 입과 목이 어찌나 바짝 타는지 말을 하면 혀가 유리처럼 산산조각 날 것 같았다. "여기가 제 집이에요." 애처롭게 들려도 사실이었다. (…) 내가 선택할 수 있는 안들을 따져보며, 아니 그것도 몇 안 된다고 생각하며 비칠 비칠 길을 건너 사랑하는 엘리자베스, 심리학 교수님의 연구실로 갔다. 아픈데 아무도 그 이유를 모르고 학교에는 계속 다니고 싶다는 걸 애써 설명하려는 내 얘기를 듣는 교수님의 표정이 부드러워졌다. 내 집이 거기였고 내 마음이 거기 있었으며 내가 그동안 이룬 것이 물거품이 되는 걸 바라지 않았다. 봄이면 돌아올 수 있다고 가슴에 손을 얹고 말하면서(아니, 사정하면서) 엉엉 울었다. 그렇게 교수님의 연구실에 앉아 하염없이 말하고 또 말하다 보면 결국 학교를 떠나지 않아도 된다는 듯이 말이다. "잠시 멈추는 건 영영 그만두는 게 아니야." 교수님의 진심이 담긴 작별 인사였다. (…) 그러나 상관없었다. 전혀 상관없었다. 내 안에서 일어나는 일은 내가 바라던, 그토록 공들인 삶에는 전혀 관심이 없었다. 내 친구들처럼 그저 보기만 했다. 모든 기회를 잃은 내가 카스 선생님 차에 올라타 메인으로 돌아가는 모습을.[1]

자궁내막증으로 오랫동안 고생한 애비 노먼은, 여성의 통증을 무시하는 의료계의 태도와 무지에 맞서 싸우며 투병했던 과정을 담아 책을 썼다. 의학이 제대로 해명하지 못하는 '여성 질환'을 겪는 환자들은 스스로를 구하

1 애비 노먼 (2019), 《엄청나게 시끄럽고 지독하게 위태로운 나의 자궁: 여성, 질병, 통증 그리고 편견에 관하여》, 이은경(역), 메멘토, 23-37쪽, 198-199쪽.

기 위해 연구자가 된다. 그녀 또한 그런 이들 중 한 명이다. 20대 초반, 대학생일 때 첫 증상을 겪은 젊은 여성 환자였던 애비 노먼은 대학에서의 학업을 중단하게 되는 과정에 대해 정성들여 길게 묘사한다. 가난한 집, 취약한 어머니 아래에서 학대받는 유년기를 보냈던 그녀가 '나의 삶'이라는 것을 일구기 위해 찾았던 유일한 출구가 대학이었고, 거기에 미래가 달려 있었다. 하지만 그녀는 결국 너무 아파서 도저히 학업을 계속할 수가 없었다. 앞에 인용한 대목을 읽을 때마다, 나는 눈앞에서 문이 닫히는 것 같은 느낌에 몸이 굳는다. 미치도록 하고 싶지만 도저히 할 수 없는 상황의 명암대비에 눈이 아플 정도다. 눈앞에서 문이 닫히는 느낌. '질병으로 인한 학업 중단' 같은 간단한 문구로는 요약될 수 없는 절망.

물론 누구의 투병도 간단하게 요약될 수는 없다. 하지만 '젊고 아픈 사람'의 질병 경험은 요약은커녕 사회적 가시화조차 잘 되지 않는 주제다.[2] '노인성 질환'이라는 표현에서 보듯 많은 질병들은 늙음과 연결 지어 설명되기 때문이기도 하고, 젊음의 의미 자체가 건강과 체력을 이미 포함한 듯 통용되기 때문이기도 하다. 그래서 젊고 아픈 사람들이 쓴 투병기들 속에는 거의 언제나 시간과 나이에 대한 이야기가 포함되곤 한다. 나이에 대해 쓰지 않고서는 질병에 대해 쓸 수 없는 것이다.

환자복 차림으로 암병동 엘리베이터를 타는 젊은 환자들은 종종 낯선 문병객들로부터 '어쩌다 젊은 나이에… (쯧쯧)' 하는 중얼거림을 듣는다. 젊은 사람이 암병동에 있는 것은 뭔가 부적절하다. 그들은 학교에 있거나, 직장에 있거나, 카페에서 친구를 만나거나, 영화를 보러 다녀야 할 나이이니까. 10대 때 당시로서는 '불치병'으로 분류되었던 질병으로 입원생활을 할 때, 소아정형외과 병동 6인실에서 먹고 자던 어머니들은 자식들이 잠든 시간을 틈타 조용조용 이야기를 나누곤 했다. '이렇게 어린데 큰 병에 걸린 아이들이 너무 안쓰럽다'는 이야기들이었던 걸로 기억한다. 내가 보기엔 어머니들이 훨씬 더 안쓰러웠는데 말이다. 병동을 돌며 동화책이나 잡지를 빌려주는 자원활동가들은 소아병동에서 유난히 더 친절했다. 하지만 정작 나를 포함한 아이 환자들은 그저 만화책이 재미있고 주사가 괴로울

2 이 글에서 '젊고 아픈 사람'이라는 용어는 어느 정도 직관적이고 일상적인 용법으로 사용하려고 한다. 일시적으로 아픈 상태와 '아픈 사람'으로 여겨지는 상황은 다르다. (가령 독감에 걸린 20대는 자신도 타인도 '젊고 아픈 사람'이라고는 생각하지 않는다.) 즉, 이 글에서 다루려는 것은 일상과 삶의 계획에 균열을 가져오는 질병 경험들이다. '죽을 병은 아니어서' 설명하거나 양해되기가 더 어려운 만성질환을 비롯한 다양한 질병들, 혹은 그 사람의 삶의 맥락상 인생 계획을 바꾸도록 강제하는 질병들이 주요 관심사다.

뿐 '투병하느라 잃어버린 기회'나 '어린데 아픈 안타까움' 같은 것은 별로 생각하지 않았다. 그것은 시간이 어떻게 '기회'로 변형되는지를 알고 있는 어른들만이 느끼는 슬픔과 안타까움 같았다.

'젊고 아픈 사람'이라는 자아감각은 단순히 진단명과 연령의 조합으로 결정되는 것이 아니라, '아프다'는 현실이 '젊다'는 사회적 위치나 자각과 충돌하는 지점에서 구성된다. 가령 내가 만난 한 32세의 여성은 어릴 때부터 늘 아팠지만, 그것은 처음에는 '평범한 일상'이었다고 이야기했다.[3]

> 어릴 때까지는, 혼자 살기 전까지는 크게 그렇게 '내가 다른 사람이랑 되게 다르다'거나 '나한테 있어서 이게 큰 걸림돌이 될 거다' 그런 거는 별로 못 느꼈어요. (…) 그냥, 일상적으로 아프면 병원 가고 갔다가 집에 오고, 학교 갔다가도 아프면 병원 갔다가 집에 오고 이런 게 저한테는 좀 평범한 일상이었고. (…) (그러다가 기숙사형 고등학교에 진학하면서) 낯선 곳에서 혼자 병원에 간다는 것이 좀… '아, 이게 나를 되게 불편하게 한다'는 걸 그때 깨닫기 시작해서. 대학 와서

3 여기서 인용한 말들은 모두 삶에 큰 변화를 가져온 질병을 경험했던 20-30대 여성들의 이야기 중에 등장한 표현들이다. 이 이야기들의 보다 자세한 맥락은 전희경(2015) 참조.

도 거의 부모님이랑 떨어져 사니까, '건강하지 않다는 게 나한테 어떤 걸림돌이 될 수 있다'라는 걸 그때부터 많이 느끼기 시작했던 것 같아요. 그리고 직업을 선택하고 나서는 확실히 더. ―어릴 때부터 천식, 재발성 편도선염 등을 겪어 온 32세 여성

아프기 시작한 시점과 아픈 것이 '문제'가 되는 시점이 꼭 일치하지는 않는다. 어린 시절부터 늘 아팠지만 그것을 '문제'로, 특히 미래로 나아가는 데 방해물이 되는 것으로 생각하기 시작한 시점은 기숙사에서 생활하면서 입시를 준비하던 고교 시절, 그리고 대학 졸업 후 직장을 다니기 시작하면서부터다. 진공 속에서 아픈 것이 아니라 사회적 질서 속에서, '생애주기'의 시간표 속에서, 주변의 기대와 실망 속에서 아프다. 그러니까 이것은 아프다는 것의 의미와 위치에 대한 이야기다. 젊고 아픈 사람들은 눈앞에서 닫히는 문들을 계속 마주하며, 그 다음에 대해 질문하고 또 질문한다. 정답도 오답도 아닌 각자의 답들을 매일매일 고쳐 쓴다. '젊지만 아픈' 상황을 '젊고 아픈' 삶으로 변환하고자 애쓰는 이들의 이야기들을 경청하고 숙고할 때 우리는 미래라는 게 무엇인지, 사회생활의 규칙이 무엇인지, 성인됨과 젊음의 요건이 무엇인지에 대해 비판적이고 성찰적

으로 사유할 수 있는 기회를 얻게 된다.

2. 젊음이라는 난국難局

미래를 잃어버린다는 것

"정말 이런 말 하면 안 되지만… 그래도 난 이왕이면… 아이들을 먼저 구했으면 좋겠다." 세월호 참사를 모두가 뜬눈으로 지켜보던 즈음, 아직은 에어포켓이 있을지도 모른다는 이야기에 희망을 걸고 모두가 간절히 누군가, 누구라도, 제발 살아 있기를 기도하고 있었던 날, 식사를 마치고 함께 저녁뉴스를 보던 어머니가 빨래를 개다 말고 이렇게 말씀하셨다. 나도 모르게 어머니를 돌아보았다. 어머니와 눈이 마주쳤다. 잠깐의 침묵. 그리고 우리는 서둘러 눈을 피했다. 이 침묵에 대해 나는 오래 생각했다.

'있을 수 없는 일'이라고 생각하지만 사실 우리는 생명에 값을 달리 매긴다. 어떤 사람의 생명은 다른 사람의 생명보다 더 가치있다고 여겨진다. 한쪽에 미성년의 '아이들'이 있다면 반대쪽에 노인과 장애인, 말기환자가 있다. 나이가 적으면 더 많은 미래가 있다고 생각하기 때문일까? 그래서 더 '아까운 목숨'으로 느껴지는 걸까? 하지만 내 앞에 '아까운 미래'라는 것이 분명 놓여 있으리라는 기대는, 큰 병 혹은 긴 병을 진단받으면서 산산조각이 난다. 자신도 주변 사람도 받아들이기 어려울 정도로. 이렇게 젊은데 병에 걸린 나는, 이제 얼마나 젊고, 얼마나 늙은 걸까?

우리는 시간을 공간처럼 생각하는 것, 젊음을 '무한한 가능성이 펼쳐지는 들판'이나 '더 좋은 미래로 향하는 길' 같은 공간 이미지를 통해 이해하는 것에 익숙하다. 공간화되지 않는 시간이란 거의 생각할 수조차 없을 정도다. 아우슈비츠 생존자이자 철학자인 장 아메리는 늙음의 시간이 '다른 어떤 것도 아닌 시간'인 반면 젊은이가 경험하는 시간은 이와 다르다고 설명한 바 있다.

> 젊은이는 시간을 결코 다른 그 어떤 것도 아닌 시간으로 느끼지 않는다. 젊은이가 갈팡질팡하며 떠밀려 들어가는 미래는 (…) 시간이 아니다. 그것은 세계 혹은 좀 더 정확히 말하자면 공간이다. 젊은이는 자신이 시간을 앞에 두고 있다고 말한다. 그러나 실제로 젊은이 앞에 놓여 있는 것은 그가 자신 안으로 받아들이는 세계일 따름이다.[4]

우리 사회에서 '미래'는 특권적 지위를 지니고 있다.[5]

4 장 아메리 (2014), 《늙어감에 대하여: 저항과 체념 사이에서》, 김희상(역), 돌베개, 37쪽.

미래를 과거-현재-미래로 이어지는 직선적 시간 개념 속에서 사고할 수 있을 때, 그리고 시간을 공간화하여 기회, 가능성, 갈림길, 선택 같은 개인적이고도 '사회적'인 것으로 변환할 수 있을 때, '젊음'은 비로소 성립한다. 질병은 젊음이 응당 지니고 있어야 할 미래를 망쳐버린다. 그래서 젊고 아픈 사람들의 경험은 잘 이해되기 힘들다. 우리 문화 안에서 '젊다'는 것과 '아프다'는 것은 충돌하기 때문이다. 하나의 문장 안에 나란히 놓이기 어려운 경험은 자신에게도 타인에게도 문장으로 말해지기 어렵다.

> 심각한 질병에 직면한 다른 사람들과 마찬가지로, 그는 모든 스토리텔러가 의지하는 중심적 자원인, 시간성temporality의 감각을 갑자기 상실했다. 청자와 스토리텔러가 동시에 갖고 있는, 모든 서사의 관습적인 기대는 과거가 현재로 이끌어지고 현재는 예측할 수 있는 미래를 갖는다는 것이다. 질병 이야기가 (서사적) 잔해인 이유는 현재는 과거에 상상

5 퀴어 시간성을 다룬 이론가들은 발전주의, 진보사관, 역사철학에서 드러나는 근대적 시간체제가 '미래'를 특권화시킴으로써 사회 구성원들에게 '쓸모'있는 '정상적' 존재가 되기를 강요하는 방식을 비판한다. '재생산적 미래주의(reproductive futurism)'나 '미래적 낙관주의(futural optimism)'는 정상성 규범을 작동시키는 중요한 기제라는 것이다. 백영경(2006), Edelman(2004), McCallum E.L. and Mikko Tuhkanen (eds.) (2011) 참조.

했던 모습이 아니고 미래는 거의 생각할 수 없기 때문이다.[6]

예측 불가능한 몸, 질서를 잃어버린 삶

그런데 젊다는 것이 도대체 무엇일까. 태어나는 순간부터 끊임없이 나이를 먹지만, '청소년기'라는 범주가 존재하기 이전 사람들은 질풍노도의 10대를 보낸 적이 없고, 현대적 발명품인 '중년'이라는 범주 이전에는 40~50대의 방황에 이름이 없었다. '젊음' 역시 사회적으로 구성된 개념으로, '늙음'과의 대비 속에서 의미가 유동하는 관계적 개념이다.

한국의 역사에서 '젊음'에 미래라는 시제가 부착된 것은, 암울한 현실을 바꿀 수 있으리라는 희망을 청(소)년이라는 연령 범주에 부과했던 식민지 시기부터였다. 박정희 정부 이후의 근대화 프로젝트 속에서 모든 시민들은 "민족 중흥의 역사적 사명을 띠고 이 땅에 태어난"[7] 국민으로 호출되었고, 민족의 미래를 짊어진 젊은이들은 인생을 낭비할 권리가 없었다. 이후 고도화되는 자본주의 경제체제 속

6 아서 프랭크 (2013), 《몸의 증언: 상처 입은 스토리텔러를 통해 생각하는 질병의 윤리학》, 최은경(역), 갈무리, 126쪽.

7 1968년 제정된 〈국민교육헌장〉 첫 문장의 일부.

에서 젊음은 동원 대상을 넘어 욕망의 대상이 되었고, 신자유주의적 자기계발 담론은 젊음을 '젊어 보이는 것', '젊게 사는 것'으로 재배치하면서 더 많은 사람들에게 젊음을 규범으로 만들었다.[8] 이러한 일련의 역사적 과정 속에서 구축된 것은 '젊음 vs. 늙음'이라는 대비, 더 정확히 말하면 '젊음 vs. 젊지 않음'이라는 대비다. 젊음이 규범이 되면 '젊지 않음'은 결핍, 쇠락, 낙인이 된다. 그래서 우리는 노년에 대해서 이야기할 때 언제나 젊음이라는 기준에 비추어 '예전 같지 않다'거나 '예전 같다(여전하다)'고 말하는 것이다.

건강한 몸, 효율적으로 움직이고 생산적일 수 있는 몸은 규범으로서의 '젊음'을 정의하는 핵심이다. 중년 여성은 건강할 때조차 종종 '아파 보인다'는 말을 듣는다. (화장을 안 한 날 특히 그렇다.) 젊은 여성의 만성질환은 좀처럼 믿어지지 않고, 중년 여성의 만성질환은 당연시되거나 '폐경 탓'으로 치부된다.[9] 사회가 기대하는 젊음의 시간은 어떤

8 전희경 (2012), 《젠더-나이체제와 여성의 나이: 시간의 서사성을 통해 본 나이 경험의 정치적 함의에 관한 연구》, 이화여자대학교 여성학과 박사학위논문, 서울: 이화여자대학교 대학원(미간행). 청년성을 청년의 것이 아니라 자본이 호명하는 소비자/노동자로서의 욕망이라고 주장한 연혜원 (2016)의 글도 참조.

9 멜러니 선스트럼 (2011), 《통증연대기: 은유, 역사, 미스터리, 치유 그리고 과학》, 노승영(역), 에이도스, 178쪽.

것인가. 시간표를 따르는 것, 차례차례 사회적으로 성취하는 것, 미래를 준비하는 것, 만약에 대비하는 것… 젊은 사람은 이러한 시간을 살 수 있는 몸을 갖추어야 한다. 그리고 사실 젊은 사람들뿐 아니라 우리 모두가 이러한 기대로부터 자유롭지 못하다.

젊고 아픈 사람들이 살아가고 있는 것은 바로 이런 사회이다. 이들의 곤경은 다른 무엇보다 그들이 '젊다'는 사실(혹은 기대) 자체로부터 온다. 20대가 되었다면 대학생이거나, 취업을 하거나, 취업 준비생이기를 기대 받는다. 30대가 되었다면 경제적으로 자립하거나 적어도 혼자 생활할 수 있을 정도의 독립성을 갖추었으리라 여겨진다. 이 모두가 어느 정도 건강할 때 가능한 것들이다. (실제로 채용검진을 통해 이를 확인하기도 한다.) 소위 '생애주기'라는 개념은 "20~30대 젊은 남성들을 최고의 생산노동자로 동원하기 위한 장치"이자 "이 시기의 젊은 남성과 그 외의 인간에 대한 위계를 세우기 위해" 만들어진 인위적 개념이지만,[10] 사실 바로 그 인위적 개념이야말로 우리를 사회의 일부이게 하는 요소다. 인생의 시간표, 미래의 전망으로 연결되는

10 정희진 (2016), 〈노인은 누구인가〉, 고미숙 외, 《나이 듦 수업: 중년 이후, 존엄한 인생 2막을 위하여》, 서해문집, 66쪽.

현재라는 시간관념은 질서의 핵심이자 '어엿한 사회인'의 핵심이기 때문이다.

질서는 사회적인 것이다. 질병은 바로 그 질서를 잃는다는 것을 의미한다. 여기서 중요한 것은 질병 그 자체라기보다, 질병이 무자비하게 삶에 끌어들이는 '예측 불가능성'이다. 몸의 예측 불가능성이 높아질수록, '계획'은 불가능하거나 무의미해진다.

> 항암제를 맞으면 고통스럽기는 하지만 그래도 그 치료 스케줄에 자기가 폭 빠져 있다는 느낌이 되니까 안심은 돼요. '내가 치료 스케줄에 맞춰가는구나'. 근데 뭔가 예외적인 상황이 발생하고 무균실에 들어가고 그런 게 되게 불안했던 거 같아요.[11]

> 질병 그 자체는 예측 가능성의 상실이다. 그리고 그것은 그 이상의 상실을 야기한다. 요실금, 숨가쁨 혹은 건망증, 떨림과 발작, 그리고 아픈 몸으로 인한 다른 모든 "실패들". (…) 질병은 통제를 상실한 채로 살아가는 것을 배우는 것이다.[12]

11 유방암을 겪은 45세 여성의 이야기. 한국여성민우회 (2014),《아플 수 있잖아: 아픈 여자들의 일상-복귀 프로젝트》(미간행), 25쪽 참조.

12 아서 프랭크, 위의 책, 85쪽.

삶이 자리 잡고 있던 시간의 질서가 무너질 때, 어떻게 살아야 할까? 내가 만났던 젊고 아픈 여성들은 자신의 질병 경험을 이야기하면서 다양한 방식으로 이 '질서를 잃어버린 시간'에 대해, 그리고 다시 삶에 질서를 만들기 위해 했던 노력들에 대해 말했다. 어릴 때부터 계속 아팠던 이는 "기본적으로 모든 회사를 잘 못 다니는 타입"이라고 자신을 소개하거나, "나는 진짜 퇴사 잘하고, 사직서 되게 많이 써봤고, 잘 쓰는 편"이라고 설명했다. 20대 중반에 갑자기 크게 아팠던 30대 여성은 "다시는 정규직으로 일하지 못하겠다"라고 느끼면서 자신의 생애 전망을 완전히 변화시키기도 했다.

어떤 것을 '불가능하다'고 말할 확실함이라도 필요하다. 그래야 지금의 삶에 질서를 만들 수 있기 때문이다. 그러나 질병의 예측 불가능성은 가까스로 만들어낸 질서에 자꾸만 변경을 요구한다. 아픈 몸으로 아픈 몸과 씨름하며 아픈 삶을 하루씩 살아나가야 한다. 30대 중반에 폐암 말기 진단을 받은 의사 폴 칼라니티의 이야기는 이 상황의 어려움을 잘 보여준다.

> 나는 내가 죽으리라는 걸 알았다. 하지만 그건 전부터 이미 알고 있던 사실이었다. 내가 갖고 있는 지식은 그대로였지

만 인생 계획을 짜는 능력은 완전히 엉망진창이 됐다. 내게 남은 시간이 얼마나 되는지 알기만 하면 앞으로 할 일은 명백해진다. 만약 석 달이 남았다면 가족과 함께 시간을 보낼 것이다. 1년이라면 지금 쓰고 있는 이 책을 마무리 지을 수 있을 것이다. 10년이라면 사람들의 질병을 치료하는 삶으로 복귀할 것이다. 우리는 한 번에 하루씩 살 수 있을 뿐이라는 진리도 별 도움이 되지 않았다. 그 하루를 가지고 난 대체 뭘 해야 할까?[13]

건강이 정체성이기를 요구하는 사회에서, 질병은 '사회생활'과 '정체성' 전체의 위기를 가져온다. 젊고 아픈 사람은 '생산적이지 못한 사람'일 뿐 아니라 '약속 못 지키는 사람', '무책임한 사람', 심지어 '예의 없는 사람'이 되기도 한다. 아픈 몸은 불성실, 비효율, 불명예를 의미하고, 사회생활에는 수치심과 미안함이 스며든다. 이들은 지금, 무언가의 바깥으로 튕겨져 나왔다.

13 폴 칼라니티의 투병기는 그가 죽은 뒤 그의 아내 루시 칼라니티가 완성하여 출간되었다. 폴 칼라니티 (2016), 《숨결이 바람 될 때: 서른여섯 젊은 의사의 마지막 순간》, 이종인(역), 흐름출판, 214쪽.

소속이 없는 자

39세에 심장마비를 겪고 그 다음 해에 암을 진단받았던 아서 프랭크의 이야기는 사회의 질서로부터 튕겨져 나와 "일상의 바깥", "제자리가 아닌 곳"에서 살아간다는 것이 어떤 것인지를 상상할 수 있게 해준다.

> 그녀의 삶에는 내 삶에서는 사라진 질서가 있었다. 자연스러운 주기 바깥에 있던 나는 낮에는 너무 피곤해서 일할 수가 없었고, 밤에는 등을 망치로 치는 듯한 통증 때문에 잘 수가 없었다. 야행성도 주행성도 아니고 어떤 쪽의 존재도 되지 못한 채로 일상의 바깥에 머물렀다. 존재하고는 있었지만 역할을 다하지 못했고, 부재하고 있었지만 부재하는 이유를 전부 댈 수 있는 것도 아니었다. 나는 제자리가 아닌 곳에서 삶을 살고 있었다.[14]

젊고 아픈 사람의 고통 중 하나는, 자신은 '몸'이 되었는데 다른 사람은 몸이 없는 것처럼 행동하며, 사실상 세상 전체가 몸이 없는 것처럼 돌아가고 있다는 데에 있다. 질병은 "사회를 위한 것이어야 마땅할 몸이 다른 누구와도 나

14 아서 프랭크 (2017), 《아픈 몸을 살다》, 메이(역), 봄날의책, 56쪽.

눌 수 없는 자신의 것임을 자각하게" 만든다. 아픈 사람은 "세계로부터 빠져나온다."[15] 젊고 아픈 사람이 누워 있는 침대와 아프지 않은 사람들이 있는 세상 사이의 거리는 까마득하게 멀다.

젊고 아픈 사람은 더 이상 '젊지 않다'. 하지만 늙은 것도 아니다. 이 애매함, 이 소속 없음이 만들어내는 외로움이 있다. 특히 젊고 아픈 사람이 늙고 아픈 사람과 다른 중요한 점 중 하나는, 친구가 많기 어렵다는 것이다. 같이 아플, "너도 별 수 없구나"라고 말해줄, 혹은 병원 정보를 나누거나 몸에 좋은 음식을 바리바리 싸서 서로를 진실되게 찾아갈, 그런 친구가 정말로 드물다는 것. 그래서 정말로 '홀로' 아프게 된다는 것. 이것은 가령 고독사와 같이 '실제로 홀로인' 상황과는 좀 다르다. 분명 어떻게든 일상은 이어진다. 계약직일지언정 출근도 한다. 자주 취소할지언정 약속도 있다. 다만, 그 모든 '평범한 일상'을 아픈 몸으로 살아내려 할 때 자기인식이 어떻게 변화하는지, 생애 전망이 어떻게 바뀌는지, 병을 앓는 하루하루가, 일주일이, 한 달이 어떤 것인지를 나눌 사람이 참 없는 것이다. 젊고 아픈 사람은 건강한 동년배들과는 다른 세계에서 살아간다. 아

15 장 아메리, 위의 책, 86쪽.

무도 모르는 것 같은 외로움, 목격자가 없고, 점점 더 없어지는 슬픔과 함께.

> 제가 이렇게 노친네처럼 사는 거를 듣고, 어떤 30대 친구가, "어우~ 너는 젊은 애가 그런 식으로 사냐, 내가 너 나이면 그렇게 안 산다", 막 이렇게 얘기를 했을 때, 너~~무 서러웠던 적이 있었어요. (원망스런 어조로) 너는 건강하고, 너는 에너지도 넘치고, (그러니) 내가 이렇게 사는 것에 대해서 너가 알아? 이런 마음 때문에… 지금은 이제 그것에 대해서 마음이 편하니까 (괜찮은데), 그때는 막 서러워서… 말도 못하고, 집에 가는데 막… 막… 눈물이 나려고 했던 기억이 있네요. —자가면역질환을 겪는 28세 여성

젊은데 "노친네처럼 사는" 것은 나이에 맞는 삶, 나잇값을 하는 삶으로부터의 이탈이다. 젊고 아픈 이들은 '한창 나이'를 기대하는 사회적 시간의 가장자리에 가까스로 매달려 있거나, '정상적 생애주기'의 궤도로부터 명백하게 이탈한다. 동년배의 친구나 지인들과는 다른 시간을 살게 되고, 다른 공간을 살게 된다.

건강한 사람은 밀린 일들을 체크하고 오늘 끝내야 할 일들과 내일 잡아둔 약속을 생각하며 하루의 시간을 보낸

다. 아픈 사람은 어제 걸을 수 있었던 거리와 오늘 걸을 수 있는 거리를 비교하면서, 혹은 궂은 날씨와 맑은 날씨를 중심으로, 아니면 이번 달 결근한 날이 얼마나 되는지, 약은 얼마나 남아 있는지를 헤아리며 시간을 산다. 사회생활도 사회적 관계도 임시적이고 잠정적이다.

> 커트와 사귀는 동안 줄곧 외로움을 느꼈다. 커트가 나를 진정으로 알지 못한다는 생각을 떨칠 수 없었다. (…) 그토록 오랫동안 입을 열지 못한 것은 커트가 내 통증을 버거워할지도 모른다는 두려움 때문이었다. 하지만 진짜로 두려웠던 것은 커트가 내 통증을 대수롭지 않게 여길지도 모른다는 것이었다.[16]

이렇게, 젊고 아픈 이들은 소속이 불분명해진다. 아픈 것을 드러냄으로써 명백히 '다른 세계'에 속한 사람이 되거나, 아니면 아프지 않은 척함으로써 비밀리에 '다른 세계'에 살거나. 두 경우 모두 외롭다.

수전 손택은《은유로서의 질병》이라는 책에서 아픈 사람을 낙인찍는 문화를 해부하면서, "사람들은 모두 건강의

16 멜러니 선스트럼, 위의 책, 101-102쪽.

왕국과 질병의 왕국, 이 두 왕국의 시민권을 가지고 태어나는 법, 아무리 좋은 쪽의 여권만 사용하고 싶을지라도, 결국 우리는 한 명 한 명 차례대로, 우리가 다른 영역의 시민이기도 하다는 점을 곧 깨달을 수밖에 없다"[17]라고 썼다. '두 개의 왕국'이라는 손택의 비유를 빌려 설명한다면, 젊고 아픈 사람은 어느 쪽의 시민일까. '국적 불분명'일까. '이중 국적자'일까. 나는 차라리, 두 왕국을 오가며 일하는 '이주노동자'가 아닐까 생각한다. '아프기doing illness'라는 노동으로 매일의 삶을 만들어내려 애쓰는 사람들 말이다.

3. 젊고 아픈 사람들의 이야기로부터

누구나 건강해져야 한다는 사회는 누구나 아플 수 있는 사회보다 피로합니다. 아픈 게 티 나면 안 되는, 모두가 건강하다는 전제가 당연한 한국의 노동 실태를 보며 인터뷰에 등장하는 외국인은 이렇게 질문했다고 해요. "왜 한국 사람은 아프면 일을 그만둡니까?"[18]

심각한 질병은 그 질병에 걸린 사람의 인생을 안내해오던

17 수전 손택 (2002),《은유로서의 질병》, 이재원(역), 이후, 15쪽.

18 한국여성민우회, 위의 책, 124쪽.

'목적지와 지도'를 잃게 만든다. 아픈 사람들은 '다른 방식으로 생각'하기를 배워야만 한다. 그들은 자신이 말하는 이야기를 들음으로써, 다른 사람들의 반응을 받아들임으로써, 그리고 자신의 이야기가 공유되는 것을 경험함으로써 배워 나간다.[19]

늙는 것은 '죄'라고 한다. 도전과 의욕이 결여된 태도는 '잘못'이고, 성취로 이어지지 않는 시간은 '낭비'라고 한다. 아픈 것은 '실패'고, 사회의 속도와 리듬을 따라가지 못하는 몸은 '낙오와 탈락'의 대상이 된다. 이런 문화 안에서 '젊고 아픈 사람'으로 살아간다는 것은 곤경과 곤혹 그 자체다. 하지만 어떤 아픈 사람들은 불시에 찾아온 질병이라는 모먼트 앞에서 경험을 질문으로 바꿔낸다. 그리고 그러지 않을 수 없다.

"밤새워도 끄떡없어요"라고 말할 수 없을 때

"새파랗게 젊다는 게 한밑천"이라는 옛말은, 취업난과 생존경쟁이 일상이 된 21세기를 살아가는 다수의 청년층에게 "가진 건 몸밖에 없다"라는 말로 변형되었다. 사회의

19 아서 프랭크(2013), 38쪽.

기대, 부모의 기대, 생존을 위한 필요, 직업적 성취, 이 모든 것들을 통해 획득되는 사회적 정체성을 위해, 몸은 효율적으로 움직여주는 수단이 되어야 한다. 젊은 사람들은 '젊은이답게' 열심히 살기 위해 몸을 "막 쓴다".

> (아프기 전에는) 몸을 정말 막 썼죠! 당연하죠! '죽을 만큼 달려!' 막 살았어요, 막.—갑상선암 및 합병증을 겪는 24세 여성

> (주변 사람들이) 약간 불명예스러운 것처럼 얘기를 하는 거예요. 약간 마음의 문제인 것처럼… 나약하다 그랬나? "원래 그렇게 약한가?" 저는 그게 뭔가 되게 불명예스럽게 느껴졌거든요? 항상 저는, "나는 건강 체질이고, 밤새워도 끄떡없어요, 일만 시켜주세요, 저는 다 잘할 수 있어요", 이런 게 제 프라이드였는데, 그 순간, 그거 수술 한 번 한 거 갖고 내가 정말 되게 약한 존재가 돼버린 것 같은… —자궁내막증을 겪는 32세 여성

그렇기 때문에, 질병을 겪으며 마주하게 된 예측 불가능한 몸, 불안정하고 통제할 수 없는 몸의 현실은 그야말로 충격적인, 타인에게는커녕 자기 자신에게도 설명하기 어려운 경험이 된다. "나는 건강 체질이고 밤새워도 끄떡없다", "나 ○○대 나온 여자야", "미친 듯이 살았어요"라고

아프기 전의 자신을 설명하던 이들에게, 질병은 좌절이고 나아가 불명예다. 최선을 다해 아프다는 사실을 비밀로 하는 사람들은 흔하다. 환우회 카페마다 다양한 '위장술' 정보가 교환되는 것도 놀랍지 않다.

'몸을 통제하는 나'에서 '몸이 통제하는 나'로 이동하는 낯설고 두려운 경험. 하지만 이 낯선 경험은 곧 '몸을 통제하는 것'을 사회생활의 기본으로 삼는 사회에 대한 질문이 될 수도 있다. "난 건강해"라는 말은 이제 이상하게 느껴진다. 건강한 몸을 우연적이고 일시적인 상황이 아니라 정체성으로 여기는 듯 보이기 때문이다. 그러나 몸은 그런 것일 수 없다.[20] 더 이상 "밤새워도 끄떡없다"라고 말할 수 없을 때, 우리는 거꾸로 어째서 건강이 자부심이 되는지 묻게 된다.

아픈 사람들은 질병을 겪으면서, 몸이 생물학적 실체, 의학적 진단의 대상, 효율적으로 가동되는 기계를 넘어선 어떤 것임을 발견한다. 몸을 자아와 구분된 어떤 실체로서 인격화하는 표현은, 매끄러운 인생 계획을 좌절시키는 '몸'의 생생하고 자율적인 실재성을 이야기하는 방식 중 하나다.

20 율라 비스 (2016), 《면역에 관하여》, 김명남(역), 열린책들 참조.

그래도 자꾸 몸이 저한테 증상을 주잖아요. 갑자기 귀여운 거예요! 옛날에는 정말 조용해가지고 나 큰 수술 받게 했었는데. 지금은 증상을 주니까. 다른 건강한 사람은 증상 없잖아요. 갑자기 한순간! (크게 아프죠.) 근데 나는, 되게 귀여운 거예요. 나 이제 안 아프게, 조금씩, '너 이제 쉬어~' 이러다 보니까 이것도 귀여운 거예요. 그래서, '아 그렇지, 얘가 하라고 그럴 때 내가 관리해야지,'… 얘가 '좀 쉬면서 여유 있게 하자' 이러니까. 근데 항상 이래요. (몸에게) '조금만 더 버텨줘. 나 내일 좀 중요해!' (웃음)—갑상선암 및 합병증을 겪는 24세 여성

저도 사실 갑상선에게 그런 기분 들 때 있어요. '내가 너 덕분에 잔다'.—갑상선질환을 겪는 34세 여성

몸이 나의 '정신' 혹은 '의지'의 통제범위 안에 있지 않다고 느낄 때, 내 몸을 2인칭 혹은 3인칭 대명사로 부르는 것은 자연스럽다. "얘가 하라고 할 때 관리해야지", "증상으로 신호를 보내는 몸이 귀엽다", "몸이 나한테 엄청 성질을 낸다", "몸의 눈치를 본다"… 이 모든 표현들이 그렇다.

몸을 보살피는 게 내 삶을 보살피는 거구나… 예전에는 몸을 되게 도구화하는 게 많았는데 지금은… 물론 지금도 그

런 마음이 있어요. 빨리 건강해져서 더 잘, 뭔가 완전히 복귀하고 싶은 마음이 있는데, 음… 그런 태도로 몸을 보면 몸이 계속 나한테 엄청나게 성질을 내기 때문에 (웃음) '그러면 안 되겠구나'. 몸의 눈치를 본다고 그래야 되나? (웃음) 그게 조금 더 솔직한 표현인 것 같아요. 여전히 내가 내 안의 그런 시선을 다 버리지 못했는데.—갑상선암을 겪는 38세 여성의 이야기[21]

질병을 겪으면서, 나의 소유물이자 수단이었던 몸은 낯선 3인칭이 된다. 아픈 사람들은 그 3인칭의 몸을 다시 2인칭으로 만들어내는 이야기들을 써 나간다. 40세부터 근육통성 뇌척수염/만성피로면역장애증후군을 겪으며 살고 있는 페미니스트 장애학자 수전 웬델의 표현을 빌리면, "동시대의 통제의 환상과 절박하고 힘들게, 그리고 재미있게 씨름하는"[22] 이야기들이다.

몸의 자율성

물론 아픈 사람들은 몸에 집중하고, 몸을 열심히 돌본

21 한국여성민우회, 위의 책, 117쪽.

22 수전 웬델 (2013),《거부당한 몸: 장애와 질병에 대한 여성주의 철학》, 강진영·김은정·황지성(역), 그린비, 217쪽.

다. 하지만 많이 아픈 사람들이 자기 몸을 돌보는 것은, 강박적으로 건강을 추구하는 지배 담론과는 다른 지점이 있다. 도구화된 건강관리 담론은 몸을 '효율적인 기계'로 보는 주류 의과학 담론에 기반해 있다. 그 이면에 있는 것은 물론, 잘 관리한다면 몸이 아프지 않도록 통제할 수 있다는 신화이다. 하지만 아픈 사람들, 특히 아프리라 예상하지 않았던 젊은 나이에 아픈 사람들은 몸의 통제 가능성에 대한 질문을 얻는다. "몸의 눈치를 본다"거나 "성과를 바라고 돌보는 것은 아니다" 같은 표현들 속에서, 나는 몸의 변화가 가져온 몸-자아의 변화를 읽는다. '내 뜻대로 몸을 사용하기'에서 '몸의 뜻대로 살아가기' 혹은 '몸과 협상하며 살아가기'를 배우는 것으로의 방향 이동 말이다.

아픈 이들에게 왜 그렇게 음식을 조심하고 잠을 챙기는지 묻는다면, 어쩌면 답은 건강관리 담론과 똑같아 보일 수도 있다. "건강하게 살기 위해서", 혹은 "아프지 않기 위해서". 하지만 아픈 사람들은 건강관리의 '성공 보장'을 (절실히 믿고 싶지만) 결코 믿지 않는다. 이들이 하고 있는 일은 아프기 전으로 돌아간다는 의미에서의 '건강 회복'이라기보다, 그냥 '사는 것' 자체다. 삶의 목적은 삶이다. 몸을 '막 쓰는' 것만큼이나 몸을 잘 관리하는 것도, 몸을 수단으로 본다는 점에서 결국 관점은 같다. 젊고 아픈 사람들이 이야기하고 있는 것은 그 반대다. 몸인 존재로 살아가자는 것이다. 역설적이지만, 그렇기 때문에 "꼭 건강하지 않아도 된다".

> 제가 몸을 돌보지 않고 일을 하거나 아니면 몸을 위해서 인스턴트 안 먹고 비타민 챙겨 먹고 이런 게, 저는 결국에는 같은 게 아닐까 생각이 드는 게, (…) 내가 미래를 위해서 뭔가 막 한다든가 아니면 내 몸에 대해서 뭔가 했었던 거가 다 공통적으로, '투입하면 뭔가 산출이 나올 거다'… 그니까, '나를 잘 돌봐준다', 이게 아니고, '효율적으로 일을 해야 되니까, 나는 좋은 기계가 되어야 되니까' 그런 거여서… 근데 돌봄이라고 하는 거는, 꼭 뭔가 성과를 바라고 돌보지 않잖아요. 그냥 무조건적인 돌봄이잖아요. 그렇게 변화가 된 것 같아요. 얘기를 하다 보니까. '꼭 건강하지 않아도 돼'.—자궁내막증을 겪는 32세 여성

40여 년간 류머티즘과 함께 살아온 오창희는 "꼭 나아야 되나?"라는 질문을 던지면서 질병과 더불어 살아가는 방법을 새롭게 만들어낸 전환에 대해 썼다. 그 책의 제목은 《아파서 살았다》 이다.[23] 의료사회학자 아서 프랭크가 심

23 오창희 (2018), 《아파서 살았다: 류머티즘과 함께한 40년의 이야기》, 북드라망.

장마비와 암을 겪고 나서 쓴 책의 제목은《At the will of the body: reflections on illness》(2002), 즉 '몸의 의지로'이고, 한국어 번역본 제목은《아픈 몸을 살다》로 옮겨졌다.[24] '아파도 살았다'가 아니라 '아파서 살았다'이다. '아픈 몸으로 살다'가 아니라 '아픈 몸을 살다'이다. 이 두 문장이 그냥 쓰여진 문장일 리 없다고 생각한다. 이 문장들은 질병을 삶과 대립시키지 않고, 몸을 수단이 아니라 목적어로 삼는다. 몸에 대한 다른 경험, 해석, 태도다.

시간의 다른 양식mode을 발명하기

《10대에 하지 않으면 안 될 50가지》,《20대에 반드시 경험해야 할 60가지》,《30대에 승부를 걸어라》… 가혹한 무한경쟁 속에 놓여 있는 한국의 젊은 시민들은 단거리 선수처럼 시간을 산다. 사회적 시간표에 따라 성취하지 못하는 삶이 '낙오'가 되고 실제로 생존과 독립의 위협으로 이어지는 조건에서, '아프느라 남들보다 늦어졌다'라는 생각은 불안과 초조감을 불러온다. 그리고 이는 다시 '늦어진만큼 무언가를 더 성취해야 한다'라는 압박으로 이어지기 쉽다. 다시 달려가야 할 것 같은 이 길에서 브레이크가 되는

24 아서 프랭크 (2017).

것은 몸이다. 다음 주에 내 몸 상태가 어떨지도 알 수 없는데, 어떻게 미래를 계획하거나 준비할 수 있단 말인가?

> 항상 나는 현재에 살면서도 미래에 나를 갖다 놓고, 미래를 위해서 지금 힘들어도, 죽을 것 같아도 참아야 되고, 그런 거 희생하는 게 되게 당연하다고 생각했는데, 현재를 살아야 되는 게 되게 실감이 났던 것 같아요. (…) 미래가 되게 예상 가능하고 투명하다면, 현재에 머무르지 않을 것 같거든요? 근데 미래가 불투명하고 알 수 없다면, 우리가 할 수 있는 거, 인간의 영역 안에 있는 거는 이 현재를 사는 거잖아요. (…) 그 병을 겪지 않았을 때는 미래까지도 내 손 안에 있다고 생각을 했기 때문에 그걸 향해서 계속 달려가기만 했다면, 이제 내가 할 수 있는 것과 할 수 없는 것, 죽고 사는 거나 병이 재발하거나 이런 거는 내가 할 수 없는 거고. 사실 미래 때문에 불안해지잖아요, 사람이. 되게 두려워지고 생각이 많아서 스트레스 받고 하는데, 이제 그거는 내가 어쩔 수 없는 거고, 그렇다면 내가 할 수 있는 거는 그냥 지금을 잘 사는 게 아닐까, 그렇게 연결이 되었었던 것 같아요.—자궁내막증을 겪는 32세 여성

아픈 사람은 건강한 사람과 같은 방식으로, 즉 '남들처럼' 시간을 살 수 없다.[25] 몸은 통제할 수 없고, 질병은 예측

불가능하며, 아픈 몸은 더없이 불안정하기 때문이다. 시간을 과거-현재-미래로 이어지는 직선으로 여기는 것, 인생을 그 직선 위에서 펼쳐지는 달리기 경주처럼 사는 것, 그 경주에서 낙오되지 않기 위해 시간을 '절약'하거나 '관리'하는 것—그런 것은 이제 불가능하다. 일정에 몸을 맞추는 것이 아니라, 몸에 일정을 맞춰야 한다.

이렇게 사는 것은 '사회생활'뿐만 아니라 '사교생활'에도 좋지 않다. (거의 불가능할 수도 있다.) 자주 '예외'나 '열외'가 되고, 지나치게 가시화되거나 비가시화되며, 건강한 사람들은 의식조차 하지 않는 많은 것들에 대해 설명을 해야 한다. 게다가 아프며 사는 시간은 설명 자체가 어려운 시간이다. "대부분의 시간을 집에서 보내는 아픈 사람들에게 시간이 남아돌지 않느냐고 묻는 이가 있다."[26] 젊고 아픈 사람이 살아가고 있는 시간이 어떤 시간인지, 상상하지도 이해하지도 못하는 것이다.[27]

25 아픈 사람의 시간은 건강한 사람의 시간과는 다르게 흐른다. 물론 질병의 종류와 양상에 따라 구체적 시간경험은 달라지고 변화한다. 또한 연속된 질병이라 하더라도 '불치', '만성', '재발', '말기'의 시간성은 각기 다르다.

26 조한진희 (2019), 《아파도 미안하지 않습니다: 어느 페미니스트의 질병관통기》, 동녘, 344-345쪽 참조.

아나톨 브로야드는 전립선암을 진단받고 나서 탭댄스 수업을 받기 시작했다고 쓰고 있다. 이 수업은, 아마도 그가 언제나 하고 싶었던 일이라는 것 외에, 자신의 질병을 마주하기 위하여 "스타일을 개발하기 위한" 자의식적인 시도의 일부였다. "나는, 질병이 당신을 약화시키거나 망가뜨리려고 시도할 때, 당신의 스타일을 주장함으로써만 당신이 더 이상 자기 자신을 사랑하지 않게 되는 것을 막을 수 있다고 생각한다."[28]

지배적 시간의 질서 안에서 살 수 없는 아픈 사람들에게 시간은 과거와는 다른 것이 된다. 질병은 시간에 대해 다시 생각하는 시간을 강요한다. 아프면 삶이 중단되었다

27 노동 중심 사회에서 실업상태에 있는 사람은 '여가시간'을 경험할 수 없다는 연구는, 사회적 질서 바깥의 시간이 어떤 종류의 공백을 의미하는지를 잘 보여준다. "노동시간이 정해져 있지 않으면, 사회적 의미에서건 도덕적 의미에서건 자유시간도 가질 수 없다. (…) 실업상태에 처한 사람들은 종종 움직이지 않는, 텅 빈 시간의 경험 속에 갇혀 있는 자신을 발견하곤 한다. (…) 한 실업자가 내게 분명하게 지적했듯이 말이다. "노동 밖으로 나오면, 자유시간이라는 건 존재하지 않고, 진정한 여가를 누릴 방법은 없어져요. 그저 흘러가버리는 많은 시간이 있을 뿐이죠. 그게 존재하는 전부예요." Hogne Øian (2004), "Time out and Drop out: On the relation between linear time and individualism", *Time & Society* 13(2-3) 참조.

28 Anatole Broyard (1992), *Intoxicated by My Illness: And Other Writings on Life and Death*, comp. and ed. Alexandra Broyard, Clarkson N. Potter, p.23. 아서 프랭크(2013, 99쪽)에서 재인용.

가 나으면 삶으로 '복귀'하는 것이 아니라, 아프며 사는 시간 역시 삶이다. 젊고 아픈 사람은 '젊은 나이'를 살아가는 매일의 시간, 일상의 시간을 살아가는 자기만의 삶의 양식("스타일")을 발명해야만 한다. 물론 이런 '발명'이 단번에 성공하는 일은 드물고, 시행착오에도 시간과 에너지가 많이 들며, 시행착오 끝에 애써 어떤 시간의 양식을 발명해도 몸 상태는 계속 변하기 때문에, 발명은 완료 없이 계속되어야 한다.[29]

'낫거나 죽거나'의 이분법을 우회하는 샛길들

수전 웬델은, "우리의 몸을 통제하도록 하는 문화적 요구"와 "몸이 통제될 수 있다는 환상myth"이 현대사회를 살아가는 사람들의 삶에 어떻게 관여하는지를 상세히 분석한 바 있다.

> 의학은 몸을 통제할 수 있다는 환상을 부추기고 이에 적극적으로 참여한다. 이는 목숨을 살리는 치료방식과 완치법에 지나치게 몰두하고, 만성질병, 재활, 통증관리, 죽음의 경험

29 일상의 양식을 발명하는 데에 시행착오가 있고, 그래서 발명은 한 번의 행동이 아니라 지속되는 노동이라는 아이디어는 이 책의 공저자인 메이와의 대화에서 얻은 것이다.

을 비롯한 환자들의 경험의 질을 무시하는 경향을 통해 이루어진다. (…) 몸을 통제할 수 있다는 환상의 여러 종류는 불치병에 걸린 사람들이나 영구적인 장애에 적응해가려고 애쓰는 사람들에게 엄청난 영향력을 끼친다. 로버트 머피가 지적한 대로 우리는 아플 때 지켜야 하는 첫째 계명이 나으라는 것임을 정확하게 인식하게 된다. 내가 말하려는 계명은 더 가혹하다. 낫든지 아니면 죽어야 한다. 낫지 않는 것은 모든 사람들(당신을 고쳐주려고 애써온 의사와 간호사, 친구들, 친척들, 심지어 잘 모르는 사람들)을 우울하게 만든다.[30]

'낫거나 죽거나'. 젊음과 건강이 규범인 사회, 몸 자체가 의료화된 사회에 대해 이보다 더 간결한 묘사가 있을까. 특히 자신의 질병에 대해 "나이 들어서 그런가 봐"라는 말은 결코 할 수 없는 '젊고 아픈 사람'들에게 압박은 더 크다. 때로 '낫거나 죽거나'라는 말은 다른 누구보다 자신의 마음속에서 가장 큰 소리로 울려 퍼질지도 모른다.

그러나 오늘 몸을 잘 '관리'하면 내일 몸이 잘 '기능'할 거라는 도식은 이미 깨졌다. 완치를 생각할 수 없는 만성질환이나 원인이 불분명한 질병일 경우는 훨씬 더 그렇다. 몸은 우연적이고, 유한하다. 어떻게 살 것인가? 젊고 아픈 사

30 수전 웬델, 위의 책, 181-202쪽.

람들은 '지금까지는 어떻게 살아왔는가?', '사회는 어떻게 살기를 요구하는가?'를 질문함으로써 이 물음에 대한 대답을 찾아간다. 때로는 아파서 지배적 시간의 질서를 따를 수 없다는 것이 오히려 덜 불안하게 현재를 살게 하는 역설적인 경험도 한다. 어차피 통제할 수 없는 미래는 내버려두자. 하지만 사회적 삶의 가장자리에서 좀 더 안쪽으로 들어오면 다시 고민이 시작된다. 나도 남들처럼 인생 계획을 세워야 한다. 하지만 당장 다음 주도 어떻게 될지 알 수 없다. 몸을 우선시하며 휴식을 택할 때마다 '이래도 되나' 하는 불안과 '아프니까 어쩔 수 없지'라는 자기설득 사이에서 끊임없이 흔들린다.

> 계속 (아프기 전에) 살던 대로 사는 것에 대한 어떤 회의? (웃음) 그러니까, 그거를 계기로 뭔가 정말 재조정이 필요하다고 느끼긴 했으나, 사실은 익숙한 방식대로 계속 그렇게 살고 있는 것에 대해서, 약간의… 스스로에 대한 미안함과 죄의식… —자궁내막증을 겪는 32세 여성

> 한의사가 되려고 수능을 다시 치려고 했던 때도 있어요. 아픈 다음에. 그니까, '이 나이가 수능을 볼 마지노선이다', 라는 생각. '이 나이에 하는 게 낫다, 서른다섯에 하느니'… 정규직 회사를 다니는 건 진짜 아니라는 걸 알았는데, 안정되

고 싶었던 마음이 있었던 거죠. '내 몸을 돌보면서도 안정될 수 있는 두 가지 미션을 성공할 수 있는 건 한의사다!', 그래서 수능을 볼까도 했었네요. (웃음) 까먹고 있었다… [그런데 왜 안 봤어요?] 음… 다시 수능을 볼 자신이 없었어요. 그리고 계속 그 생각이 진짜 있는 것 같아요. '그냥, 조금 벌고 살아도 된다', 그 생각으로 또다시 돌아가는. 불안이 그만큼 크지 않으니까 추동이 안 되는 것 같아요.—자가면역질환을 겪는 28세 여성

경험을 해석하는 것, 그 해석을 자신의 정체성과 인생 이야기 안에 통합시키는 것, 나아가 사회에 대한 질문으로 바꿔내는 것은 단지 병에 걸린다고 해서 자동적으로 이루어지는 일은 아니다. 질병이라는 모먼트에서 어떤 경험을 어떤 질문으로 변환시키는지가 모두 같은 것도 결코 아니다. 잘 아프자? 그러나 무엇이 '잘 아픈' 것인지는 '잘well'의 정의에 달려 있으며, 당연히 가치관에 의존한다. 그리고 개인의 가치관은 사회구조와 문화적 규범으로부터 자유롭지 않다.

'젊고 건강한 사람의 삶'이라는 지배적 보편에 대항하여 '젊고 아픈 사람의 삶'이라는 또 다른 보편을 대비시키려는 것이 아니다. 젊고 아픈 개인의 삶 속에서 어떤 대단

한 '초월' 같은 것이 이루어지고 있다고 낭만화하려는 것은 더더욱 아니다. 젊고 아픈 사람들은 '낫거나 죽거나'라는 명령을 피할 수 있는 우회로를 찾아 헤매는 동안에도 여전히 간절히 '낫기'를 바라고, 가끔일지라도 진심으로 '죽기'를 바라는 경우도 있다. 그러나 그러는 사이에도 '낫거나 죽거나'의 이분법을 피해 가기 위한 우회로는 샛길처럼 계속 만들어진다. 처음부터 원해서 만든 것은 아닐지라도, 그 샛길들의 존재는 소중하다. 그런 샛길들이 많아질 때 비로소 시간은 직선의 달리기가 아닐 수 있게 되고, 아프고 늙고 장애를 갖고 죽게 될 우리 자신에 대해 배울 수 있을 것이기 때문이다. '건강을 잃으면 모든 것을 잃는다'라는 속담은 무시무시하다. 이 속담을 무시무시하다고 생각하게 된 약한 사람들이, 우리 사회에 새로운 사유를 가져온다.

지금 이 순간에도 '낫거나 죽거나'의 이분법을 넘는 샛길을 만들며, 젊고 아프며 살아가는 이야기를 계속 고쳐 쓰는 사람들이 있다. 어디로 도달하게 될지는 알 수 없지만, 어디로부터 떠나야 하는지는 분명한 발걸음들이다. 이들이 하고 있는 일, 능동태라고 할 수 없지만 수동태도 아닌, 동사로서의 '아프기'에 대해 생각한다. 병이 내 삶에게 한 일, 내가 아픈 몸과 아프며 사는 시간에 대해 하는 일, '건강한 젊음'이라는 규범 바깥에서 젊고 아픈 사람들이 지금 이 순간에도 하고 있는 일에 대해서. 그리고 그것을 알고자 하는 용기에 대해서도.

> 당신은 현실이 이렇다 하더라도 현실을 사랑하고 현실을 알고자 할 수 있는가?[31]

에필로그

젊고 아픈 사람. 이 여섯 글자로 떠올려지는 구체적인 얼굴들이 있다. 어떤 얼굴들은 단 한 번의 대화로 스쳐 갔지만 잊히지 않았고, 어떤 얼굴들은 아직은 평정심으로 떠올리기 어려운 기억들을 불러와 나의 밤을 폐허로 만든다. 내가 떠올리는 얼굴들 중 누군가는 새로운 일을 시작하고 바삐 살고 있다는 소식이 들려오고, 누군가는 한결 좋아졌다고도 한다. 그리고 또 누군가는 먼 곳에서 여전히 외로운 싸움을 하고 있다는 소식을 듣는다. 바람결에. 나는 바람을 막으려 몸을 움츠리고 이어폰의 음악 볼륨을 올린다. 나는 그 얼굴들을 어느 정도는 모른 척 지나치고, 또 그래야만 감당할 수 있는 시간표를 살아간다.

31 수전 웬델, 위의 책, 209쪽.

마치 수십 광년 떨어져 다른 궤도를 돌고 있는 별들처럼, 우리가 어떤 시점에 조우할 수 있었다 해도 우리의 궤도가 다르다는 것은 엄연한 사실이었다. 나의 밤은 통증과 의문으로 가득 찬 그들의 밤과는 달랐다. 나의 수첩은 병원 일정으로 채워진 그들의 수첩과는 달랐다. 그 엄연함이 아픈 그들을 외롭게 했을 것이고, 같은 식으로 아프지는 않은 나를 두렵게 했을 것이다. 용기는 자주 꺾인다.

54세의 '젊은' 나이에 암으로 세상을 떠난 허수경 시인은, 이렇게 썼다. "손을 잡을 수 있는 일 말고는 할 수 없었다. 그것이 최소한의 일이었고 그리고 최대한의 일이기도 했다."[32] 손을 잡는다는 것은 무엇인가. 무엇일 수 있을까. 아픈 사람의 시간 속으로 들어가는 것은 두려운 일이다. 그러나 나는 내가 묻지 않은 안부, 내가 지나쳐온 이들의 이야기가, 적어도 부분적으로는 나의 이야기이기도 하다는 것을 알고 있다. 그 얼굴들의 안부를 마음속으로 가만히 물어본다.

32 허수경 (2019), 《가기 전에 쓰는 글들: 허수경 유고집》, 난다, 14쪽.

치매, 어떻게 준비하고 있습니까?

이지은

"당신은 치매[1]에 걸릴 준비를 어떻게 하고 있습니까?"

문법적으로 특별한 문제가 없음에도 불구하고 이 질문은 어쩐지 어색하거나 낯설게 느껴질지 모른다. 우리에게 익숙한 질문은 '어떻게 하면 치매에 걸리지 않을까' 하는 것이기 때문이다. 우리는 흔히 삶의 다음 단계를, 결혼이나 육아, 혹은 노후를 준비해야 한다고 말하지만 질병에 걸리는 것, 그중에서도 치매에 걸릴 준비라는 것은 상상하기 어렵다. 질병 '이후'의 삶은, 암이나 치매 등의 질병에 '대비'해 치료비와 간병비 지원이 되는 보험에 가입하면 경

1 '어리석다'는 의미를 가진 한자의 조합인 '치매'라는 용어가 인지장애에 대한 부정적인 낙인을 강화한다는 비판이 지속적으로 제기되어왔다. 새로운 용어를 사용함으로써 인지장애에 대한 인식을 변화시켜야 할 필요에 공감하면서도, 이 글에서는 치매라는 용어를 사용한다. 이는 '치매'라는 말에서 우리가 느끼는 두려움에 직면하는 동시에 이에 대해 다른 이야기를 해야 할 필요성을 제기하기 위함이다.

제적 부담을 줄일 수 있다든가 과학기술이 점점 발전할 것이니 자신의 줄기세포를 미리 보관해놓으라는 광고문구, 혹은 질병이나 장애가 있더라도 잘 살아갈 수 있도록 사회복지 시스템을 확충하고 돌봄을 강화해야 한다는 정책토론 정도에서나 언급될 뿐이다. 질병은 삶의 한 부분임에도 '정상적'인 삶의 바깥에 있는 것, '예방'되어야만 하는 것, 만에 하나 발생했을 때는 '치료'함으로써 정상적인 삶 밖으로 추방해야 하는 것처럼 여겨지기 때문이다. 기억을 포함한 인지기능이 점차 소실되는 질병인 치매의 경우, 치매에 걸린 이후의 삶을 상상한다는 것은 더욱 어렵게 느껴진다. 크리스틴 브라이든의 《치매와 함께 떠나는 여행》과 같이 치매환자의 시점에서 쓰여진 회고록이나 "인간중심적 돌봄person-centered care"의 입장에서 쓰여진 논문들, 치매환자 가족들의 수기 등이 우리에게 치매 '이후'에도 삶이 존재한다는 것을 가르쳐주지만, 내가 인지하고 통제할 수 없는 것들이 계속적으로 늘어나는 삶을 상상하고 준비한다는 것은 여전히 쉽지 않다. 예방을 위해 최대한 노력하고, 노후자금을 열심히 모아서 양질의 돌봄을 받을 수 있도록 경제적 대비를 하는 것, 그리고 각종 시설에서 제공되는 돌봄의 질이 좀 더 나아지기를 바라는 것 정도 외에 무엇을 더 할 수 있을까?

이 조금은 낯설고 곤란한 질문은 알츠하이머성 치매로 수년간 투병 중인 아버지를 곁에서 지켜본 경험을 바탕으로 한 알라나 샤이크의 TED 강연 제목인 "어떻게 나는 알츠하이머병에 걸릴 준비를 하고 있는가How I'm Preparing to Get Alzheimer's"에서 영감을 받은 것이다.[2] 샤이크는 국제개발 프로그램, 특히 보건 분야에서 활동해왔지만, 그녀의 강연은 보건 전문가에게서 우리가 흔히 기대하는 주제, 예를 들어 어떻게 치매를 예방할 수 있는지, 또는 치매라는 질병에 사회가 어떻게 대응해야 할지 등의 주제와는 조금 거리가 있다. 샤이크는 대부분의 사람들이 치매를 매우 두려워하고, 그렇기 때문에 자신이 치매에 걸릴 가능성을 아예 부인하거나 치매 예방을 위한 노력들이 자신을 치매에서 벗어날 수 있을 것이라고 믿고 싶어 하지만, 그러한 믿음이나 노력으로 치매를 막을 수는 없다고 이야기한다.

머리를 많이 쓰고 건강한 생활습관을 가지는 것이 치매를 예방하는 데 도움이 된다고 생각하고, 또 자신도 그것을 실천하고 있기는 하지만, 아버지가 그러했듯 그런 실천들이 치매로부터 자신을 자유롭게 만들 수 없다는 것을 그

2 Alanna Shaikh, "How I'm preparing to get Alzheimer's", TED, 2012년 6월 3일, www.ted.com/talks/alanna_shaikh_how_i_m_preparing_to_get_alzheimer_s.

녀는 잘 알고 있다. 그래서 그녀는 치매를 가지고 살아가게 되었을 때 자신의 삶이 어떤 것이 될 수 있을지 상상해보고, 치매 '이후'의 삶을 좀더 나은 것으로 만들기 위해 '준비'를 시작했다. 그녀의 준비는 손으로 할 수 있는 새로운 취미를 찾고, 체력을 기르고, '더 좋은 사람'이 되기 위해 노력하는 것이다. 보다 구체적으로 말하면 종이접기, 근력운동, 그리고 좀 더 관대하고 친절해지는 것.

인지능력이 점차 소실됨에 따라 지금 자신이 즐기는 일상적 활동들, 보고서를 읽고 중요한 이슈들에 대해 다른 이들과 토론을 하는 따위의 일들이 점차 어려워지면 일상은 어떻게 달라질까. 알츠하이머병이 진행되면서 점차 신체활동이 힘들어지고, 넘어지거나 어딘가에 부딪히는 등 지금은 사소해 보이는 일들이 심각한 결과를 초래할 수도 있다는 점을 감안한다면 어떤 준비를 해야 할까? 그리고 치매에 걸린 자신을 돌보는 사람들이 그것을 그저 부담스럽고 고통스럽게만 느끼지 않을 수 있도록 하려면 어떤 준비를 할 수 있을까? 자신의 아버지가 웃어줄 때 돌보는 사람들이 느꼈던 즐거움을 미래의 자기 자신도 줄 수 있지 않을까. 그녀의 '준비'는 자신의 아버지를 돌본 경험, 그리고 그 아버지를 돌보는 사람들을 지켜본 경험에서 비롯된 것이다. 치매에 걸렸다고 해도 일상적 삶은 지속되고, 치매환자의 삶은 치매환자와 돌보는 사람들의 몸과 감정, 상호작용과 관계 바깥에서는 상상하기 어렵다. 샤이크가 말하는 '치매에 걸릴 준비'는 치매 이후에도 지속될 삶을 살아가야만 할 몸을 만들어가는 것이다.

함께 있는 것만으로도 주위 사람들을 기쁘게 했던 아버지처럼, "치매 때문에 가진 것을 모두 잃게 되더라도 여전히 남아 있을 순수한 마음"을 가지기 위해 노력한다는 샤이크의 이야기가 지나치게 낭만적이고 이상주의적이라고 생각할지도 모른다. 치매에 걸린 후 예전과 달리 공격적이거나 폭력적으로 행동하게 된 환자를 돌본 경험이 있는 이들은 물론 치매환자와 하루 종일 시간을 보내면서 일견 사소해 보이는 일상의 다툼에도 분노와 절망, 죄책감을 동시에 느끼는 소진된 가족들, 그리고 간간이 뉴스를 통해 접하게 되는 요양시설에서의 학대 등의 이야기를 떠올려보면 샤이크의 이야기는 비현실적이거나, 그런 일상의 고통들이 존재하지 않는 곳에서만 가능하지 않을까 싶기도 하다. 그럼에도 그녀의 이야기로 이 글을 여는 것은 '치매에 걸릴 준비'를 이야기한다는 것이 치매에 대해, 나아가 질병과 의존, 돌봄과 관계, 그리고 몸과 마음에 대해 새롭게 질문을 던질 수 있게 해주기 때문이다.

이 강연에 대해 뒤늦게 알게 된 것은 2017년 치매국가

책임제와 관련된 한 행사에서였다. 해외에서는 '나는 치매에 걸릴 준비를 하고 있습니다' 같은 이야기가 나올 만큼 치매에 대한 인식개선이 많이 진행되었다는 짧은 언급과 TED강연의 스크린샷이 제시되었을 뿐이기 때문에 구체적인 내용은 짐작하기 어려웠다. 하지만 그 제목 자체만으로도 신선한 충격이었던 기억이 난다. 치매를 '예방'하기 위해 개인이 노력해야 하고 국가적 차원에서 '관리'해야 한다는 이야기, 치매의 '고통'은 개인이나 가족이 '감당'할 수 없는 일이기에 국가가 '책임'질 것이라는 약속이 익숙하게 오가는 자리에서 '치매에 걸릴 준비를 하는 나'에 대한 이야기가 주는 생경함 때문이었다. 여기에서 치매 '이전'의 삶이 예방을 위한 개인의 관리 책임을 강조한다면, 치매 '이후'의 삶은 환자를 '책임'지는 가족의 부담, 그리고 이러한 돌봄 부담을 경감하기 위한 국가의 책임처럼 보인다. 치매 예방에 대한 이야기가 개인을 책임의 주체로 불러낸다면, 치매에 걸린 '이후'에 대한 이야기들에서 치매환자는 주어로 등장하지 않는다. 치매에 대한 이야기들은 많지만, 치매 이후의 '삶'에 대한 이야기는 정책적 개입과 돌봄의 '대상'으로 언급되는 것을 제외하면 찾아보기 힘들다. 샤이크의 이야기는 치매 이후에도 지속되는 삶, 그 일상과 관계들, 치매 이후에도 살아남아 있는 몸과 마음을 어떻게 구체적으로 상상할 것인지에 대해 질문을 던지게 한다.

치매, 그 두려운 '미래'에 관한 이야기

"치매, 당신은 얼마나 준비되어 있습니까?"[3]

2013년 중앙치매센터에서 제작한 국민치매인식개선 시리즈의 2편인 〈준비하세요!〉 영상을 여는 질문이다. 중앙치매센터를 포함해 국가치매관리사업을 수행하는 기관들에서 개최하는 행사의 쉬는 시간 등에 배경처럼 상영되는 이 영상은 시시각각 늘어나는 치매환자와 환자 가족의 숫자, 진단 혹은 치료되지 않고 '방치'되었을 경우 증가하는 돌봄에 들어가는 비용과 시간, 조기검진과 치료를 통해 "아낄" 수 있는 시간과 비용을 인포그래픽으로 보여주면서 조기검진과 조기치료로 "당신과 가족의 삶"이 바뀔 수 있다고 말한다. 이 시리즈의 다른 영상들 역시 예방과 조기검진, 치료를 통해 치매의 발병을 늦추고 "치매가 있어도 잘 살아갈 수 있다"라고, 치매는 "예방이 최선의 치료"라고 말

3 중앙치매센터, 국민치매인식개선 영상 2탄 〈준비하세요!〉, 2013년 8월 13일, www.youtube.com/watch?v=wzRn-esHWik.

하면서 치매에 대해 대비하는 하나의 방식을 제시한다. 그것은 라이프스타일 변화를 통한 예방, 검진을 통한 조기진단과 진단 이후의 적극적인 치료를 통해 치매의 진행속도를 늦추는 것, 예방과 관리에 대한 지식을 가지고 이를 실천하는 것이다. 치매에 대한 공포를 전달하고 가족이나 사회에 부담이 되어서는 안 된다는 도덕적 감각에 호소하며, 이러한 캠페인은 언젠가 도래할지도 모르는 미래를 피하기 위한 예방과 관리 실천에 대한 개인의 책임을 강조한다.

이 캠페인 영상에서 더욱 눈에 띄는 것은 영상의 형식이다. 치매와 관련된 숫자들을 전달하는 인포그래픽들이 빠른 속도로 리드미컬하게 전환될 때, 이 영상은 급격하게 진행되는 사회 전반의 고령화와 이에 따른 치매유병률의 증가, 발병 이후 지속적으로 퇴행이 이루어지는 병의 특성상, 치매는 '시간'과의 다툼이며 따라서 예방, 검진, 치료로 이어지는 '관리'가 긴급히 필요함을 강조한다. 기호로 표시되는 환자와 가족들은 피와 살, 감정과 일상을 가진 사람들 대신 인구학적인 단위들로 제시되며, 치매는 살아가는/살아내는 경험 대신 '시간'과 '비용'이라는 경제적 단위로 환원된다.

시간, 비용, 관리. 여기서 시간의 흐름은 치매발병의 위험을 증가시키고 이미 발병한 경우라면 '방치'된 기간을 증가시켜 더 많은 시간적, 경제적 비용을 발생시킬 것이라고 상상된다. 여기서 '준비', 또는 예방과 관리는 치매에 걸릴 위험뿐 아니라 자신의 치매로 인해 발생하고 시간이 흐름에 따라 증가할 비용과 부담이라는 위험에 대한 관리이기도 하다. 치매관리의 요청에 긴급하게 응답하는 것은 자기 자신과 가족의 미래에 대해 책임을 지는 것이기도 하다. 치매가 가족과 사회 모두에게 '고통'과 함께 경제적, 시간적 비용을 발생시키는 질병이라는 것이다. 당신은 치매에 걸릴지도 모른다. 이때 당신은 막대한 비용과 참기 힘든 고통을 발생시키는 원인이 될 것이다. 그러므로 이를 막기 위해 가능한 모든 노력을 기울여라.

국가적 차원에서 치매를 '관리'해야 하는 필요성에 대해 역설하는 정책보고서의 첫 장을 그대로 옮겨놓은 것 같은 이 영상에서 치매에 걸린 사람의 삶은 '삶'이 아닌 '비용'이 된다. 그리고 그 생명이 유지되는 한 지속적으로 돌봄의 비용을 발생시킬 몸들이라고 규정하며, 그런 몸이 되지 않기 위해 준비하라고 경고한다. 그것이 당신이 스스로에 대해, 그리고 가족에 대해, 혹은 국가에 대해 '책임'지는 방식이라는 것이다. 그 모든 준비와 관리에도 불구하고 당신이 치매에 걸린다면? 2017년, 국가는 그런 당신을 '책임'지겠다고 약속했다.

치매는 개인이나 가족이 감당할 수 있는 일이 아닙니다. 그래서 치매만큼은 국가가 책임져야 합니다.

치매로 인한 비극은 결코 개인의 잘못 때문이 아닙니다. 어느 날 갑자기 불쑥 찾아온 병으로 가족 전체가 불행의 나락으로 떨어진다면 국가는 도대체 왜 존재하는 것일까요? 치매국가책임제를 통해 대한민국이 국민을 위해 존재한다는 것을 보여 드리겠습니다.[4]

문재인 대통령이 후보 시절 발표했던 정책공약 홍보 영상 시리즈 〈주간 문재인〉의 첫 화의 타이틀은 '치매국가책임제'였다. 치매 아내의 '수발'을 들다 결국 살인에 이르게 된 80대 남성의 이야기로 시작하는 문재인의 '따뜻한 약속'은 치매가 개인이나 가족이 '감당'할 수 없는 부담이며, 가족 전체를 '불행의 나락으로 떨어지게' 하는 끔찍한 비극이라는 전제에서 출발한다. 그렇기 때문에 치매는 국가가 '책임'져야 하는 질병이다. 그 책임을 이행하는 방식으로 약속된 것은 간병비 부담을 경감하고, 치매지원센터를 설립하고, 국공립요양시설을 확충하겠다는 것이다. 수발의

4 문재인공식채널, 〈주간 문재인〉 1회 '치매국가책임제', 2017년 1월 20일, www.youtube.com/watch?v=g-4QZfJLYSg.

부담, 경제적 부담, 그리고 관리의 효율화.

그렇다면 이렇게 국가가 책임지는 치매는 어떤 모습이 될까? 돌봄이 가족의 책임이 되어왔던 한국에서 치매가 환자의 가족들에게 상당한 경제적, 신체적, 정신적 부담이 된다는 것은 부정할 수 없다. 하지만 그 부담의 성격은 무엇인지, 그 부담이 시간과 비용만으로 환산되고 서비스와 경제적 지원만으로 해결될 수 있는 것인지, 그리고 어떤 사람의 삶을 끊임없이 '부담'으로 호출하는 것의 의미는 무엇일지에 대해서 생각해보아야 한다.

더 중요한 것은 이러한 약속에서 치매환자의 삶의 '장소'나 그들을 둘러싸고 있는 '사회적 관계'는 과연 어떻게 상상되고 있는지이다. 그 사람은 집 안에서 '수발'을 받거나 장기요양보험에서 지원하는 주야간보호센터 등에서 하루 대부분의 시간을 보내거나, 혹은 요양시설에서 살게 될 것이다. 여기에서 치매환자는 의료와 요양, 수발의 대상으로서만 존재하고 그들의 삶, 혹은 존재 자체는 '부담'으로 환원되며, 그들이 존재하는 장소는 보호와 관리의 장소이다. 치매환자들의 사회적 관계는 이 격리된 장소들 '안'에만 존재하며, 치매환자의 일상, 치매환자와 돌봄제공자, 혹은 치매환자 간의 관계들은 요양병원 화재사고나 간병살인과 같은 끔찍한 '사건'이 벌어지지 않는 이상 관심의 대상이 되지 않는다. 치매 '이전'의 관리와 치매 '이후'의 책임, 완전한 독립(정상)과 완전한 의존(중증치매)이 대립하는 가운데, 그 사이에 있는 삶에 대한 이야기들은 기이하게 사라진다. 완전한 독립과 완전한 의존 사이에도 지속되고 있을 사회적 관계들과 삶의 모습들의 자리를 대신하는 것은, 멍하니 앉아 죽음을 기다리는 노인의 이미지일지도 모르겠다. 치매에 걸리게 된 당신의 미래는 주어가 될 수 없는 삶이다. 삶은 죽음이 오기 전에 치매와 함께 사라진다.

돌봄: 삶을 삶으로 만드는 제스처들

어머니가 당신을 아직도 알아보나요?Does she still recognize you?

미국의 인류학자 자넬 테일러는 〈인정, 돌봄, 그리고 치매에 대하여〉[5]라는 글에서 자신의 어머니가 치매를 앓고 있다는 사실을 아는 주위 사람들이 반복적으로 던지는 이 질문에 대해 의문을 제기한다. 단순히 어머니의 상태를 묻는 이 질문에서 테일러는 누군가를 알아보는recognize 능

5 Janelle Taylor (2008), "On Recognition, Caring, and Dementia", *Medical Anthropology Quarterly* 22(4).

력, 다른 사람을 고유한 개인으로 기억하고 그 사람과 개인 대 개인으로 관계를 지속할 수 있는 능력이 서구 사회에서 고유한 인격personhood을 가진 사회적 성원으로 승인되는be recognized 조건이라는 암묵적인 전제를 발견한다. 그러한 관점에서 볼 때 딸을 '더 이상' 알아볼 수 없는 어머니의 사회적 성원으로서의 삶은 이미 종료된 것처럼 보일 수 있다. 그녀가 더 이상 친구들을 기억하지 못하게 되었을 때 그 친구들이 모두 사라졌던 것처럼.

테일러는 요양원에 있는 어머니를 방문할 때마다 어머니가 자기를 "손님stranger!"이라고 부르는 것을 보며 돌이킬 수 없는 인지능력의 상실을 발견하는 대신, 여전히 친근한 방문객으로 자신을 기억할 수 있는 사람을 발견한다. 앞뒤가 맞지 않지만 어떻게든 이어지는 어머니와의 대화 속에서 대화는 우리가 흔히 생각하는 것처럼 '의사소통'이 아니라 서로 말을 '주고받는' 제스처라는 것을 깨닫기도 한다. 카페테리아에서 조심스럽게 쿠키를 반으로 나누고 빵 부스러기를 냅킨으로 치우는 어머니를 보면서는 항상 공평하게 식사를 분배하던, 어머니로서 자신을 돌보던 그녀의 몸에 밴 습관들을 발견한다. 누군가를 하나의 인격, 혹은 사람으로 만드는 것은 그 사람이 가진 인지능력이 아니라 지금 이 순간을 살아가고 있는 그 사람에 대해, 그리고 그 사람과 내가 주고받는 제스처들에 대해 내가 기울이는 관심attention, 무의미해 보이는 그 사람의 몸짓들이 의미를 가지게 하는 관계와 돌봄의 제스처라는 것이다. 여기서 테일러는 돌봄에서 다른 사람의 필요와 욕구를 파악하고 이를 충족할 수 있도록 하는 활동이라는 측면보다, 그러한 과정의 근간이 되는 관심과 배려의 측면에 보다 초점을 맞춘다. 그러한 관심은 그 사람이 무엇을 '필요로 하는가'를 파악하고 해석하기 위해 주의를 기울이는 것뿐 아니라, 그 사람이 살아가고 있는 지금 여기, 이 순간에 나와 그 사람이 주고받는 제스처들에 주의를 기울이는 것이기도 하다.

관심과 배려에 대한 이러한 강조는 치매환자 돌봄에 있어 '인간중심적 돌봄'에 관한 논의와도 연결된다. 치매에 대한 지배적인 의료적 패러다임에 문제를 제기하면서, 톰 키트우드는 우리가 흔히 치매의 '증상'이라고 생각하는 행동 문제들이 단순히 신경학적 문제에서만 비롯되는 것이 아니라, 그들을 대하는 다른 사람들의 태도에 영향을 받는 가운데 그들과의 부정적인 상호작용 과정 속에서 생겨나며, 그들의 좌절된 욕구가 표현되는 방식이 다시금 치매의 '증상'으로 해석되면서 문제적인 상호작용이 더 강화되고 '증상'이 악화되는 과정이 지속된다고 지적한다.[6]

지배적인 의료 패러다임의 문제는 치매환자의 행동을

어떤 의미나 감정의 표현이나 상호작용의 결과물이 아니라 치매의 증상으로 환원한다는 점이다. 이런 관점에 따르면 치매환자의 행동은 의미를 가진, 해석되어야 하는 행동이 아니라 통제되거나 약물의 도움으로 조절되어야만 하는 것이 된다. 치매환자가 하릴없이 집 안을 서성이는 것처럼 보일 때 이를 '배회'라는 '문제행동'으로 이름 붙이는 것이나, 돌보는 사람이 명확하게 알 수 없는 이유로 심하게 화를 낼 때 환자가 '공격성'을 보이기 시작했다고 말하는 것은 환자의 행동에 숨겨져 있을지도 모르는 의미에 주의를 기울일 수 없게 만든다. '인간중심적 돌봄'에서 강조되는 것은 그 모든 행동들을 단순히 치매라는 질병의 '증상'으로 보는 것이 아니라, 돌보는 사람을 포함해 그들을 둘러싼 환경에 대해 환자 개인이 반응하는 방식임을 인지해야 한다는 것이다. 그 삶을 삶이 아니게 하는 것은 '우리'가 가진 편견이라는 것을 인식하는 것이 인간중심적 돌봄의 출발점이다. 이러한 관점을 가진 연구자들은 인지능력이 소실된 후에도 남아 있는, 치매환자들의 행동을 통해 표현되는 그들의 내면과 자아감각, 삶의 역사와 감정 등의 문제에

6 Tom Kitwood (1997), *Dementia Reconsidered: The Person Comes First*, Open University Press.

주의를 기울인다. 배려와 관심은 이러한 해석을 가능하게 하는 조건이기도 하다. 이를 통해서만 치매환자의 삶은 의미를 가진 삶이 될 수 있을 것이다.

일상적인 돌봄 상황에서 이러한 배려와 관심을 지속하는 것은 쉽지 않은 일이다. 글의 서두에서 테일러는 자신이 어머니와 일상을 함께하며 그녀를 돌보는 주조호자였던 적이 없다고 언급한다. 테일러가 관심과 배려를 잃지 않고, 작은 몸짓에 대해 집중할 수 있었던 것은 어쩌면 그녀가 환자의 일상을 돌보는 고단함이나 치매환자 돌봄에 종종 수반되는 사회적 고립을 항시적인 삶의 조건으로 경험하지 않아도 되었기 때문일 수도 있다. 이에 더해 그녀의 어머니가 이전부터 가지고 있던 좋은 성품과 유머감각을 계속 유지하고 있었다는 점 역시 테일러가 어머니와 주고받는 말과 어머니의 몸짓이 가진 의미를 기꺼이 음미하는 데 도움이 되었을 것이다. 로렌스 코헨은 그녀의 글에 대한 논평에서 이렇게 관심과 배려를 통해 '삶'으로 만들어질 수 있는 치매환자의 삶이란 어쩌면 그렇게 관심을 쏟을 수 있는 조건에 있는 돌봄제공자를 가진, 상대적으로 적절하게 행동하는 (어떤 이는 '예쁜 치매'라고 부를) 치매환자에게만 가능한 것은 아닌가 하고 질문한다.[7] 이런 해석과 성찰은 그 상황 자체에 몰입하기보다 어느 정도 거리를 둘 여유가 있을 때에만 가능한 것은 아닐까? 특히 집에서 하루 대부분의 시간을 치매환자와 둘이 보내게 되는 가족들이 일상의 사소할 수도 있는 충돌 속에서 끝나지 않을 것만 같은 미래를, 이미 돌이킬 수 없는 과거를 동시에 보며 서글픔과 막막함을 느낄 때, 그리고 그 충돌의 순간에 치매환자에 대한 것인지, 자신의 현실에 대한 것인지, 혹은 주조호자에게 모든 돌봄 책임을 맡겨버린 다른 가족에 대한 것인지 알 수 없는 분노를 느낄 때, 지금 이 순간에 주의와 관심을 기울이라는 말은 불가능한 것을 요구하는 것처럼 보이기도 한다.

어쩌면 테일러의 이야기나 '인간중심적 돌봄'에 대한 이야기들에서 우리가 얻어야 할 것은 치매환자를 우리가 어떻게 대해야 하는지에 대한 것만은 아닐 것이다. 그들의 삶을 삶이 되지 못하게 만드는 것은 치매에 대한 우리의 선입견 때문만은 아닐지도 모르겠다. 돌보는 이들이 그 삶의 순간들에 집중하고 다른 의미들을 만들어내는 과정을 지속할 수 있기 위해 필요한 것은 단지 치매환자도 '우리와 같은 사람이다'라는 인식의 전환뿐 아니라, 그러한 주의와 관심을 기울일 수 있는 조건, 시간과 여유, 그리고 돌봄의

7 Lawrence Cohen (2008), "Politics of Care: Commentary on Janelle S. Taylor, 'On Recognition, Caring, and Dementia'", *Medical Anthropology Quarterly* 22(4).

경험에 대해 이야기할 수 있는 장소, 돌봄을 지속가능하게 하는 자원을 포함해야 한다. 치매환자를 어떻게 돌볼 것인가에 대한 논의는 돌봄의 대상으로서의 치매환자를 누가 '책임'질 것인가에 대한 협소한 논의에서 벗어나, 구체적인 일상 속에서 그 삶을 삶으로 존재하게 하는 돌봄의 제스처들이 가능하려면 무엇이 필요할지에 대한 것으로 확장될 필요가 있다. 요양시설을 확충하고 그 안에서 돌봄의 질을 높이는 방식으로 돌봄의 기반을 확충하는 것 역시 그러한 논의의 일부가 될 것이다. 하지만 돌봄의 과정, 돌보는 사람과 돌봄을 받는 사람의 관계, 그리고 돌보는 사람의 경험과 그들이 필요로 하는 돌봄 등에 대해 구체적으로 사유하지 않는다면, 돌봄의 사회화는 그저 돌봄의 손을 바꾸는 것 이상이 되지 못할지도 모른다. 단순히 돌봄의 손을 바꾸는 것이 아니라, 치매환자도 자신의 '삶'을 살 수 있게 하는 돌봄의 미래를 어떻게 그려낼 수 있을까?

시인과 즉흥코미디언: 치매환자 가족에게서 배우기

매체를 통해서 접하게 되는 치매환자 가족의 이야기는 크게 두 가지로 수렴된다. '간병살인'으로 대표되는 간병의 고통에 대한 르포식의 이야기, 혹은 '가족의 사랑'으로 치매를 '극복'하는 인간극장식의 미담이 그것이다. 그 둘 모두 치매환자를 돌보는 사람들의 이야기이고, 어떤 방식으로든 우리에게 치매와 함께하는 삶이 어떤 것인지 혹은 어떤 것이 되어야 할지를 고민하게 해준다는 점에서 중요하다. 하지만 치매환자를 돌보는 사람들이 고단한 일상 속에서 그 고통스러운 삶을 조금이라도 살아갈 만한 것으로 만들기 위해 어떤 노력과 실험들을 하고 있는지에 대한 이야기는 치매환자 가족들이 쓴 몇 권의 책을 제외하고는 의외로 찾아보기 힘들다. 돌보는 사람들의 이야기는 그들이 매일 직면하는 윤리적 고민과 일상적 갈등 속에서 찾아낸, 완벽하지는 않지만 창의적인 해결책들을 통해 치매와 함께하는 삶이 어떻게 가능할 수 있을지 생각하는 데 도움을 준다.

한 치매지원센터의 교육 프로그램을 통해 알게 된 A씨는 치매환자의 내면에 개입할 수는 없지만 치매환자가 만들어내는 상황에 대한 판단을 유보하고 그 상황을 하나의 현실로 인정하는 방식을 배운 듯했다. 처음 만났을 때 그녀는 상당히 격앙되어 있었다. 시어머니를 모시고 온 그녀는 시에서 보급하고 있는 GPS배회추적기를 신청하려고 치매지원센터에 들른 참이었다. 마침 교육시간이었던 터라 잠시 이야기를 듣고 가라고 직원들이 권했던 것 같았는데, 밖에서 시어머니와 마찰이 있었던지 기분이 좋지 않아 보였다. 그녀에게 자기소개와 환자의 상태에 대한 이야기를 요청하자 그녀는 커다란 선언을 할 것처럼 한 번 숨을 깊이 쉬더니 입을 열었다. "여기 안 계시니까 그냥 편하게 말할게요. 저희 시어머니는 똥칠을 하세요." 그 자리에 있던 한 참가자가 자신도 비슷한 경험을 한다며, 그것 역시 본인이 '뒷처리'를 하고 싶은 생각 때문에 생기는 문제라고 이야기하자 그녀의 마음도 좀 풀어진 듯했다. 하지만 그 세션이 끝나기 전에 시어머니는 며느리를 찾기 시작했고, "저희 어머니가 잘 통제가 안 되시나봐요" 하며 그녀는 자리를 떴다. 그다음 세션에 A씨는 다시 시어머니와 함께 센터를 찾았고, 남은 프로그램 기간 동안 상당히 적극적으로 토의에 참여했다. 교육기간이 끝날 때쯤에는 그녀도 시어머니도 모두 표정이 좋아 보였다. 두 분 모두 전보다 많이 좋아 보이신다고 인사를 건네자, 그녀는 자신이 예전처럼 하나하나 통제하지 않으려 하고, 시어머니도 문제를 덜 일으키고 있다며 웃었다. 그리고 그녀가 시어머니에 대해 내게 건넨 말은 그녀의 변화를 더 잘 보여준다. "우리 어머니는 시인이세요." "네? 시를 쓰시나요?" 하고 되묻는 내게 그녀는 웃으며, "망상이 있으셔서 사실이 아닌 일을 가지고 하루에 두어 번쯤 소동을 일으키시는데, 그걸 '소설'이라고 말하기는 좀 그렇고 '시인' 정도가 적절한 표현인 것 같다" 라며, "어머니를 그냥 '환자'라고 부르긴 좀 그렇다"라고 말했다.

어떤 말이나 행동을 '망상'이라고 하는 것은 그 사건을 치매의 '증상'으로 해석하는 일이다. 어떤 가족들은 망상에 대해 이야기하면서 환자들이 감쪽같은 '거짓말'을 한다고 말하기도 한다. 자신의 물건을 어디에 두었는지 잊어버린 채 가족 중 한 사람이 그것을 훔쳐갔다고 비난하는 치매환자의 '도둑망상'에 대한 이야기는 치매 돌봄에 대한 지침서에 종종 사례로 등장할 만큼 흔한 현상이다. 아무리 치매 증상이라고 해도 범인으로 지목되는 가족의 입장에서는 상처가 되는 일일 수밖에 없다. 환자가 기억할 수 없는 시간이나 상황을 다른 이야기들로 채우는 것이라는 설명을 들어도, 그 순간의 당혹스러움이나 불쾌한 감정들이 사라지는 것은 아니다. 게다가 이러한 상황이 집이 아닌 다른 곳에서 발생했다면 더욱 곤혹스러울 것이다. A씨의 시어머니가 버스 안에서 누군가가 자기를 치고 갔다고 착각하고 화를 내며 소동을 일으켰을 때처럼 말이다. A씨는 약간은 유머러스하게 그런 시어머니를 '시인'이라고 불렀다.

시나 소설 같은 문학 장르들은 현실을 있는 그대로 재현하는 것이 아니라, 어떤 상상과 정동들을 통해 현실이 아닌 어떤 새로운 세계를 구성하여 독자를 그 안에 끌어들인다. 시어머니의 망상으로 인해 잠시 동안 만들어진 시어머니만의 다른 세계가 다른 이들이 살고 있는 '현실' 세계와 다르기 때문에 벌어지는 소동, 시어머니가 순간적으로 구성한 이야기 내의 정합성, 그 자리에 있는 그녀가 시어머니의 이야기에 속고 그 세계에 동참하지만 그것이 실제 벌어진 일(치고 간 사람이 없었다)과는 다르다는 것을 알게 되면서 느끼는 당혹스러움, 그것이 연행enact되는 순간에만 존재하는 세계, 그리고 그 순간의 강렬함이 그 상황을 시나 소설의 한 장면처럼 만드는 것일지도 모르겠다. 하나의 서사 속에서 각각의 사건이 의미 있는 것으로 연결되는 소설 속의 사건과 달리, 그것이 연행되는 순간에만 일시적으로 존재하지만 강렬한 정동을 불러일으키는 사건이라는 점에서 그 돌발행동은 시적 장면에 더 가까울 수도 있겠다. 망상의 세계와 우리가 '현실'이라고 부르는 세계가 두 개의 다른 세계로 존재하는 것이 아니라 그 망상의 세계가 '현실' 세계를 살고 있는 이들을 일시적으로 끌어들이는 사건이라면, 주위에 있는 다른 이들 역시 시시비비를 가리는 대신 그 장면을 하나의 연행으로 받아들이고 일시적으로 동참함으로써 더 큰 갈등 상황을 발생시키지 않고 종결시킬 수도 있을 것이다. 이 연행이 끝난 후 그 세계는 사라지지만, 그 연행이 벌어지는 동안에 주위 사람들이 어떤 방식으로 참여할 것인지는 문제가 된다. 환자의 연행에 주위 사람들이 참여하면서 만들어내는 정동은 환자에게서 다른 반응을 이끌어내기 때문이다.

이런 연행은 대본 없이 아주 간단한 설정만이 주어진 상태에서 애드리브만으로 연기를 진행하는 즉흥코미디improv comedy와도 유사하다. 역시 즉흥코미디를 하는 남편과 함께 치매에 걸린 어머니를 돌보고 있는 미국의 즉흥코미디언 캐런 스토비는 치매환자를 어떻게 대해야 하는지에 대한 가이드북을 보던 중 그 모든 원칙들이 즉흥연기의 원칙들과 일치하는 것을 발견했다고 말한다. 이에 착안해 그녀는 즉흥코미디를 배울 때 사용하는 다양한 테크닉들을 활용한 트레이닝 프로그램을 만들기도 했다.[8] 즉흥코미디 수업 입문자에게 처음 소개하는 게임은 "Yes, and(그래요. 그리고)"로 말을 이어가는 것이다. 상대방이 어떤 이야기를 하든 그것을 일단 수긍하고 거기에 살을 붙인다. 치매환자의 현실을 거짓된 것으로 기각하는 대신, 거기에 살을 붙여나가며 이야기를 주고받는 것을 하나의 연극처럼

8 Karen Stobbe, *In the Moment: Creative Ideas for Training Staff*, 2003, http://www.in-themoment.com/

만들어보는 것은 어떨까 하고 제안하는 것이다. 물론 스토비 본인도 그것이 쉽지만은 않음을 인정한다. 어머니로부터 어느 정도 거리를 유지할 수 있는 남편과는 달리 어머니의 과거를 기억하는 자신은 남편처럼 이 연극을 잘할 수 없다는 것이다. 그럼에도 이 부부는 치매가 아니라 그 순간에 벌어지고 있는 일들과 환자와 주고받는 제스처 그 자체에 집중하는 것을 조금은 순진무구한 마음으로 즐길 수 있는 가능성을 이야기한다. 그러한 유희적 제스처들이 돌봄의 어려움을 사라지게 하지는 않겠지만 적어도 어떤 부분들은 달라질 수 있으리라는 것이다.

이러한 이야기들은 치매환자와의 일상적 소통이 메시지의 정확성에 대한 것이 아니라 제스처를 주고받는 그 행위와 그 속에서 생겨나는 정동의 문제에 관한 것이라는 점을 강조한다. 이들의 이야기에서 연행적 성격에 주목하는 것은 치매환자와의 소통이 단순한 연기가 되어야 한다는 의미에서가 아니라, 그들이 내놓는 무의미해 보이는 말이나 제스처들 역시 의미 있는 하나의 장면을 만들어낼 가능성을 보여주기 때문이다. 그 가능성이 실현되는 것은 물론 타인의 참여에 의해서이다. 그들을 둘러싼 사람들이 그들의 제스처에 반응할 때 치매환자들의 삶 역시 현재성을 가진 삶이 될 수 있다. 또, 지금 이 순간 나와 함께 있는 누군가의 제스처에 집중하고 긍정하며, 그 순간에 동참하는 훈련은 치매에 걸릴지도 모를 내 주위의 누군가를 위해 나를 준비시키는 것이 될 수도 있다. 나를 치매 때문에 돌봄을 받는 사람의 입장에 두어 본다면, 이렇게 반응해줄 수 있는 몸을 가진 사람들의 가치는 꽤나 크게 느껴질 것이다.

돌봄의 관계, 책임에서 감응가능성으로

글을 열면서 소개했던 샤이크의 이야기로 돌아가보자. 그녀가 준비하는 것은 돌봄을 잘 받기 위한 몸을 만드는 것이다. 치매 진단 이후의 삶, 우리가 두려워하는 완전한 의존과 우리가 정상이라고 생각하는 독립적인 상태 사이를 연결하고 있는 어떤 시간들을 지켜보고, 그 시간 동안 그 사람 주위에 있던 경험에서 그녀가 얻은 통찰은, 좋은 돌봄은 단지 돌보는 사람의 인내와 헌신만으로 완성되는 것이 아니라는 것이다. 또한 돌봄의 과정 자체가 돌봄을 받는 사람과 돌보는 사람이 상호작용하는 과정이라는 것이다. 치매 진단 이후에는 할 수 있는 것들이 점차 사라져가지만 삶은 지속되고 그 삶은 타인의 돌봄을 필요로 한다. 독립적으로 모든 일을 처리할 수 없게 된 이후의 삶은 어떻게 만들어질 수 있을까. 여기서 샤이크는 돌봄을 받는 몸이 비록 돌보는 이들에게 의존하고 있지만, 그럼에도 어떤 방식으로든 돌보는 몸과 상호작용을 하고 있다는 사실에 주목한다. 어떤 습관들을 기억하고 특정한 방식으로 움직이며 주위 상황에 반응하고 주위에 에너지를 전달하는 것이 몸이라면, 결국 좋은 몸을 만드는 것, 돌봄을 더 쉽게 받을 수 있는 몸을 만드는 것은 혼자 할 수 있는 일이 줄었을 때를 위한 준비가 될 것이다. 멍하니 있는 환자에게 무슨 활동을 시킬지 몰라 곤혹스러워 할 간병인을 떠올리며 종이접기를 배울 때, 그녀는 훗날 자신을 돌볼 사람과의 파트너십을 상상한다. 그녀가 말하는 더 나은 사람이 되는 것은 그 자체로 아름다운 '내면'을 가지고 있는 사람이 되는 것이 아니라, 돌보는 사람들을 '사랑'할 수 있는, 또는 '사랑'하는 것처럼 보일 수 있는, 타인의 돌봄에 대해 기분 좋은 방식으로 반응하는 몸을 가지는 것이다. 물론 치매 발병 이후 이전과는 판이하게 성격이 변하는 경우도 있고, '빛나는 영혼'이 제대로 보여질 것이라고 확신할 수 없지만, 적어도 그것을 기도하며 살아갈 수는 있다. 잃을 게 무엇이 있는가?

오랜 시간 동안 치매 돌봄의 현장을 연구해온 학자들은 치매환자들의 "체현된 자기표현embodied self-expression"에 관심을 가져야 한다고 지적한다. 사회적 에티켓이나 제스처, 외모에 대한 관심, 친근감의 표현이나 종교적, 예술적 활동에 대한 몰두 등이 일종의 몸에 밴 습속으로 치매환자들의 일상 속에서 드러나는 것을 간과해서는 안 된다는 것이다. 콘토스와 내글리는 요양원의 다른 환자들을 여러 차례 때린 적이 있는, '공격적인' 한 알츠하이머병 환자의 사례를 소개한다.[9] 혼자서 밥을 먹거나 언어로 의사소통을 하는 것이 거의 불가능한 수준이었던 이 환자는 공격성을 유독 식당에서만 나타냈다. 이를 주의 깊게 보던 요양원의 직원들은 그의 폭력이 오직 다른 환자가 모자를 쓴 채로 식탁에 앉을 때만 일어난다는 것을 발견했다. 직원들이 발견한 또 한 가지 사실은 이 환자가 식당에 들어설 때 항상 모자를 벗는 습관이 있다는 것이었다. 이러한 상황들을 연결해보면서 직원들은 모자를 쓰고 테이블에 앉는 것은 그가 보기에 예의 바르지 못한 행동이었고, 언어능력이 거의 상실된 그가 (최선은 아니겠지만) 그 결례를 지적하기 위해 한 행동이 상대방에 대한 물리적 폭력으로 나타났다고 해석할 수 있었다. 다른 이의 머리를 때리는 부적절하고 공격적

9 Pia Kontos and Gary Naglie (2009), "Tacit Knowledge of Caring and Embodied Selfhood", *Sociology of Health & Illness* 31(5).

인 행동 자체에만 주목하고 그것을 단순히 치매의 '증상'으로만 읽어낸다면, 이 행동은 단순히 통제되어야 할 '문제행동' 혹은 '정신행동증상'으로 치부되었을 것이다. 그러나 관찰하는 이들이 이 '문제행동'과 그 사람이 가진 버릇 사이의 연관고리를 만들어내자 그 행동은 의미를 가진 이야기가 되고, 동시에 문제를 해결할 수 있는 실마리를 제공해주기도 한다. 이제 혼자 식사를 하는 것조차 불가능해진 그가 여전히 식당에 들어설 때면 모자를 벗는다는 사실은 삶 속에서 만들어진 몸의 습속들, 자아의 일부분을 구성하는 어떤 것들은 치매로 인해 완전히 사라지지 않는다는 것을 시사한다. 이 사례는 개개인의 치매환자가 이전의 삶의 흔적들을 가진, 혹은 그 흔적들에 의해 만들어진 몸을 가진 사람들이라는 것을, 그 몸의 사소한 행동들이 사실은 그 사람의 삶을 이어가는 방식임을 인지하고 거기에 주의를 기울여야 함을 가르쳐준다.

치매는 사람이 가진 속성을 갑작스럽게 없애지 않으며, 그 사람의 몸은 치매에 의해 손상된 뇌를 담는 그릇이 아니다. 그 몸은 행동하고 반응하며 다른 반응들을 이끌어낸다. 그들의 내면에 어떤 생각이 있는지, 그 행동들이 그들의 내면을 어떤 방식으로 '표현'하는 것인지 말하기는 어렵지만, 그 캐릭터들은 구체적인 사회적 상호작용 속에서 말투, 표정, 제스처 등을 통해 계속적으로 드러나고, 다른 이들을 자극하거나 다른 이들에게 호의적으로 수용되면서 관계 안에서 그 사람 자체로 인지된다. '표면'으로 드러나는 행동들은 다른 이들의 정동적 반응을 이끌어내며 관계의 동학을 만들어나간다. 그것이 좋든 나쁘든 말이다.

치매환자가 여전히 느끼고 반응하는 사람인 것처럼, 치매환자를 돌보는 사람들 역시 느끼고 반응하는 사람들이다. 아버지가 다른 이들을 사랑하기에 그의 주위에 있는 것이 즐거운 일이었다는 샤이크의 말은 돌봄관계에서 돌봄을 받는 사람이 행하는 역할도 분명히 존재한다는 것을 보여준다. 돌봄을 받는 사람의 웃음, 한숨, 작은 제스처 하나하나가 돌보는 이들에게는 그들에 대한 '인정'이 되기도 한다. 돌보는 사람이 돌봄을 받는 사람의 세계를 인정하는 제스처를 취한다면, 돌봄을 받는 사람 역시 말, 표정, 혹은 제스처를 통해 그 돌봄이 무엇인가를 하고 있음을, 그리고 돌보는 사람이 가치 있는 일을 하고 있음을 인정하는 제스처를 취하고 있는 것이기도 하다.

돌보는 사람을 편하게 만들고 그들의 돌봄을 긍정해줄 수 있는 몸을 만들기 위한 샤이크의 프로젝트는 삶의 시간 속에서 만들어진 몸이 미래에 혹시 자신이 치매에 걸렸을 때 자신을 돌봐줄 이들과 함께 살아가는 상황에 대한 상상에서 시작되었다. 그녀는 많은 부분 인지능력이 소실되어 자신의 의지대로 행동할 수 없는 상황에서도 발휘될 수 있는 행위자의 능력 같은 것을 기대하고 있는 듯하다. 그것은 실패할 수도 있지만 내가 기억하거나 인지할 수 없는 어느 순간, 나를 돌보고 있는 누군가를 도울 수 있을지도 모른다. 몸에 밴 습관에서 비롯되는 작은 제스처들이나 미소 같은 것에서—물론 그것을 지금의 노력으로 통제할 수 있다고 단언할 수 없지만—그녀를 돌볼 누군가는 돌봄에 대한 보상을 찾을지도 모른다. 시간차를 가지고 그녀가 만들어가고자 하는 몸은 어떤 의미에서는 잘 반응할 수 있는 능력을 가진 몸이다. 그것은 적극적으로 무엇인가를 계획하고 행동함으로써 생산하는 몸은 아닐지도 모르지만, 의미와 가치, 그리고 좋은 돌봄의 파트너를 생산하는 몸이다. 돌봄의 파트너는 그 몸의 반응들을 인지하고 거기에 반응하며 돌봄을 받는 사람의 삶을 다른 방식으로 생기 있게 할 것이다. 치매가 진행됨에 따라 변화하는 몸의 반응들에 따라 돌보는 사람은 자신의 반응의 방식들, 반응을 읽어내는 방식들을 지속적으로 재조정하게 될 것이다.

돌봄의 관계, 특히 치매환자와의 그것처럼 우리가 일상적인 인간관계에서 가정하고 싶어 하는 합리적이고 투명한 언어적 의사소통에 대한 환상을 유지하는 것이 불가능한 관계에서는, 그 관계를 구성하고 있는 사람들이 서로의 다름에도 불구하고 서로의 반응에 대해 민감하게 반응할 수 있는 능력이 필요하다. 완전한 '이해'는 불가능하지만 그 불가능성에도 불구하고 상대가 내게 응답하고 있다는 것, 혹은 나의 응답을 초대하고 있다는 것을 느끼고 응답하는 능력. 해러웨이는 이러한 능력을 '감응가능성 response-ability'이라고 부르면서, 이를 통해 '책임responsibility'을 재사유할 것을 제안한 바 있다.[10]

책임이라는 말은 어떤 일을 맡아서 해야 할 의무, 그리고 그 일을 맡아서 했을 때 결과에 따르는 비난이나 부담을 감당해야 할 의무 등을 뜻한다. 이 말은 종종 책임을 가진 자기 주권적 주체와 책임의 대상이 되는 사물, 혹은 의존적 주체 사이의 비대칭적인 관계를 전제한다. 누군가가 다른 사람에 대해 책임을 진다고 말할 때 책임의 대상이 되는 사람은 취약하고 수동적인 존재로 설정되며, 그 사람의 불행이나 행복은 책임지겠다고 나선 사람의 행동의 '결과'로만 드러나게 된다. 하지만 돌봄의 관계는 누군가를 부담해야 할 의무와 그 결과에 따르는 도덕적인 평가를 감수해야 할 의무 이상을 포함한다. 실제 돌봄의 장면은 돌보는 사람과

10 Donna J. Haraway (2008), *When Species Meet*, University of Minnesota Press.

돌봄을 받는 사람이 끊임없이 상호작용하며 서로를 만들어내는 과정이며, 이 과정은 돌보는 사람이 상대가 말로 표현하지 않거나 못하는 것을 느끼고 이에 대해 응답하고, 또 돌봄을 받는 이가 돌봄의 제스처들에 대해 응답하면서 만들어지고 지속된다. 여기에서 정도의 차이는 있지만, 돌보는 사람과 돌봄을 받는 사람 모두, 서로에게 반응하고 서로의 반응을 초대하는 일종의 능력을 발휘할 것이 요구된다. 여기서 '능력'이라는 말을 사용하는 것은 어떤 사람이 가지는 특별한 재능이나 자질 같은 것을 가리키기 위한 것은 아니다. 이는 오히려 돌보는 쪽과 돌봄을 받는 쪽 모두가 서로를 (완벽할 수 없지만) 읽어내고 그 상황에 반응하며 다른 이의 반응을 적극적으로 초대함으로써만 돌봄이 지속될 수 있다는 것, 그러기 위해 그들은 모두 반응할 수 있는, 혹은 감응할 수 있는 몸이어야 한다는 것을 강조하기 위함이다. 이러한 과정에서 돌보는 사람과 돌봄을 받는 사람은 돌봄의 관계에 대한 책임을 사실상 상대방과 '함께' 행하게 된다.

감응가능성은 구체적인 상황에서 양쪽 모두에게 요구되는, 혹은 양쪽 모두가 발휘하는 서로에 대한 민감성, 관심, 응답하고 응답을 초청하는 능력을 가리킨다. 이렇게 볼 때 돌봄은 서로의 근본적인 차이에도 불구하고 관계 안에서 서로에게 반응하고 그 반응에 응답하게 하는 민감성, 그리고 각자의 몸이 경험하는 감각적인 세계에 대한 관심과 이 경험을 조금 더 나은 것으로 만들고자 하는 고민, 그리고 그 고민에 대해 응답할 수 있는 가능성 또는 능력을 통해 만들어지는 것이다. 동시에 이러한 능력은 주어진 것이라기보다 돌봄의 과정을 통해 얻게 되는 것이기도 하다. 돌보는 사람뿐 아니라 돌봄을 받는 몸 역시 감응가능한 몸으로 이 관계에 참여한다. 샤이크가 본 것은 주위 사람들이 그 곁에 있고 싶게 하는 아버지의 능력이었고, 그녀는 더 나은 사람이 됨으로써 자신도 그와 같은 감응가능한 몸을 만들 수 있다고 믿는다. 하지만 아버지의 친밀한 제스처들은 그것을 친밀한 것으로 받아들이고 반응하는, 돌보는 이들에 의해 완성되는 것이기도 하다. 치매환자가 보인 희미한 표정이나 제스처는 상대를 초대하고, 돌보는 사람의 민감성은 그 표정과 제스처에 반응하며 그 초대에 응답한다. 결국 감응가능성은 돌보는 사람과 돌봄을 받는 사람 각자가 가지고 있는 능력이라기보다는 그들이 함께 있는 관계 안에서 만들어지고 지속되는 어떤 가능성이라고 하는 것이 더 타당할 것이다. 응답할 수 있는 능력, 감응할 수 있는 능력에 대한 논의는 책임과 그 결과에 대한 준엄한 선언과는 달리, 함께 있는 공간에서 서로가 서로를 만들어가는 과정, 그 과정에 대한 민감성과 관심에 대한 것이며, 돌봄을 받는 사람을 소외시키는 대신 그들이 관계 안에 참여하는 방식에 주의를 기울이게 한다.

의미 있는 삶을 지속하기 위해 치매를 예방하라는 관리 담론이 강조하는 자기책임성이나 그 노력에도 불구하고 (혹은 그 노력이 없어) 실패한 몸을 국가가 책임지겠다는 가부장적 복지국가의 약속은 '원거리에서 돌보는' 방식으로 책임을 이야기하는 두 가지 방식이다. 치매환자에 대한 돌봄의 문제를 환자 가족이나 돌봄노동자가 수행해야 하는 수발로 환원하는 것 역시 치매환자를 특정한 공간에 격리하는 것을 전제로 한다는 점에서 문제적이다. 자기주권을 가지고 자기책임을 다하는 시민적 주체와, 개인이나 가족이 '감당'할 수 없는 부담으로서의 치매환자가 치매에 대한 이야기의 전부가 된다면 치매 이후의 삶을 상상하는 것은 불가능하다.

치매에 걸릴 준비를 하는 것, 혹은 내 주위의 누군가가 치매환자가 된 후에도 관계를 지속하기 위해 준비한다는 것은 치매가 예방되고 대비되어야 하는 불운이 아니라 함께 살아가야 하는 삶이라고 상상할 때에만 가능하다. 치매 이후의 삶은 의지와 자기주권을 가지고 적극적으로 의미를 생산하는 것으로 상상되는 근대적 주체의 삶과는 다른 종류의 삶이다. 그 삶은 돌봄 속에서, 관계 안에서, 감응가능성에 의해 유지된다. 누군가가 그 삶에 대한 일방적인 '책임'을 지기 때문이 아니라, 돌봄의 관계 안에서 그 환자가 다른 이의 삶을 초대하고 또 다른 이가 그 초대에 응답하면서 그 사람의 행동들이 의미를 생산하게 되기 때문이다.

치매환자의 삶을 앗아가는 것은 치매 그 자체가 아니라 삶, 돌봄, 관계에 대한 협소한 이해일지도 모른다. 감응가능성을 윤리적인 관계의 근본적인 조건으로 사유하는 것은 돌봄과 의존이 삶의 근본적인 조건임을 인정하는 데서 출발한다. 여기서 돌봄과 의존의 관계는 그 비대칭성에도 불구하고 서로가 주고받는 제스처들 속에서 의미가 만들어지는 상호적인 주고받음의 관계이다. 치매환자의 돌봄에 대한 이야기들은 간병의 어려움과 절망에 대한 이야기들뿐 아니라, 그러한 작은 제스처들의 대화 속에서 각각의 순간에 집중하며 상대를 초대하고 관계에 참여하는 몸들에 대한 이야기이기도 하다. 감응가능성이 돌봄에서 핵심적인 것이라고 할 때, 치매 이후에도 좋은 돌봄의 파트너가 될 수 있는 몸을 상상하는 것은 돌봄의 관계 안에 스스로를 위치시킬 수 있는 상상력, 그리고 그러한 상상을 가능하게 하는 돌봄의 경험과 관심일 것이다. 샤이크가 치매에 걸릴 준비를 상상할 수 있었던 것이 돌봄에 참여하는 과정 속에서 가능해진 것처럼 말이다.

돌봄에 참여하는 것은 돌봄을 받아야 하는 나의 미래, 혹은 더 좋은 돌봄의 미래를 상상하는 출발점일 수도 있겠다. 돌봄의 관계 속에서 타인과 나의 삶이 변화하는 것을 목격하게 될 때, 치매 이후의 내 삶 역시 상상할 수 있지 않을까?

돌봄을 통해 다른 방식으로 관계 맺고 미래를 상상할 수 있을 것이라는 말이, 돌봄을 이상주의적으로 낭만화하고 이를 개인의 덕목처럼 이야기하는 것으로 읽히지 않기를 바란다. 돌봄이 가족의 '책임'으로 전가되고 특히 특정 가족 구성원에게 집중되는 상황에서, 거의 종일 치매환자의 돌봄을 전담하는 많은 사람은 다른 사회적 관계로부터 고립된 채 언제 발생할지 모르는 돌발상황에 대한 우려들과 끝없이 반복되는 일상적 충돌들 속에서 한없이 무겁게 느껴지는 시간을 힘겹게 살아내는 가운데 소진되기 쉽다. 서로가 주고받는 제스처들에 집중하고 의미를 찾아내기 위해 필요한 심리적 여유나 거리를 가지기 위해서는 돌보는 사람에게도 시간이, 이야기를 하고 들을 사람들이, 그리고 돌보는 과정을 함께 나눌 사람들이 필요하다는 점은 더욱 강조되어야 한다. 돌봄을 사회화하는 것은 이를 가능하게 하는 필요조건이지만, 그것이 좋은 돌봄과 삶을 보장하는 충분조건이라고 하기는 힘들다.

돌봄에 참여해야 한다고 말하는 것은 단순히 돌봄을 재분배해야 한다거나 모두가 모두에게 의무를 다해야 한다는 규범적 주장만은 아니다. 돌봄을 통해 의존에 대한 공포를 직면하고 치매 혹은 다른 의존적 조건 이후에도 존재하는 삶을 목도할 수 있게 된다면, 돌봄에 참여하는 것은 미래에 대한 불안에 저당잡힌 삶을 살아가는 대신 다른 가능성을 모색할 수 있게 해준다는 점에서 미래에 대한 준비가 될 수 있을 것이다.

시간과 노니는 몸들의 인생 이야기:
나이 들며 아프며 살며

김영옥

에피파니[1] - 내가 나에게 (안) 보여

십대 소녀

십대 소녀인 나?
그 애가 갑자기, 여기, 지금, 내 앞에 나타난다면,
친한 벗을 대하듯 반갑게 맞이할 수 있을까?
나한테는 분명 낯설고, 먼 존재일 텐데.

태어난 날이 서로 같다는
지극히 단순한 이유만으로
눈물을 흘려가며, 그 애의 이마에 입맞춤할 수 있을까?

1 Epiphany. 신적 존재가 인간의 눈앞에 자신의 모습을 나타내 보여주는 것을 가리킨다. 가톨릭에서는 '그리스도의 나타남'을 기리는 1월 6일 공현절(公現節)을 의미한다.

우리 사이엔 다른 점이 너무나 많다.
단지 두개골과 안와眼窩,
그리고 뼈들만 동일할 뿐.

그 애의 눈은 아마도 좀 더 클 테고,
속눈썹은 더욱 길 테고, 키도 좀 더 크겠지.
육체는 잡티 하나 없는 매끄러운 피부로
견고하게 싸여 있겠지.

친척들과 지인들이 우리를 연결해주는 건 분명하지만,
그 애의 세상에서는 거의 모두들 살아 있겠지.
내가 사는 곳에서는
함께 지내온 무리 가운데
살아남은 사람이 거의 없는데.

우린 이토록 서로 다른 존재,
완전히 다른 생각을 하고, 다른 말을 한다.
무슨 일이 벌어질지 그 애는 아무것도 모른다 —
대신 뭔가 더 가치 있는 걸 알고 있는 양 당당하게 군다.
나는 훨씬 많은 걸 알고 있다,
그래서 아무것도 함부로 확신하지 못한다.

그 애가 내게 시를 보여준다.

이미 오랜 세월 내가 사용하지 않던
꽤나 정성스럽고, 또렷한 글씨체로 쓰인 시를.

나는 그 시들을 읽고, 또 읽는다.
흠, 이 작품은 제법인걸.
조금만 압축하고,
몇 군데만 손보면 되겠네.
나머지는 쓸 만한 게 하나도 없다.

우리의 대화가 자꾸만 끊긴다.
그 애의 초라한 손목시계 위에서
시간은 여전히 싸구려인 데다 불안정하다.
내 시간은 훨씬 값비싸고, 정확한 데 반해.

작별의 인사도 없는 짧은 미소.
아무런 감흥도 없다.

그러다 마침내 그 애가 사라지던 순간,
서두르다 그만 목도리를 두고 갔다.

천연 모직에다
줄무늬 패턴,
그 애를 위해

우리 엄마가 코바늘로 뜬 목도리.

그걸 나는 아직도 간직하고 있다.[2]

이것은 노벨문학상 수상자였던 폴란드의 시인 비스와바 쉼보르스카의 시집《충분하다》에 실려 있는 시다. 이 시집은 저자가 세상을 떠난 직후 2012년 4월에 유고집으로 출간되었다. 추측컨대 시인은 죽음을 얼마 앞둔 시점에서 이 시를 썼을 것이다. 세상을 떠날 때 그의 나이는 88세. 이 정도 늙은 여자의 구체적인 모습을 떠올리며 '십대 소녀'라는 제목이 붙은 이 시를 읽다 보면 첫 연부터 마지막 연까지가 압축적으로 써진 한 편의 자서전처럼 읽힌다. 이 자서전의 주제는 시 쓰기, 그리고 무엇보다도 시간이다. 시인은 자기연민에도, 자기애自己愛의 유혹에도 빠지지 않고 거리두기가 보장하는 은근한 유머로 10대 소녀와 80대의 늙은 여자 '사이'에 놓인 시간에 대해 이야기한다.

이 시는 70~80대 노년들이 느끼고 생각함 직한 것들을 단순하고 담백한 언어로 전달한다. 변형된 신체, 달라진

2 비스와바 쉼보르스카 (2016),《충분하다》, 최성은(역), 문학과지성사, 23-26쪽.

피부, 점점 줄어드는 '아는' 사람들의 숫자(그렇게 혼자가 된다!), 삶의 무수한 경험이 데려간 판단유보의 자리 등등. 그리고 시간과의 매우 특별한 관계. 이 나이에 들어선 사람이라면 시간에 대한 생각이나 느낌을 베개 삼아 하루를 마감하고 시작하는 데 익숙해졌을 것이다. 살아온 날들과 살아갈 날들 사이에서 시소가 어느 쪽으로 더 기울고 있는지, 그 사실이 무엇을 의미하는지 짐작하는 것은 지혜까지는 아니더라도 마땅한 앎일 것이다. 이 시가 실려 있는 시집의 제목이 '충분하다'인 것을 나는 이런 관점에서 이해한다. 기울기가 이쯤 되면 살아낸 자기 삶의 이야기를 짜고, 그 이야기의 주제나 음조, 소실점 등을 정하는 게 필요하다는 것을, 이 시의 제목은 그야말로 충분하게 환기시킨다.

모든 자서전적 글쓰기에서 매혹과 동시에 난제가 되는 핵심은 글쓰기의 대상인 과거의 자기와, 그 과거의 자기를 탐색하는 현재의 자기 사이의 간극이다. 쓰는 '나'와 써지는 '나', 이 두 주체는 동일성 속에서 서로를 반영한다기보다 불일치의 모순 속에서 낯설게 조우한다. 자서전적 글쓰기를 시도해본 사람이라면 종종 여러 상이한 감각의 파편들, 잡힐 듯 말 듯 희미하게 스쳐 지나가는 장면들 사이에서 길을 잃어본 경험이 있을 것이다. 어디에서 시작하나, 무엇에서 멈추나, 저 사람은 내게 누구였나…. 그러다 불현듯 선명하게 떠오르는 어떤 이미지가, 낡긴 했어도 오롯이 존재하는 어떤 사물이 안갯속 이정표가 되어 까마득히 잊었던 장소로 자신을 데려가는 것 또한 경험해보지 않았을까.

위에 인용한 시에서 '데우스 엑스 마키나deus ex machina'[3] 처럼 등장해 10대 소녀와 80대 늙은 여성 사이의 간극을 뛰어넘도록 도와주는 것은 목도리라는 사물이다. 이 목도리의 출현으로 시는 한 여성의 고유한 '자아' 이야기를 직조하는 데 성공한다. 목도리는 '저' 10대 소녀와 '이' 80대 여성을 생애사의 동일한 주인공으로 인증해주는 사물이다. 어머니가 손수 짠 목도리는 또한 시라는 형식을 통해 자신의 생애를 짜보고자 시도하는 주체와 환유적으로 만나면서 '자아'의 문제가 '직조하기', 즉 이야기하기의 문제임을 은밀하게 가리킨다. 짜나가는 과정에서 내가 나에게 모습을 드러낸다. 에피파니. 살아갈 날들의 소실점을 응시하며 살아온 날들을 회상할 때 이윽고 모습을 드러내는 '자기'라는 이 사건은 신적 존재의 에피파니와 유비 관계에 있다. 살아낸 삶은 예기치 않은 찰나에 은총처럼 신적인 빛을 발한다. 이것이야말로 벤야민이 '범속한 트임profane

3 극이나 소설에서 가망 없어 보이는 상황을 해결하기 위해 동원되는 힘이나 사건(출처: 네이버 어학사전).

Erleuchtung'이라고 말한 그것이다.[4] 에피파니의 성스러운 이야기를 현실 속 유한한 시공간을 살아온 한 사람의 이야기로 전하는 이 시에서 '목도리'는 바로 그 '범상한' 트임의 성차를 각인하고 있다.[5]

시간을 증언하는 사물들은 가벼운 센티멘탈에서 긴 (사회문화적) 사유로 이끄는 묵직한 정동에 이르기까지 이런저런 감동을 주곤 한다. 이사가 끝난 후 쓰레기가 되어 나뒹구는 사진첩이나 아이들의 장난감, 갓등, 목도리 같은 것들은 우연히 스쳐 지나가는 사람의 발길을 문득 멈춰 세우기도 한다. 〈십대 소녀〉의 목도리에 좀 더 집중해보자. 시인의 어머니가 10대의 딸에게 짜준, 줄무늬 패턴의 천연 모직 목도리. 이 목도리는 시간을 증언할 뿐만 아니라 일정

4 Walter Benjamin (1977), "Der Sürrealismus", *Gesammelte Schriften, Bd.II.1*, hrsg.v. Rolf Tiedemann, Hermann Schweppenhäuser, Frankfurt am Main: Suhrkamp, S. 297.

5 수재나 래드스톤은 자서전적 글쓰기에 새겨진 성차에 주목한다. 자서전적 글쓰기의 형식은 단순히 모던과 포스트모던의 역사관이나, 기억과 기억작업에 대한 논의뿐 아니라 성차를 통해 구별된다는 것이다. 그는 오이디푸스 콤플렉스가 형성·극복되는 과정에서 아이가 어머니, 그리고 (어머니의 남자/연인인) 아버지와 맺는 관계에서 새겨지는 성차를 논하지만, 나는 이 글에서 성차를 보다 넓은 맥락에서 다루고 있다〔Susannah Radstone (2000), "Autobiographical times", Tess Cosslett, Celia Lury, Penny Summerfield (eds.), *Feminism and Autobiography*, Routledge, pp. 201-219〕.

부분 시대를 증언하기도 한다. 바느질이나 뜨개질이 '취향'이 아니라 필수였던 시기가 있다. 어머니들이 삯바느질로 자녀들을 먹이고 공부시켰으며, 뜨개질로 겨울의 한기에 맞서 자녀들을 지켜냈던 시기 말이다. 스웨터나 장갑, 목도리, 조끼, 양말 등 어머니들이 코바늘이나 대바늘로 뜨거나 짰던 겨울 필수품목들은 시장으로 간 지 오래다. 그리고 어머니들의 손의 역사役史는 충분히 역사歷史가 되지 못한 채, 소소하고 아름다운 일화처럼 다루어지곤 한다.

속옷과 겉옷의 경계에 있는 목도리는 또한 친밀성과 관련해 흥미로운 감각을 일깨운다. 목도리는 살에 직접 닿을 수 있다는 점에서 착용하는 사람의 몸의 느낌을 질료적으로 품고 있는 반면 어디에서든 풀어놓을 수 있어 다른 겉옷과는 달리 잃어버릴 확률도 높다. 그래서 목도리는 우연과 필연을 다룬 사적 이야기의 중요한 소품이 되기도 한다. (물론 장갑도 종종 잃어버리는 품목이지만 문화적으로 손은 보다 공적인 의미를, 목은 보다 사적이고 내밀한 의미를 담고 있기에 각각 잃어버림의 지각이 다르다.)

그런데 손으로 직접 짠 목도리는 친밀성과 관련해서뿐 아니라 시간과 관련해서도 사소하다고만은 할 수 없는 특성을 지닌다. 손으로 짠 목도리에는 짠 사람의 손의 온도와 마음의 온도 즉 심정이, 그리고 무엇보다도 시간이 함께

짜여 들어가 있다. 과거의 나와 지금의 나 사이에 놓인 시간의 간극을 묘사하는 위의 시 〈십대 소녀〉에서 목도리는 시적 자아의 저 미련 없이 간단명료한 거리두기에 확실하게 감각 있는, 즉 체화된 시간성을 부여한다. 긴 여정 후에 되돌아보는 생애는 통상 '눈 깜짝할 사이'에서처럼 짧게 느껴지거나 '까마득히 먼 과거'에서처럼 길게 느껴진다. '눈 깜짝할 사이'와 '까마득히 먼'이라는 두 개의 짐짓 상이한 시간감각을 하나로 만드는 이 목도리는 사물이면서 사물 그 이상, 즉 유사-몸이다. 이것은 10대 소녀인 나, 그리고 노년이 된 지금의 나가 각각 따로 존재하는 것처럼 지시하는 '나이'를, 한 사람의 통합된 정체성을 보장하는 '시간'으로 전환시킨다. "잡티 하나 없이 매끄러운 피부로 견고"하던 빰과 목을 감싸던 목도리는 지금 검버섯과 주름투성이 피부로 늘어진 빰과 목을 감싸고 있다. 목도리는 그 전에도 계속 변하는 몸을 감싸며 동행했을 것이다. 시간 속에서 함께해온 이 목도리는 하나의 사물이지만 뚜렷한 상징으로 작용하면서 이 시에 자서전의 진실, 즉 한 여성의 자기정체성selfhood을 보장해준다.

아우구스티누스의 고백처럼,[6] 우리는 막연히 알고 있는 듯해도 '시간이란 무엇인가'라는 질문을 받게 되면 정작 뭐라고 답해야 할지 몰라 당혹스러워한다. 현상학은 '시간은 무엇인가'라는 질문을 '시간은 어떻게 지각되는가'라는 질문으로 바꿈으로써 이러한 당혹스러움에서 벗어나고자 시도했다. 현상학적 서사 이론을 펼친 리쾨르에 의하면 시간은 이야기 속에서 비로소 존재하며, 이때 이야기는 '자기' 이야기로 전개된다.[7] 동일성the identical과는 다른 정체성인 '자기selfhood'는, 타자에게 한 약속과 그 약속을 지키(려)는 책임의 행위 속에서 구성된다. 이 행위의 이야기에는 실수나 패배, 그리고 망각과 배신이 없지 않겠지만, 그것들까지 포함해서 생의 모든 국면들은 약속과 책임이라는 지평 아래 재구성된다.[8] 그 재구성 속에서 이야기의 주인공character은 특정 성격character을 지닌 '자기'로 남는다.

시 〈십대 소녀〉가 범속하게, 그러나 빛나는 유머 속에서 보여주는 것은, 10대 소녀와 80대의 늙은 여자는 동일하

6 성 아우구스티누스 (2019), 《고백록》, 박문재(역), 크리스천다이제스트, 11권 14, 17.

7 Paul Ricouer (2007), *Zeit und Erzählung Bd. III. Die Erzählte Zeit*, aus dem Französischen von Andreas Knop, Müchen: Wilhelm Fink Verlag. 특히 2.III. "Die Wirklichkeit der historischen Vergangenheit" 참조.

8 홀로코스트 이후에도 과거와 미래라는 시간이 가능한가에 대한 정치철학적 질문 앞에서, 과거를 용서의 시간으로 그리고 미래를 약속의 시간으로 생각하자던 한나 아렌트의 제안도 유사한 맥락에서 공명한다.

지 않지만 '자기임'에는 변함이 없다는 사실이다. 이 텍스트에서 타자와의 관계와 약속, 그리고 책임의 이야기는 '목도리'와 목도리에서 연상되는 '손'에서 암시된다. 누군가를 위해, 또는 누군가를 향해 손이 하는 일은 대부분 암묵적인 혹은 명시적인 약속과 책임의 장 안에서 펼쳐지지 않는가.

시간-현상학적 존재와 몸

젊은이들이 지각하거나 인지하지 못하는 것 둘을 꼽으라면 아마도 몸과 시간/성을 꼽을 수 있을 것이다. 예컨대 "죽음을 잊는 것은 젊음의 특권이나, 잊힘을 사유하는 것은 노년의 숙명이다"라는 문장은 이에 대한 대중적 표현의 하나다. 그러나 몸과 시간/성이야말로 유한한 삶을 사는 주체의 이해에 가장 중요한 두 개의 축이다. 이 두 개의 축을 바탕으로 몸-정체성이 물질적으로, 사회문화적으로 구체화된다. 몸과의 연관 속에서 이해되지 않는 시간/성은 너무 추상적이고, 시간/성과의 연관 속에서 이해되지 않는 몸은 너무 생리학적이다. 추상적인 공간을 질료적인 장소로 만드는 것도 시간의 속성이다. 이렇게 볼 때 몸과 시간/성을 지각하지 않는(왜냐하면 지각하지 않아도 되기에!) 젊은이들은 그야말로 역설과 아이러니의 삶을 사는 셈이다. 몸과 시간/성의 두 축이 만들어내는 좌표로 자아self를 이해할 때 삶은 살아낸 시간의 경험으로, 시간과 장소의 이야기로 남는다. 젊은이들뿐 아니라 현대인들은 대부분, 몸이 구시렁구시렁 자기 말을 시작하기 전까지 마치 몸이 없는 듯 산다. 이것은 생산과 소비 중심으로 삶이 구축되는 자본주의 체제의 강요 때문이기도 하고, 몸의 움직임과 활동이 '자연스러울' 때에는 몸이 스스로를 의식할 필요가 없기 때문이기도 하다.

이제 적지 않은 사람들에게는 매일 아침 거울을 보고, 체중계에 올라가 몸무게를 확인하고, 헬스장에 가서 특정 신체부위를 콕 집어 단련을 하는 등 몸을 늘 관리(심지어는 감독)하는 것이 자기계발의 필수 항목에 속한다. 그러나 몸을 관리의 대상으로 삼는 이러한 몸 이해에서 정작 몸-정체성의 이해는 누락되기 십상이다. 시간의 경우도 마찬가지다. 근대가 시작된 이후로 사람들은 달력이나 시계의 시간, 즉 시점時點들의 연속체로 이해되는 시간과는 단단히 묶인 채 달리기 경주를 하지만, 존재의 근본 토대나 조건이 되는 시간과는 내밀한 관계를 맺지 못한 채 하루하루를 살아간다. 아마도 여성들은 매달 경험하는 (생리전증후군을 포함한) 생리와 임신·출산 등을 통해 몸-정체성이라 부를 수 있는 자아의 느낌에 접속할 기회가 좀 더 많을 것이다. 그러나 통상적으로 우리는 심각한 질병의 상태에서, 또는 자아와 언어를 부술 정도로 지독한 고통이 우리의 모든 감각을 몸에 집중시킬 때, 비로소 우리 자신이 '몸으로 사는 존재임'을 통렬히 자각하게 된다.[9] 자신의 세계가 몸이라는 하나의 점으로 축소되는 위기의 순간이 깨달음의 계기가 되는 것이다. 아서 프랭크의 《아픈 몸을 살다》는 이를 증언하는 뛰어난 질병서사다. 질병은 그를 삶의 경계로 데려갔고, 거기서 그는 '예전의 자신을 회복하기보다는, 앞으로 될 수 있는 다른 자기를 발견'하자고 결의한다.[10] 이러한 결의는 균질적으로 이어지는 일상의 평균적 안온함 속에서는 출현하기 어렵다. 삶과 죽음이 종이의 앞뒷면처럼 맞붙어 있는 순간에 어떤 각성이 일어나는지 보여주는 또 다른 질병서사가 있다. 폴 칼라니티가 쓴 《숨결이 바람 될 때》이다.

> 나는 나 자신의 죽음과 아주 가까이 대면하면서 아무것도 바뀌지 않은 동시에 모든 것이 바뀌었다는 사실을 깨닫기 시작했다. 암 진단을 받기 전에 나는 내가 언젠가 죽으리라는 걸 알았지만, 구체적으로 언제가 될지는 알지 못했다. 암 진단을 받은 후에도 내가 언젠가 죽으리라는 걸 알았지만

9 일레인 스캐리 (2018), 《고통받는 몸》, 메이(역), 오월의봄.

10 아서 프랭크 (2017), 《아픈 몸을 살다》, 메이(역), 봄날의책, 11쪽.

> 언제가 될지는 몰랐다. 하지만 지금은 그것을 통렬하게 자각한다. 그 문제는 사실 과학의 영역이 아니다. 죽음은 사람을 불안하게 만든다. 그러나 죽음 없는 삶이라는 건 없다.[11]

신경외과의사로서 그는 '죽음'을 잘 알고 있었다. 인간은 유기체이고, 물리법칙에 복종해야 하며 슬프게도 그 법칙에는 엔트로피의 증가도 포함되어 있다는 것, 질병은 분자의 탈선에서 비롯되고 삶의 기본 요건인 신진대사가 멈추면 인간은 죽는다는 것 등의 과학적 지식을 그는 매우 잘 알고 있었다. 또한 삶과 죽음이 교차하는 순간 필연적으로 생물학의 경계를 넘어선 철학의 질문이 발생하고, 죽음은 삶의 의미를 '향해', 삶의 의미와의 '연관' 속에서 의미를 부여받는다는 것도 알고 있었다. 신경외과의사라는 직업을 소명으로서 택한 이유 중 하나가 "죽음을 뒤쫓아 붙잡고, 그 정체를 드러낸 뒤 눈 한 번 깜빡이지 않고 똑바로 마주 보기 위해서였다"라고 그는 말한다. 삶과 죽음 사이의 공간에서 일생을 보낸다면 연민을 베풀 줄 아는 사람이 되고 스스로의 존재도 고양시킬 수 있으리라. 하찮은 물질주의, 쩨쩨한 자만에서 최대한 멀리 달아나 문제의 핵심, 진정으

11 칼 폴라니티 (2016), 《숨결이 바람 될 때》, 이종인(역), 흐름출판, 161쪽.

로 생사를 가르는 결정과 싸움에 뛰어들어 그곳에서 어떤 초월성을 발견할 수 있으리라고 그는 희망했다.[12] 그런 그가 '죽음 없는 삶이라는 건 없다'는 사실이 무엇을 의미하는지 적확하게 깨닫게 된 것은 아주 가까이 다가온 자신의 죽음을 대면하면서였다. 이후 그는 이전과는 다른, '순간의 현재적 삶'을 살았고, 그 결과 중 하나가 《숨결이 바람 될 때》라는 기록이다.[13] 이 책은 그가 신경외과의사로서 인간 존재의 생물학적 의미를 넘어서는, 아니, 생물학적 의미에 내재해 있는 철학적·영적 질문을 발견하고 그 답변을 추구해온 시간들을 매우 내밀하게 기록하고 있다. 삶과 죽음의 '신비'를 질문하는 이 기록에서 뇌와 도덕과 감정과 영성은 하나의 통일성 있는 '자기' 정체성의 이야기로 엮인다. 삶의 근본 의미에 대한 질문도, 사회문화적 환경도, 의료시스템의 세부도, 일상의 균형과 흔들림도, 죽음을 앞둔 순간 선택되고 직조되는 '자기 이야기' 속에서 새로운 빛을 얻는다. 몸 실존을 느끼는 더듬이가 온전히 작동한 덕분이다.

12 칼 폴라니티 (2016), 위의 책, 105쪽.

13 사람이 살면서 마주하게 되는 위험한 기회는 질병 외에도 이별이나 상실, 경제적 파국, 명예나 자존감의 치명적인 훼손, 고립 등 다양할 수 있다. 그러나 몸과 관련한 위기야말로 삶의 경계로, (살아날 수 있는) 가능성과 (죽을 수밖에 없는) 숙명 사이에서 동요하는 죽음의 직면으로 존재자를 데려간다. 죽음은 그 어떤 타협도 허용하지 않는 절대적 단절이기 때문이다.

몸 실존을 향한 더듬이는 누구에게나 있다. 그러나 잘 계획되고 또 실현되는 시계-시간의 질서정연한 진행과 그것이 제공하는 안온함 속에서 이 더듬이는 지각되기 어렵다. 이러한 질서와 안온함이 일상 유지에 필요한 그만큼, '죽음을 앞둔 순간'이라는 시간성의 자각은 멀 수밖에 없다. 한밤중 도적떼처럼 갑자기 들이닥친 질병과 극심한 통증, 노화가 요청하는 전환 등은 그러나 시계-시간의 중단 없는 균질한 똑딱거림에 완전히 다른 시간의 차원이 열리는 계기가 된다. 질병과 통증, 어두운 예후, 치명적인 손상을 '직면'한다는 것은 다른 시간 이해에 몸-의식이 깨어난다는 의미이기도 하다. 이 직면은 죽음과 삶을 영원성이라는 시간 속에서 동시적으로 이해하게 만든다. 일상의 유지가 요구하는 시계-시간 질서 속에서도 훈련에 의해 그런 시간/역사 감각을 얻을 수 있겠지만, 실제로 내 앞에 서 있는 죽음이 촉구하는 직면은 '모든 것의 가장자리에서'[14] 중심 내부와 가장자리 너머를 동시에 날카롭고 섬세하게 지각한다는 면에서 그야말로 다른 시간성의 출현이다.

14 파커 J. 파머 (2018), 《모든 것의 가장자리에서》, 김찬호·정하린(역), 글항아리.

우리는 자신의 의지와는 상관없이 어떤 세계 안으로 던져짐으로써 삶을 시작한다. 그러나 의지와 상관없는 내던져짐의 수동적 상태가 태어남의 순간에 끝나는 것은 아니다. 사람에 따라 다르겠지만 우리는 일생을 두고 여러 번 수동적 강제에 빠질 수 있다. 하이데거는 매 순간 선택적으로 삶을 기획함으로써 (수동적 태어남의) 과거와 (열린 상태의) 장래를 '이 순간, 여기'에서 현재화시킬 수 있다고 주장하면서 '결의'를 강조한 바 있다. 수동적으로 내던져짐으로써 삶이 시작되었다면, 이제 스스로 무엇인가를 향해 능동적으로 자신을 내던짐으로써 적어도 장래의 내 모습만은 내 의지대로 형성할 수 있다는 것이다. 그러나 폴 칼라니티의 경우처럼 예기치 않게 다시 찾아온 그 철저한 수동적 내던져짐의 상태에서, 능동적 의지의 개입이 거의 불가능한 그 절망적 상태에서 '선택'할 수 있는 것은 과연 무엇일까, 어떤 '결의'가 가능할까. 이 부분에서 하이데거의 현상학과 앞서 언급한 리쾨르의 현상학이 만난다. 두 사람 모두 선택 가능한 결의를 타자와의 관련성에서 찾기 때문이다. 리쾨르가 타자와의 약속과 그 약속을 어떻게든 책임지려는 삶의 태도와 행동들에서 일관되게 자기로 남을 수 있는 가능성을 찾았다면, 하이데거는 타자의 존재 의미에 본래적 방식으로 올바르게 마음을 씀으로써 자기를 의지적으로 형성할 수 있다고 믿는다. 그에 따르면 '시간성은 본래적 마음 씀의 의미로서 드러난다.'[15] 이 시간성은 달력이나 시계의 질서에 따라 계산하고 계획하고 예비하는 방식으로 '자신에게 시간을 허용하고 배려하는' 시간 이해와는 다르다. 마음 씀으로 구현하는 본래적 시간성은 세계-내-존재로 사는 우리의 근원적인 자립성과 전체성을 포함한다. 이 자립성과 전체성을 향한 흐트러짐 없는 응시야말로 삶의 의미가 드러날 수 있는 가능성이다.

《숨결이 바람 될 때》에서 폴 칼라니티가 들려주는 자서전적 이야기는 자립성과 전체성을 향한 흐트러짐 없는 응시가 무엇보다도 '자신의 죽음'을 향한 흐트러짐 없는 응시에서 가장 순수하고 유현幽玄한 형태로 일어남을 증언한다. 신경외과의사로서 그는 다른 사람의 죽음 또한 흐트러짐 없이 응시하고자 애써왔다. 삶과 죽음이 칼의 양날처럼 날카롭게 공존하는 수술실은 그가, 불편의 해소라는 방식으로 타인을 배려하는 평균적 일상을 벗어나, 가능한 본래적 의미에서 타인의 곁이 되고자 선택한 약속과 책임의 공

15 Martin Heidegger (1972), *Sein und Zeit*, Tübingen: Max Niemeyer; 박찬국 (2015), 《하이데거의 '존재와 시간' 강독》, 그린비. 특히, 2편 3장 "현존재가 본래적으로 전체로서 존재할 수 있음과 마음 씀의 존재론적 의미로서의 시간성" 참조.

간이었다. 그럼에도 차이는 있었다. 다름 아닌 자신의 죽음을 이미 도래한 삶의 결정적 모멘트로 응시하는 순간, 그 자신의 삶을 하나의 고유한 전체로서 재구성하는 일이 가능해졌다. 그 전체 안에서 이미 존재하는, 그리고 아직 존재하지 않는 다른 사람들과 사물들 또한 그들에게 마땅한 의미의 자리를 찾았다.

목숨이 위태로울 정도의 위급상황은 아니어도 늙어감 역시 몸-정체성의 지각을 일깨운다. 나이가 들어가며 점점 더 낯설게 변화하는 몸 '덕분에' 우리는 자기 동일성의 상실을 맛보게 된다. 싫든 좋든, 쓰든 달든 이 상실의 맛으로 우리는 몸-정체성을 좀 더 구체적으로 자각하게 된다. 몸이 곧 의식이고, 몸이 곧 사건이 발생하는 시간과 장소이며, 몸이 곧 나라는 이 자각은 '나이'가 불러일으키는 건강 염려(증)의 불안이나 조바심과는 다른 차원에 속한다. 나이 듦이 확실하게 알려주는 몸의 변화를 마주하며 당혹과 초조함에, '적어도 1~2년 후에는 그 일이 꼭 완성되어야 하는데', '앓아눕기 전에 그 일만은 끝내야 하는데', '지난번에 실패해서 놓친 일을 이제 어떻게든 만회해야지'와 같은 생각으로 시간을 사용하고자 하는 사람들도 적지 않을 것이다. 그러나 나이가 들면서 몸을 잊고 지내기 어려운 상황이 일시적·간헐적 현상이 아닌 지속적 환경이 되면 자기 자신뿐 아니라 외부와 맺는 관계도, 삶의 의미나 목적에 대한 질문도, 그리고 그에 따라 목표 설정도 바뀐다.[16] 이때 마주하는 시간은 기대와 실패, 그리고 만회의 시도 속에서 '사용하는' 시간과는 다르다. 어쩌면 처음인 양, 혹은 오래 기다린 재회인 양 드디어 마주하는 시간의 의미라고, '낭만적 사랑'의 어법을 전유해 말할 수도 있으리라.

마르크 오제가 '거울 단계로의 회귀'라고 부른 이 계기는 위기라고 부를 만큼 위험한 기회는 아니지만 예기치 않은 인식의 순간인 것만큼은 부정할 수 없다. 이제 '거울 앞에 서서 자신의 몸과 여러 다양한 자아를 모아 자기의 재조합'에 나서게 되는 이 국면은 '나는 늙어간다. 그러므로 나는 존재한다'라는 새로운 깨달음이 열리는 지점이기도 하다.[17] 나이를 먹어감으로 존재한다는 사실을 더 깊게 깨달을수록 우리는, 불가역적인 시간의 선형적 흐름과 그에 따른 축적의 논리에서 벗어날 기회를 더 많이 만나게 된다.

16 노년이 될수록 삶과 죽음의 '신비'에 대해 의미부여하는 정도가 깊어진다. 삶과 죽음의 '신비'를 밝혀내려는 시도는 그 흔적이 남아 있는 인류의 문화유산부터 당대의 최첨단 생명공학까지 단 한 번도 멈춘 적이 없다. 보통 사람의 생애사에서 이러한 질문과 탐색은 노년에 본격화된다. 조너선 실버타운 (2016),《늙는다는 건 우주의 일》, 노승영(역), 서해문집 참조.

17 마르크 오제 (2019),《나이 없는 시간》, 정헌목(역), 플레이타임, 105쪽.

시간을 불가역적인 직선의 흐름으로 이해하고, 그에 따른 축적의 당위성을 앞세우는 것이야말로 '나이'의 상투적 이해에 핵심 아닌가. 이런 나이 이해는 우리로 하여금 나이가 들수록 덜 존재하고 더 결여하게 만든다. (마르크 오제가 '나이 없는 시간'이라는 명제를 내세우는 것도 이런 고정관념에 저항하기 위해서다.) 이에 반해 늙어감으로 존재한다는 지각은 관료화되고 자본화된 나이 규범의 족쇄에서 벗어나 기억/기억작업과 망각의 상상적 이야기 차원인 시간에 더 가까이 다가가게 만든다.

늙어가는 이들이 변화하는 몸을 단순히 '기능들의 저하라는 노화의 관점'에서만 이해한다고 생각하면 큰 오산이다. 오히려 변화하는 몸을 계기로 현재나 심지어 미래가 과거로 되접히는 이야기의 시간을 만나기도 한다. 여러 겹으로 덧써지며 동시에 지워진, 기억과 망각의 크고 작은 물결로 생의 시간을 이해하는 문리文理가 트이기 시작하는 것이다. 이제 필멸의 삶을 사는 '나'에게 중요한 것은 동일한 반복으로 끝없이 이어지는 시간의 점들이 아니라 의미를 형성하고 또한 형성된 의미를 해석하게 도와주는 시간성이다. 속도전을 치르는 생산-소비-노동활동의 연쇄 속에서는 거의 사라지거나 '옛날 옛적에…' 식의 이야기에나 구태舊態로만 남아 있는 것 같던 지속이나 영원이라는 시간 개념 또한 구시렁거리는 몸의 전前 언어적, 또는 비非문자적 발화 속에서 구체성을 띠기 시작한다.

아카이브 몸: 노년의 몸과 위험한 놀이

> 우리는 우리가 이야기한다고 생각하지만, 종종 이야기가 우리에게 말을 걸기도 한다. 사랑하라고, 미워하라고, 두 눈으로 보라고 혹은 눈을 감으라고. 종종, 아니 매우 자주, 이야기가 우리를 올라탄다. 그렇게 올라타서, 앞으로 나아가라고 채찍질을 하고, 우리가 해야 할 일을 알려주면, 우리는 아무 의심 없이 그걸 따른다. 자유로운 상태가 되기 위해서는, 이야기를 듣는 법을 배워야 한다. 그 이야기에 질문을 던지고, 잠시 멈추고, 침묵에 귀 기울이고, 이야기에 이름을 지어주고, 그런 다음 이야기꾼이 되어야 한다.[18]

'우리를 올라타는 이야기'—리베카 솔닛이 언급하는 저 '이야기'의 속성은 특히 몸이 말을 걸어올 때 두드러진다. 조금은 뜬금없이 들릴 수도 있겠지만 나는 '치매'[19] 노

18 리베카 솔닛 (2016), 《멀고도 가까운: 읽기, 쓰기, 고독, 연대에 관하여》, 김현우(역), 반비, 15쪽.

19 이 책에 실린 이지은의 글 〈치매, 어떻게 준비하고 있습니까?〉 각주 1의 문제의식에 동의하며 이 글에서도 '치매'라는 용어를 사용한다.

인들의 배회에서 이야기가 우리를 '올라타는' 순간을 목격한다. 그들의 배회에는 나름의 정향성이 있으며, 그 배회야말로 몸이 이야기가 되어 그들을 올라타는 순간을 표현한다.

늙어가는 사람들에게 가장 힘든 때가 언제냐고 물어보면 많은 이들이 "내가 알고 있던 사람들이 하나둘씩 세상을 떠날 때"라고 답한다. 최고령이 되었다는 것은 '알고 지내던 사람들이 점점 사라져 세상 속에 낯선 존재로 남게 된다는 것'을 의미하기도 한다. 이념 공동체에서 치열하게 정치적 방향을 논의하고 실천을 실험하던 사이나 혹은 느슨하게라도 연대하며 활동하던 사이가 아니라, 그냥 알고 지내며 시간과 공간을 함께한 사이라 해도 그들이 사라지면서 그들과 공유하던 사회문화적 유행들, 관습들, 취향들도 사라지고, 그것들로 이루어진 '나' 또한 조금씩 사라진다. 이 '나'의 사라짐에서 핵심은 '내가 나에게 낯설게 된다'는 것이다.

'나는 어디로 갔지?' 나는 나를 잃고, 나를 찾아 배회한다. 치매에 걸린 사람들의 배회는 이미 오래전에 시작된 이러한 배회가 깊어진 단계에 지나지 않는 건 아닐까. 자신을 자신으로 확인시켜주는 사람들의 사라짐 속에서 시작되는, 일종의 사회심리적 배회라고 부를 수 있는 배회는 치매환자들의 배회를 이미 준비하고 있는 것일 수 있다. 또는 치매환자들의 배회 안에는 그러한 사회심리적 배회들이 거미줄처럼 망을 이루고 있는지 모른다. 그렇다면 몸을 이동시키는 것은 무/의식에 자리 잡고 있는 상실의 체화된 느낌일 것이다. 낯익은 얼굴들이 거의 다 떠나고, 그나마 곁에 남아 있던 생의 반려마저 더 이상 옆에 있지 않게 될 때 이러한 현상은 더욱 두드러질 수 있다. 얼마나 서로 살갑게, 애틋하게 챙기며 고마워하는 사이였는지는 별로 중요하지 않다. 중요한 것은 오랜 시간 시시콜콜 일상을 같이 살아낸, 물리적으로 가장 가까이 있던 사람이 사라졌다는 사실이다.[20]

서울에서 한 시간 정도 떨어진 경기도 지역에 사는 친구 집에 며칠 머물 때였다. 어떤 할머니가 두 번이나 친구 집 대문 앞에 오셔서 '집에 데려다 달라'거나 '문을 열어 달라'며 꼼짝 않고 주저앉아 계시는 일이 있었다.

개가 짖기에 처음에는 종종 그렇듯이 집 앞을 지나가는 자동차나 사람들이려니 했다. 그러나 개는 계속 짖어댔

20 여기서 나는 특히 초/고령 치매환자의 경우를 염두에 두고 있다. 비교적 젊은 나이에 치매를 겪는 경우 배회의 의미는 이와는 다를 수 있다.

고, 뭔 일인가 싶어 나가 보니 작은 몸집의 그분이 대문 앞에 앉아 계셨다. '누구시냐, 여기서 뭔가 찾으시는 게 있느냐' 여쭈었더니, 집에 가야 하는데 길을 모르겠다, 집에 좀 데려다 달라 하셨다. '집이 어디시냐' 다시 여쭈었더니 친구 집 오른편으로 난 산길을 가리키며 '저 너머에 있다' 하신다. 그러나 사시는 동네 이름을 물으니 모르겠다고 하시더니 이어서 ㅇㅇ리와 ㅁㅁ리 이름을 대신다. '그런데 여긴 어떻게 오셨냐' 하니 이번엔 왼편으로 난 길 위쪽을 가리키시며, '저기 저 집에 밥해주러 왔다. 그런데 다들 나만 떼어놓고 가버렸다' 하신다. 할머니 말씀으로는 도저히 집을 찾아드릴 수 없겠어서 할머니를 차에 태우고 마을회관의 이장님을 찾아갔다. '어? ㄱㄱ 할머니네' 이장님은 금방 할머니를 알아보셨고 이장님의 설명에 따라 할머니를 집에 모셔다 드렸다. 길가에 바로 면해 있는 작은 집이다. 아니, 집이라기보다는 창고 같은 네모난 건물이다. (나중에 알고 보니 실제로 곡물창고로 쓰였던 곳이다.) 집의 문을 열면 바로 주방이 있고 거기서 계단 서너 개를 짚어 올라가니 방이 있었다. 이불이 깔려 있는 그 방으로 올라가시는 것까지 보고 돌아왔다.

그런데 이틀 후 자정도 한참 넘은 시간에 다시 개가 짖어댔다. 지나가는 사람이려니 했지만 개 짖는 소리는 멈추지 않았다. 시계를 보니 2시쯤이었다. 문을 열고 나가니 예의 그 할머니가 쪼그리고 앉아 계셨다. "들어가야 하는데 문이 닫혀 있다" 하신다. '어디 들어가시게요' 여쭈니, "이 집이 내 집인데 문이 왜 닫혀 있는지 모르겠다"고 하신다. 이제는 할머니 사시는 곳을 알고 있으니, 더 이상 묻지 않고 차에 태워 집에 모셔다 드렸다. 치매증상이 있으신 이 할머니가 옛 창고 건물에 혼자 사시는 게 마음이 쓰였다.

그 뒤로 두 달쯤 지나 다시 친구 집에 가게 되었을 때 할머니 집 근처로 가보았다. 마침 바로 앞집에 사시는 어르신을 만난 김에(혼자 사시는 이 어르신 역시 70대 후반으로, 할머니와는 겨우 서너 살 차이밖에 나지 않는다) 할머니 상태를 물어보니, 요즘은 괜찮아지셨다 한다. 차로 20분 정도 떨어진 곳에 사는 딸이 자주 와서 약을 챙겨드리고 있다고. 동네 사람들도 오며가며 들러보고 챙긴다고. 이장님이 주선해서 근처 밭뙈기를 가꾸기도 하신다고. 그런데 왜 두 번씩이나 친구 집으로 찾아오셨을까 궁금해 했더니 한 10여 년 전 그 근처 집에서 사신 적이 있다고 한다. 할머니의 '치매증상'은 남편이 돌아가신 뒤 잠깐 동안 심해지셨단다. 남편 사진을 머리 위에 얹고 그 위에 모자를 쓰고 다니시는가 하면, 방 안의 에어컨을 뜯어달라고, 그 안에 남편이 갇혀 있다고 하소연하시거나, 주방에 난 작은 창문을 넘어 집 밖으로 탈출을 시도하시거나. 할머니가 탈출을 시도하셨다는 창문을 올려다보니 손바닥만큼 작았다. 유치원생 정도나 간신히 몸을 빼낼 수 있을까. 할머니는 두 번이나 그 창문을 넘어 땅에 떨어지셨지만 별로 다친 데는 없었다. 그 모든 '증상들'은 갑자기 사라진 남편을 찾아 나서는 '시도들'이었다. 내 친구의 집에 오신 것도 그런 시도들 중의 하나였을 것이다. 한때 할아버지와 함께 생활하신 그 집이 어떤 기억으로 할머니의 몸에 새겨 있는지, 그때 그 집에서 할아버지와 어떤 시간을 보냈는지 알 수 없다. 그러나 그 집은 할아버지를 다시 붙잡고, 그로써 사라질 위험에 처한 자기 자신을 붙잡을 수 있는 장소였을 것이다.

할아버지를 다시 찾아내려는 할머니의 시도들은 '사라지는 자기'를 다시 만나려는 몸, '이야기가 올라탄 몸'의 움직임이었다(고 나는 생각한다). 어떤 이야기인가? 그 이야기 속의 할머니는 어떤 '자기'로 존재하는가? 잠시 멈춰 제대로 귀 기울이면 우리는 그 이야기에 이름을 붙여줄 수 있을까? 80이 넘은 저 할머니의 '이야기가 올라탄 몸'은 가야 할 곳의 방향을 알 뿐 아니라 위험도 감수하게 만든다. '손바닥만 한' 창문 밖으로 몸을 빼내 밖으로 탈출하는 유연함과 용감함은 아마도 어른으로 살면서 오랫동안 잊고 있던 몸의 능력이었을 것이다.

신경과학의 발달로 이제 우리는 몸과 뇌, 그리고 의식을 분리해서 생각할 수 없게 되었다. 신경과학자들은 저 할머니의 행동을 반복이나 정기적 학습을 통해 저장된 절차기억procedural memory으로 설명하겠지만, 나는 '몸의 기억'으로 부르고 싶다. 치매라는 인지장애 상태에서 몸이 적극적으로 표현하는, 다시 말해 활성화시키는 무의지적 기억은 절차기억을 넘어서 몸과 마음, 뇌의 통합적인 상호교류를 무엇보다 탁월하게 가리키기 때문이다.[21] 몸이 활성화시키는 무의지적 기억은 (일정 시간을 특정 공간/장소에서 살아낸) 몸을 아카이브로 이해할 수 있는 단초를 제공한다. 예를 들어 팔이나 다리 등 환부를 수술로 절단한 후에도 통증과 함께 그 환부를 '여전히 느끼는' 환상사지 증상은, 몸의 지각과 그러한 지각에 입각해 형성된 뇌의 몸-지각 지도 간의

21 신경과학에 따르면 우리의 기억은 크게 두 가지 방식으로 이루어진다. 뇌의 좌반구가 사건을 언어적·분석적·논리적으로 기록한다면 뇌의 우반구는 사건의 주제나 의미를 상황적으로 정리하고 파악한다. 그리고 해마나 편도체 등 변연계가 특별히 감정의 기억을 책임진다. 구조로 본다면 사건의 세부기록(좌반구)과 의미화(우반구) 간에 지속적인 타협이 이루어지고, 감정의 색과 온도가 여기에 밀도와 강도를 더한다고 할 수 있다. 우리가 보고 듣고 느끼는, 즉 감각한 것들은 감각영역과 운동영역, 그리고 변연계의 상호관계를 통해 신경계의 지도를 그려나간다. 지난 반세기 동안 신경과학이 꾸준히 증명하고 발전시켜온 뇌의 가소성 이론은 신경계의 지도와 몸의 감각 및 운동이 쌍방향 소통과 영향의 관계에 있음을 강조한다(노먼 도이지 (2008), 《기적을 부르는 뇌》, 김미선(역), 지호, 331-364쪽 참조).

긴밀한 상호교류구조를 여실히 보여준다. 통증 지각 신호를 보내던 몸의 특정 부위가 더 이상 존재하지 않아도, 뇌 지도에서 그 특정 부위가 지워지기까지는 시간이 걸린다. 지각 신호와 뇌 신경세포의 관계는 경우에 따라 상이한 정도와 양상을 나타낸다. 단순한 사고나 질병으로 인한 손상의 경우 신체의 지각과 신경세포 간의 연결은 그다지 견고하지 않아서, 신체의 변화가 뇌 지도에서의 변화로 간단히 이어질 수 있을 것이다. 그러나 사회제도나 문화관습 등이 특정 신체 부위의 감각을 다층적으로 만들었다면, 신체 변화와 신경세포지도 상의 변화 간 상호연결은 그렇게 깔끔하게 일대일로 조우하지 않는다. 성별 정체성과 관련된 신체변형의 예에서 알 수 있듯이, 이전에 신체가 겪고 감각한 것이 외과적 혹은 물리적 개입 이후에도 완전히 사라지지 않고 일종의 팰림세스트palimpsest 흔적으로 남아 있게 된다.

몸이 간직하고 있는 무의지적 기억은 해독되어야 할 비밀스런 암호가 아니라, 사라지지/지워지지 않은 흔적으로서 기억작업을 통해 비로소 어떤 의미를 갖게 된다. 즉 기억작업 자체가 의미 생성 과정인 것이다. 사회제도나 문화관습, 개인의 성향과 습관, 그리고 이 모든 것과 연관된 정체성 등이 남긴 흔적들의 아카이브가 몸이다. 기억작업이 어떤 양상으로 진행되는가에 따라 몸 아카이브의 보관 내용이 달라질 것이다. 위에서 소개한 할머니처럼 치매 증상이 있는 사람의 배회에서 발휘되는 몸의 방향성은 아직 기억작업이 시작되기 이전의 기억흔적, 또는 몸이 무의식적으로 수행하고 있는 기억작업을 가리키고 있다. 몸은 어디론가 움직임으로써 자기self를 무의식적으로 의식하고 있는 것이다.

신경과학이 설명하는 치매는 아밀로이드 딱지들과 타우 침전물들 때문에 세포와 세포를 연결하는 시냅스가 파괴되거나,[22] 세포와 세포의 연결을 원활하게 하는 신경전달물질이 감소하면서 신호전달이 저해되는 증상이다. '파괴'와 '저해'가 초래하는 증상의 구체적 모습은 어떠한가.

> 마치 피를 흘리는 아버지를 슬로모션으로 지켜보는 느낌이다. 삶이 아버지에게서 한 방울 한 방울 새어나가고 있다. 아버지의 인품이 아버지라는 사람에게서 한 방울 한 방울 새어나가고 있다. 이분이 나를 낳아주시고 키워주신 아버지라

22 아밀로이드 딱지들(plaque)은 베타아밀로이드가 동종의 다른 단백질들과 결합함으로써 만들어지고, 타우 섬유뭉치들은 (세포의 신호전달을 맡고 있는) 축삭돌기의 골격 역할을 하는 타우(Tau) 단백질이 변형되어 생성된다. 한나 모니어, 마르틴 게스만 (2017), 《기억은 미래를 향한다: 뇌과학과 철학으로 보는 기억에 대한 새로운 이야기》, 전대호(역), 문예출판사, 234-236쪽.

는 느낌은 아직 고스란히 남아 있는데, 예전 모습을 찾아볼 수 없는 순간이 점점 늘어나고 있다. 무엇보다도 저녁 시간에. (…) 어둠과 함께 두려움이 찾아온다. 그러면 아버지는 유배당한 늙은 왕처럼 안절부절 어쩔 줄 모르고 서성인다. 눈에 보이는 모든 것이 두렵고, 모든 것이 금세 해체되어버릴 듯 불안하게 요동친다.[23]

독일 작가 아르노 가이거가 자신의 아버지를 곁에서 경험하고 관찰한 것의 묘사다. 가까운 기억부터 먼저 사라지고 새로운 것은 더해지지 않는 치매환자의 뇌. 그 뇌가 야기하는 신체적·심리적 변화를 가까이에서 지켜보는 사람이라면 거의 누구나 동의할 만한 느낌과 마음을 전한다. 그러나 이것이 진실의 전부는 아니다. 가이거의 아버지도 (각주에서 언급한) 솔닛의 어머니도 '나름대로' 자신의 삶을 이어나가고 있다.

23 아르노 가이거 (2015), 《유배 중인 나의 왕》, 김인순(역), 문학동네, 15쪽. 앞에서 언급한 책 《멀고도 가까운: 읽기, 쓰기, 고독, 연대에 관하여》에서 리베카 솔닛은 치매가 점점 더 심해지는 어머니를 이렇게 묘사한다. "나는 어머니가 뜯어지는 책 같다고 생각했다. 책장이 날아가고, 문단이 뭉개지고, 단어가 흘러내려 흩어지고, 종이는 순수한 흰색으로 되돌아간다. (…) 어머니의 말에서 단어가 사라지기 시작하며, 텅 빈 자리만 남았다."(리베카 솔닛, 위의 책, 24-25쪽)

> 아버지의 입에서는 낱말들이 거침없이 쑥쑥 나왔다. 아버지는 느긋했다. 생각나는 대로 말했고, 그렇게 생각나는 것은 종종 독창적일 뿐만 아니라 깊이가 있었다. (…) 표현이 어찌나 정확한지, 어조가 어찌나 적절한지, 또 단어 선택은 어찌나 능숙한지 감탄스러울 지경이었다. (…)
> "난 이제 나이 든 사람이야. 이젠 내가 하고 싶은 걸 하고 그 결과를 지켜봐야지." "지금 뭘 하고 싶은데요, 아버지?" "아무것도 안 하는 것. 그거야말로 가장 근사한 일이지. 사람은 그럴 수 있어야 해."[24]

가이거의 아버지가 기억의 저장 유무와 상관없이 독창적인 표현력을 과시할 때, 솔닛의 어머니는 시냅스의 파괴에도 불구하고 몸이 간직하고 있는 무의지적 기억에 따라 정확히 원하는 장소로 찾아가는 능력을 보여주었다. 자식들이 어머니를 30년 동안 산 교외의 집에서 "독립적인 생활이 가능한 근사한 노인 전용 아파트"로 옮겨드렸을 때 어머니의 몸-뇌 지도는 불안과 동요, 혼돈의 소용돌이를 견뎌내지 못했다. 길을 건너 반 블록만 가면 나오는 식료품점에 가는 길도, 건물의 생김새는 물론 본인의 방도 익히지 못한다. 돌봄 시설의 2층 창에서 나와 1층 지붕으로 내려옴

24 아르노 가이거 (2015), 위의 책, 116쪽.

으로써 탈출을 시도하거나 문에 달린 유리창을 깨버리는 등 '공격성과 폭력성'을 보이던 이 어머니는 어느 날 차를 얻어 타고, 버스를 갈아타면서 20마일 떨어진 이전의 자기 집으로 되돌아가는 데 '성공'한다. 솔닛이 말하듯, 어머니는 도중에 치명적인 사고를 당할 수도 있었다. 중요한 것은 치매증상이 심한 그의 몸은 '어디로'를 알고 있었다는 사실이다.

치매를 앓고 있는 사람들이 보여주는, 전문가들이 '괴력'이라고 부르는, 놀라운 힘과 특이한 방향감각은 역설적이게도 몸의 아카이브 속성을 강하게 환기시킨다. 우리들의 몸이 무엇을 품고 있는지, 몸에 어떤 시간들이 담겨 있는지, 아카이브인 몸에 들어가면 어떤 기록물들을 만날 수 있는지, 우리는 (신경과학이 제공하는 지식을 참조한다 해도 여전히) 과학적으로 정밀한 답을 내릴 수 없다. 그러나 치매를 앓고 있는 사람들의 괴이한 행동과 반응들에는 '이야기가 올라탄 몸'의 어떤 원형이 보이고 들린다. '이야기가 올라탄다'는 것은 의식의 통제를 넘어서는 이야기가 주도권을 쥔다는 뜻이다.[25]

신경과학을 정신분석임상과 결합시켜 몸 자아somatic self를 설명하는 도이지는 "단편적 기술로는 뇌 질환을 가진 사람을 이해할 수 없다. 다시 전체로 합쳐야 한다. 전체는 부분의 합이기 때문이 아니라, 인간의 경우 전체가 항상 부분의 합보다 크기 때문이다. 그래서 병력이 필요하다"[26]라고 강조한다. 치매환자가 아무리 심한 인지'손상'[27]을 겪고 있다고 해도 그만의 구체적이고 특정한, 개인적인 면모는 사라지지 않는다. '병력'은 단순히 특정 질병이나 통증들의 병렬이 아니다. 병력은 환자가 질병이나 통증을 어떻게 '경험'했는지, '살아'냈는지, 그 질병이나 통증이 그의 정체성과 어떤 연관성을 지니는지/지니게 되었는지, 그 '되어감'의 과정을 가리킨다. 이 과정이 드러내는 특이성particularity은 여전히 그의 몸과 마음과 뇌가 협업하며 지켜내고 있는 그의 '자기임being selfhood'이다.

25 어떤 목소리가, 혹은 어떤 이야기가 올라타는 것이 무엇을 의미하는지를 가장 잘 아는 사람들로 우리는 영매들을 떠올릴 수 있을 것이다. 세속의 무대에서는 시인들, 특히 여성시인들이 '목소리가 올라타는' 상황, 그 목소리에 '들리는(possessed)' 상황의 전문가들이다. 여성시인의 시적 화자인 '나'는 잊힌, 혹은 추방당한 몸-목소리들이 등장하는 무대가 되곤 한다. 김혜순(2017), 《여성, 시하다》, 문학과지성사 참조.

26 노먼 도이지, 위의 책, 267쪽.

27 나는 여기서 의도적으로 인지'장애'가 아니라 인지'손상'이라고 쓴다. 우리는 유전적으로 또는 사고로 이러저러한 손상을 입을 수 있다. 그런데 그 손상으로 일상생활이나 이동, 사회문화 활동 등을 못하게 되면 그때 '장애(disability)'가 시작된다. 즉, 장애는 손상에 따른 자연적 상태가 아니라, 손상을 입은 몸들을 고려하지 않는 사회 관습과 환경이 만들어낸 불평등의 결과다. 동일한 맥락에서 치매 역시 인지'손상'이 인지'장애'가 된 경우다.

치매환자들을 이해하기 위해 우리는 특이성을 드러내는 몸의 표현에, 그리고 통사론적 의미망을 벗어나 기이한 조각들로만 남아 있다 해도 언어행위임이 분명한 파롤적 발화들에 주목해야 한다. 이 파롤적 발화는 (가이거의 아버지처럼) 문법체계 밖의 '방언'으로, 또는 (솔닛의 어머니처럼) 몸으로 나타난다. 표현이라는 점에서는 둘 다 동일하다. 무엇을 표현하는가? 적어도 정서적으로는 여전히 고유한 '자기'이다.[28] "아이는 능력을 얻고, 치매환자는 능력을 잃는다. 아이와 같이 지내면 발전을 보는 안목이 날카로워지고, 치매환자와 같이 지내면 상실을 보는 안목이 날카로워진다"[29]는 가이거의 말을 나는 수정하고 싶다. 치매환자와 같이 지내면 '상실 자체'에 대한 안목이 날카로워진다고 말이다. 치매환자와 같이 있게 되면 '상실이란 무엇인가', '치매환자가 피해갈 수 없는 그 상실은 어떤 상실인가', '상실의 과정 속에서 우리는 상실 외에 또 무엇을 발견할 수 있

28 오랜 시간 말기 환자와 치매환자를 돌보았던 의사 오이 겐은 치매환자와 '소통'하는 방식은 그의 세계로, 좀 더 정확히 말하자면 그의 '둘레세계'로 들어가는 것이라고 말한다. 치매환자는 자신의 둘레세계 안에서 '자기'로 살고 있으며, 이 자기는 정서의 차원에서 치매 이전의 정체성을 간직하고 있다. 오이 겐 (2013), 《치매 노인은 무엇을 보고 있는가》, 안상현(역), 윤출판 참조.

29 아르노 가이거, 위의 책, 17쪽.

는가'라는 질문과 만나게 된다. 치매환자가 겪는 상실은 한 개인에게서 확인할 수 있는 계통발생과 개체발생을 함께 사유하고 느낄 수 있는 시간의 깊이와, 오래전에 잊어버린 순연純然하고 단순한 감각의 복원 과정이기도 하다. 이런 의미에서 치매환자는 어린아이 같다는 말이 가능하다.

치매환자뿐 아니라 노년 일반과 (어린)아이가, 당사자들은 원치 않는데 사회의 관점에 따라 겹치거나 동일시되는 경우가 또 있다. 바로 '위험'에 대처할 만한 능력이 부족하거나 아예 없다는 관점이다. 이 관점에 따르면 노년과 아이들은 안전을 위해 가능한 보호 장치 안에 머물거나 위험한 일은 삼가야 한다.

리베카 솔닛은《걷기의 인문학》에서 걷기와 걷기가 허락된/금지된 길의 젠더-사회정치적 측면들에 대해 흥미로운 이야기들을 상세히 들려주었는데,[30] 나는 그것을 '위험한 놀이'라는 관점에서 다시 생각하고 싶다. 걷기의 허락과

30 리베카 솔닛 (2017),《걷기의 인문학》, 김정아(역), 반비. 이 글과의 관련 속에서 다음의 문장을 소개하고 싶다. "길거리를 걷는다는 것은 지도 읽기와 살아가기를 연결하는 일이요, 사적 세계라는 소우주와 공적 세계라는 대우주를 연결하는 일이요, 자기를 둘러싼 그 모든 미궁의 의미를 깨닫는 일이다.《미국 대도시의 죽음과 삶》이라는 유명한 책에서 제인 제이컵스가 설명하듯이, 인기 있고 이용자가 많은 길거리는 그저 많은 사람들이 지나다닌다는 이유만으로도 범죄로부터 안전해진다. 보행이 공적 공간의 공공성과 생명력을 유지한다는 뜻이다."(171쪽)

금지는 일반적으로 위험과 관련해 두 가지 경고를 담는다. 하나는 위험한 곳이니 삼가야 한다는 경고이고, 또 다른 하나는 자격이 없는데 걸어 들어온다면 침입으로 간주하고 그에 따른 위험이 발생해도 책임지지 않겠다는 경고다. 전자의 경우는 비교적 자명하지만, '경계'와 관련되는 후자의 경우는 논쟁과 투쟁을 불러일으킨다. (세계 곳곳에서) 밤거리를 활보하거나 인적 드문 곳, 또는 '유흥가'를 지나간 대가로 목숨까지 잃는 여성들이나, (한국에서 최근 몇 년간) 모든 시민에게 열려 있다는 광장의 사용을 둘러싸고 퀴어 퍼레이드 주최 측과 그 반대집단이 벌이는 격한 싸움의 예에서 보듯이, 특정 공간의 사용 자격은 제도와 관습의 젠더정치학과 관련된다. 젠더화된 권력은 안전을 볼모 삼아 은밀하게 혹은 노골적으로 선을 긋고, 월경하는 이들은 처벌을 면치 못할 것이라 위협한다. 권력 행사가 아닌 것으로 의도된 경우에도, 즉 진정으로 위험을 염려하는 것처럼 보이는 전자의 경우에도 그러나 종종 배제나 차별이 내재한다. 노년들이 여기저기서 듣는 '충고' 중 하나는 '위험한 놀이'를 삼가시라는 것이다. 얼핏 듣기에는 몸과 인지상의 취약성을 고려한 당연한 제안처럼 들리지만, 곰곰이 생각해보면 어떤 '금'이 그어지고 있음을 알 수 있다.

일상에서 노년들은 늙어갈수록 도전과 모험, 특히 위

험요소가 있거나 다른 사람의 적극적인 협력이 요구되는 운동이나 활동은 웬만하면 절제하는 게 어떻겠냐는 암묵적이거나 명시적인 권고를 받는다. 그러나 이것은 집단별 분리의 관점에서도 논쟁의 여지가 있다. 누스바움은 '신노년 혁명prosenior revolution'의 한 예로 노년들의 맞춤형 트레이닝 방식을 소개하는데, 이에 따르면 트레이너들은 노년들에게 운동을 덜 시키지 않는다. 오히려 그 반대다. 전형적으로 달리기 운동에서 생길 수 있는 뒷다리 관절의 힘줄 통증이나 아킬레스건의 염증 경우를 생각해보자. 트레이너는 '이젠 연세도 있으시니 운동을 살살 하시죠'라고 조언하는 대신, '코어 운동을 늘리고 발의 힘줄을 움직이는 운동도 더 열심히 하셔야겠다'고 명확한 지시를 내린다. 이것은 결코 사소한 일이 아니며 노년들의 다양한 활동의 효율성 관점에서도 중요하다.[31]

노년을 위험에 도전하고, 위험을 감당할 수 있는/없는 사람으로 여기는 사회의 관점은 개별 노년들의 삶의 질과 매우 긴밀하게 연결되어 있다. "흔히 노년기에 이르면 역량을 상실하는 것이 '자연스럽다'고들 생각한다. 바로 그런

31 마사 누스바움, 솔 레브모어 (2018), 《지혜롭게 나이 든다는 것》, 안진이 (역), 어크로스, 126-127쪽 참조.

편견이 우리에게 절실히 필요한 토론에 큰 장애물로 작용한다."[32] 노년의 삶을 '역량'의 관점에서 조직할 때 경제적·사회적 제도 환경의 개선에만 초점을 맞추는 것은 한계가 있다. 나이가 들면서 몸의 기능들이 떨어지고 체력이 약해진다고 해서 나이 드는 사람의 몸을 그저 쇠락하는, 무엇이든 줄임으로써 가까스로 보존할 수 있는 존재로만 여기는 건 암묵적인 노년차별이다. 위험한 놀이의 '위험 정도'에 대한 세밀한 구분은 쇠약해지는 노년의 몸의 '쇠약 정도'에 대한 세밀한 구분만큼이나 필요하다. 나이 들어 시도하는 위험한 놀이에는 여러 가지가 있을 것이다. 노년 관련 강의를 다니며 그동안 내가 들은 이야기들을 떠올리자면, 센 강도의 트레이닝 받기, 세상 속 낯선 곳으로 혼자 여행 떠나기, 칼과 불을 써서 무언가를 만들기, 생애 처음 스노클링하기, 몇 시간이고 자전거 페달 밟는 재미에 빠지기, 심야극장 가기, (브레히트의 단편소설 〈품위 없는 노파〉에 나오는 늙은 여자처럼) '점잖지 않은 사람들과 친구 되기' 등이 있다.

노년이 몸의 쇠약뿐 아니라 인지능력의 쇠약까지 보이게 되면 '위험한 놀이'를 삼가라는 권유는 거의 당연한

32 마사 누스바움, 솔 레브모어, 위의 책, 404쪽.

합리적 배려가 되다시피 한다. 도시에 사는 치매환자의 경우, 황망히 걷거나 계단을 오르내리다가 넘어질 위험, 차에 치일 위험, 길을 잃고 헤맬 위험 등등 집밖으로 나서는 모든 활동이 '위험한 놀이'가 된다. 이들이 집 밖 어딘가를 '향해' 나아갈 수 있다는 사실은 더 이상 인정되지 않는다. 이들의 움직임은 어떤 의미에서도 산책이 될 수 없다. 도시에서나 여행지에서 '길 잃기'는 가장 매력적인 걷기 형태로 언급되기도 하지만,[33] 치매환자의 길 잃기는 묘미도 매력도 아닌, 그저 '위험한 배회'일 뿐이다. 치매환자들이 길을 잃고 헤매는 건 위험하다. 번잡한 도시 한가운데라면 그 위험은 더욱 커진다. 그러나 이들의 '배회'에도 방향과 목적과 의미가 있다. 이들을 이끄는 것은 소망과 그에 따른 기억작업이다. 이 소망과 기억작업은 규범적 일상의 규칙과 질서에서 벗어나 있는 것처럼 보이지만, 그 어느 때보다도

33 예를 들어 솔닛은 '파국을 면하고 더 멀리 나아가기 위해서는' 길 잃는 방법을 제대로 알아야 한다고 조언하고〔리베카 솔닛 (2018), 《길 잃기 안내서》, 김명남(역), 반비〕, 벤야민은 단순히 길을 잘 몰라 헤매는 것과는 다른 "마치 숲속을 헤매듯 걷는" 길 잃기를 예찬한다. 길을 잃고 헤매는 이에게는 "간판, 거리의 이름, 행인, 지붕, 간이매점, 혹은 술집이 (…) 마치 숲의 마른 잔가지들이 발밑에서 바스락거리는 소리나 먼 곳에서 들려오는 놀란 백로의 외침처럼, 혹은 한가운데 백합꽃이 피어오른 숲속 빈터에서의 돌연한 정적처럼" 말을 걸어온다〔발터 벤야민 (2007), 《1900년경 베를린의 유년시절/베를린 연대기》, 윤미애(역), 도서출판 길, 162-163쪽〕.

그동안 살아낸 시간과 장소의 품 안에 있다. 이들의 '배회'는 몸과 마음, 신경지도 간의 연결이 끊어지거나 뒤죽박죽이 되어 발생하는 오작동이 아니라, 그 상태에서(도) 작동하는 '자기'의 표현이다. 이들의 배회가 위험하지 않을 수 있는 삶의 환경이 마련된다면 이 배회도 얼마든지 매력적이고 미묘한 '길 잃기'가 될 수 있다. 파국으로 끝나지 않기 위해 일어서 나아가는 몸의 주체성. 치매환자들의 위험한 놀이가 가능한 삶의 환경이 거의 사라지고 있다 해도, 그래서 현실 속에서는 금지될 수밖에 없다고 해도 이 주체성 자체는 부인될 수 없다.

앞에서 소개한 (내 친구가 사는 마을의) 치매 초기 할머니의 배회 이야기는, 파국을 맞닥뜨렸을 때 주저앉지 않고 앞으로 나아가는 몸의 이야기다. 이것은 어느 정도 위험한 놀이를 허용하는 삶의 환경이었기에 가능했던 시도다. 서로 속사정을 아는 이웃이 있고, 논밭과 낮은 산이 마을의 윤곽과 경계를 이루고, 차들은 드문 이런 '촌마을'에서라면 치매환자도 치매환자인 듯 아닌 듯 살아오던 대로 계속 살 수 있다. 이 마을에는 70~80대의 노년들이 여럿 혼자 사신다. 주로 여성 노년들이지만 남성 노년도 서넛 있다. 이 글에서 소개한 할머니 외에도 경증 치매증상을 보이는 분도 계시지만 노년들은 큰 문제 없이 서로 '들여다보며' 일상을 살아간다. 살던 곳에서 죽는 것이 매우 특별한 '축복'이 되는 시대에, 몇몇 (소비 중심) 기능성과 (명목상 관계를 강조하는) 가치론에 멈추지 않는 '마을' 만들기가 관건이다. 이런 마을이 이런저런 신체적·정신적 손상이 있는 사람들의 삶터가 되기 위해서는, 즉 이들이 '장애' 없는 일상을 유지할 수 있는 장소가 되기 위해서는 사회문화적 환경과 지리적 환경이 바뀌어야 한다. 아마도 지리적 환경이 가장 관건일 것이다. '위험한 놀이'가 최소한이라도 가능한, '위험하지 않은' 지리적 환경을 마련해야 한다. 당장 그러한 환경을 만드는 것은 불가능할 것이다. 그렇다면 포기하지 않고 조금씩, 계속해서, '조금 덜 위험한'의 '덜' 부분을 늘려가면서 이 불가능성을 가능성으로 전환시키는 것은 어떤가. 만약에 '우리-사회'가 치매에 걸린 노년들을 위험에서 '보호'하고 싶다면, 그 보호의 내용과 양태는 어때야 하는지를 보다 노년들의 자리에서 분명하게 고민해야 하는 것 아닐까.

이 글을 마감하면서 요양보호사의 경험을 글로 기록한 이은주가 들려주는 요양원 안에서의 '배회' 이야기를 떠올려본다. '배회의 위험'이 염려되어 요양원에 모셔진 노인들은 사면이 벽으로 둘러쳐진 공간에서도 배회를 한다. 걷는 것이 더 이상 가능하지 않아 휠체어에 탄 상태에서도 배회는 이어진다. "잠가놓은 휠체어를 팔 힘으로 몰고 다니며 선풍기를 쓰러뜨린다. 에어컨이 가동되는 문을 닫아버린다. 잠시도 가만히 있지 않고 배회하는 어르신이 있다. 어르신들의 배변을 돕거나 간식을 준비하던 요양보호사가 어르신이 위험하지 않은지 눈으로 좇는다. 일반인들도 잠긴 휠체어를 밀기 쉽지 않은데 얼마나 팔이 아플까. 또 선풍기에 손이라도 다치시면 어쩌나 싶어서 휠체어를 못 움직이게 잠그고 붙잡고 있는 내게 요양보호사님이 말했다. "못 움직이게 하는 것도 학대에 속하는 거예요. 자유롭게 움직이도록 두고 보호하는 게 우리들의 일이죠."[34] '자유롭게 움직이도록.' 이 기본적인 명제가 생활영역에서도 가능하다면, 그래서 요양원에 입소하지 않아도 된다면 가장 좋을 것이다. '위험에서 보호하기'는 타인의 도움이 필요한 모든 사람에게 해당된다. 정말 중요한 일이다. 그러나 보호하는 방식에 대해 더 고민하고 더 상상력을 발휘하자고, 이미 조금씩 타인의 도움이 필요해진 나는 위험한 배회를 할 수도 있는, 하고 있는 미래의 나를 위해, 미래의 내 자리에서 지금의 내게 제안한다.

어떻게? 누가? 무슨 수로? 흰머리 휘날리며 배회의 자유를 누리고 싶은 모든 사람들의 연대가 필요하다. 반드시

34 이은주 (2019), 《나는 신들의 요양보호사입니다》, 헤르츠나인, 162쪽.

맞이하게 될 '늙은 자기'의 자유로운 삶을 꿈꾸는 젊은이들의 연대가 필요하다. 이들에서부터 '중늙은이'에 이르기까지 이 연대의 띠는 길면 길수록 사회문화적·정치적 힘을 가질 것이다. 노년의 삶에 대한 상상력이 자본주의를 넘어, (신)가족중심주의를 넘어, 이동·통신 테크놀로지 신앙을 넘어, 인간중심주의를 넘어 흐르고 펼쳐질 때, 연대의 힘은 명목론의 껍질을 벗고 '안전하고 아름다운' 구체성으로 실현될 수 있을 것이다.

참고문헌

시민으로서 돌보고 돌봄 받기

공선영, 박건, 정진주 (2019), 《의료현장에서의 보호자 개념은 다양한 가족을 포함하고 있는가?》, 2019년 사회건강연구소 연구보고서(미간행).

국민건강보험공단 (2018), 《2017년 노인장기요양보험 통계연보》.

김유경 (2017), 〈사회변화에 따른 가족 부양환경과 정책과제〉, 한국보건사회연구원, 《보건복지포럼》(2017. 10), 6-28쪽.

낸시 폴브레 (2007), 《보이지 않는 가슴: 돌봄 경제학》, 윤자영(역), 또하나의문화.

리처드 세넷 (2002), 《신자유주의와 인간성의 파괴》, 조용(역), 문예출판사.

마경희 (2010), 〈돌봄의 정치적 윤리: 돌봄과 정의의 이원론을 넘어〉, 《한국사회정책》 17(3), 한국사회정책학회, 319-348쪽.

_____ (2011), 〈보편주의 복지국가와 돌봄: 여성주의 복지정치를 위한 시론〉, 《페미니즘 연구》 11(2), 한국여성연구소, 85-116쪽.

무라카미 기미코 (2016), 《환자의 시선: 환자나 환자 가족이 되면서 비로소 알게 된 것들》, 윤지나·김지원(역), 메디캠퍼스.

미치 앨봄 (2010), 《모리와 함께한 화요일》, 공경희(역), 살림.

박혜경 (2008), 〈가족을 넘어선 페미니즘: 필요성, 가능성 그리고 미래〉, 한국여성민우회(편), 《여성주의 학교 '간다': 페미니즘, 경계에서 세상을 말하다》, 지성사.

보건복지부 (2018), 《2017 노인실태조사》.

________ (2019), 《2018년 노인학대 현황보고서》.

석재은, 이기주 (2017), 〈장기요양 인정자의 최초 재가급여 선택과 유지 및 이탈에 대한 영향요인: Aging in Place 지원을 위한 탐색〉, 한국보건사회연구원, 《보건사회연구》 37(4), 5-42쪽.

수전 웬델 (2013), 《거부당한 몸: 장애와 질병에 대한 여성주의 철학》, 강진영·김은정·황지성(역), 그린비.

아서 프랭크 (2017), 《아픈 몸을 살다》, 메이(역), 봄날의책.

우에노 치즈코 (2016), 《누구나 혼자인 시대의 죽음: 홀로 죽어도 외롭지 않다》, 송경원(역), 어른의시간.

유영규 외 (2019), 《간병살인, 154인의 고백: 우리 사회가 보듬어야 할 간병 가족들의 이야기》, 루아크.

율라 비스 (2016), 《면역에 관하여》, 김명남(역), 열린책들.

이경 (2010), 〈내 안에도 주님이 계십니다〉, 숨 프로젝트(편), 《하느님과 만난 동성애》, 한울.

이현정 (2018), 〈병원에서의 반말 사용과 여성 노인 환자의 주체성: 돌봄의 젠더정치〉, 서울대학교 비교문화연구소, 《비교문화연구》 24(2), 397-436쪽.

장애여성공감 20주년 선언문, 〈시대와 불화하는 불구의 정치〉, 2018년 2월 2일.

장애여성공감 (2018), 《어쩌면 이상한 몸: 장애여성의 노동, 관계, 고통, 쾌락에 대하여》, 오월의봄.

조안 C. 트론토 (2014), 《돌봄 민주주의: 시장, 평등, 정의》, 김희강·나상원(역), 아포리아.

지은숙 (2017), 〈비혼여성의 딸노릇과 비혼됨(singlehood)의 변화: 일본의 부모를 돌보는 딸들의 사례를 중심으로〉, 한국문화인류학회, 《한국문화인류학》 50(2), 189-235쪽.

차별금지법제정연대 (2019), 《평등정책토론회: 가족, 의무에서 권리로, 차별에서 평등으로》 자료집(미간행).

Joan W. Scott (1991), "The Evidence of Experience", *Critical Inquiry* 17(4), pp.773-797.

'보호자'라는 자리

공선영, 박건, 정진주 (2019), 《의료현장에서의 보호자 개념은 다양한 가족을 포함하고 있는가?》, 2019년 사회건강연구소 연구보고서(미간행).

권미자 (2015), 〈척수장애 남편을 둔 배우자의 돌봄 경험〉, 전북대학교 사회과학연구소, 《지역과 세계》 39(2), 145-178쪽.

김동화, 엄기욱 (2015), 〈치매특별등급제도의 시행 이후, 치매노인 가족의 케어경험에 관한 연구: 케어의 어려움과 필요한 사회서비스를 중심으로〉, 한국노인복지학회, 《노인복지연구》 70, 349-371쪽.

김명아 외 (2012), 〈가족 돌봄제공자의 말기 교모세포종 환자 돌봄경험: 갈등과정에 대한 내러티브 분석〉, 대한종양간호학회, 《종양간호학회지》 12(2), 186-193쪽.

김선영 외 (2014), 〈말기암 환자 가족보호자의 삶의 질에 영향을 미치는 요인〉, 대한생물치료정신의학회, 《생물치료정신의학》 20(3), 227-237쪽.

김인자 (2012), 〈뇌졸중 환자 가족 간호제공자의 불안과 부담감의 예측요인: 자기효능과 돌봄에 대한 지식을 중심으로〉, 한국성인간호학회, 《성인간호학회지》 24(1), 1-10쪽.

낸시 폴브레 (2007),《보이지 않는 가슴: 돌봄 경제학》, 윤자영(역), 또하나의문화.

데이비드 리프 (2008),《어머니의 죽음: 수전 손택의 마지막 순간들》, 이민아(역), 이후.

마에다 미키 외 (2018),《간병살인: 벼랑 끝에 몰린 가족의 고백》, 남궁가윤(역), 시그마북스.

밀알 (2017),〈아빠의 임종… 우리의 선택은 옳았던 걸까?〉- 비혼여성의 가족간병 경험을 듣다 ⑦,《페미니스트 저널 일다》, 2017년 10월 13일.

바버라 에런라이크 (2011),《긍정의 배신: 긍정적 사고는 어떻게 우리의 발등을 찍는가》, 전미영(역), 부키.

수전 손택 (2002),《은유로서의 질병》, 이재원(역), 이후.

아서 프랭크 (2017),《아픈 몸을 살다》, 메이(역), 봄날의책.

야마무라 모토키 (2015),《나 홀로 부모를 떠안다: 고령화와 비혼화가 만난 사회》, 이소담(역), 코난북스.

에바 페더 키테이 (2016),《돌봄 : 사랑의 노동: 여성, 평등, 그리고 의존에 관한 에세이》, 박영사.

에이드리언 리치(2018),《더 이상 어머니는 없다: 모성의 신화에 대한 반성》, 김인성(역), 평민사.

우에노 치즈코 (2016),《누구나 혼자인 시대의 죽음: 홀로 죽어도 외롭지 않다》, 송경원(역), 어른의시간.

유영규 외 (2019),《간병살인, 154인의 고백: 우리 사회가 보듬어야 할 간병 가족들의 이야기》, 루아크.

이가옥, 우국희 (2005),〈영국의 케어 제공자에 관한 정책 연구: 보호자 권리와 유급고용의 질 강조〉, 한국사회복지학회,《한국사회복지학》57(2), 185-204쪽.

이인정 (2016), 〈다발성경화증 환자 배우자의 돌봄 경험에 대한 현상학적 연구〉, 한국보건사회연구원, 《보건사회연구》 36(2), 151-191쪽.

이진희, 배은경 (2013), 〈완벽성의 강박에서 벗어나 '충분히 좋은 어머니(good-enough mother)'로: 위니캇의 유아정서발달이론과 어머니노릇을 중심으로〉, 한국여성연구소, 《페미니즘 연구》 13(2), 35-75쪽.

이혜원 (2017), 〈견디기 힘든 '부모를 책임져야 한다'는 부담〉 - 비혼여성의 가족간병 경험을 듣다 ③, 《페미니스트 저널 일다》, 2017년 9월 12일.

일레인 스캐리 (2018), 《고통받는 몸》, 메이(역), 오월의봄.

장 아메리 (2014), 《늙어감에 대하여: 저항과 체념 사이에서》, 김희상(역), 돌베개.

전희경 (2018), "'직면'에 대하여", 생애문화연구소 옥희살롱 〈2018 살롱영화제: 질병과 죽음이 찾아올 때, 어떻게〉 1강 강의자료 (2018년 3월 31일)(미간행).

조기현 (2019), 《아빠의 아빠가 됐다: 가난의 경로를 탐색하는 청년 보호자 9년의 기록》, 이매진.

조앤 쾨니그 코스테 (2014), 《알츠하이머병 가족에게 다가가기: 치매 가족과 건강하고 행복하게 살아가는 법》, 홍선영(역), 부키.

존 M. 헐 (2001), 《손끝으로 느끼는 세상》, 강순원(역), 우리교육.

주디스 멍크스, 로널드 프랑켄버그 (2011), 〈병든다는 것 그리고 나를 찾는 것: 다발성경화증 내러티브 속에서의 자아, 몸, 시간〉, 베네딕테 잉스타·수잔 레이놀스 휘테(편), 김도현(역), 《우리가 아는 장애는 없다: 장애에 대한 문화인류학적 접근》, 그린비출판사.

차별금지법제정연대 (2019), 《평등정책토론회: 가족, 의무에서 권리로 차별에서 평등으로》 자료집, 2019년 10월 26일(미간행).

피터 V. 라빈스, 낸시 L. 메이스 (2012), 《36시간: 길고도 아픈 치매 가족의 하루》, 안명옥(역), 조윤커뮤니케이션.

하나리 사치코 (2010), 《노인 수발에는 교과서가 없다: 일본 최고의 수발전문가가 들려주는 노인수발 이야기》, 심명숙·최태자(역), 창해.

한국여성민우회 (2014), 《아플 수 있잖아: 아픈 여자들의 일상-복귀 프로젝트》(미간행).

한국죽음학회 웰다잉 가이드라인 제정위원회 (2013), 《죽음 맞이: 인간의 죽음, 그리고 죽어감》, 모시는사람들.

한숙정 (2010), 〈가정간호 대상자 주돌봄자의 삶의 질에 영향을 미치는 요인〉, 한국가정간호학회, 《가정간호학회지》 17(2), 144-155쪽.

Alfred P. Fengler and Nancy Goodrich (1979), "Wives of Elderly Disabled Men: The Hidden Patients", *The Gerontologist* 19(2), pp.175-183.

'병자 클럽'의 독서

멜러니 선스트럼 (2011), 《통증 연대기: 은유, 역사, 미스터리, 치유 그리고 과학》, 노승영(역), 에이도스.

브라이언 콜로디척 엮음 (2008), 《마더 데레사 나의 빛이 되어라》, 허진(역), 열림원.

아서 프랭크 (2013), 《몸의 증언: 상처 입은 스토리텔러를 통해 생각하는 질병의 윤리학》, 최은경(역), 갈무리.

_________ (2017), 《아픈 몸을 살다》, 메이(역), 봄날의책.

알퐁스 도데 (2003), 《알퐁스 도데 작품선》, 손원재·권지현(역), 주변인의길.

엘리자베스 토바 베일리 (2011), 《달팽이 안단테》, 김병순(역), 돌베개.

올리버 색스 (2006), 《나는 침대에서 내 다리를 주웠다》, 한창호(역), 소소.

이지은 (2016), 〈불확실성과 함께 살아가기: 유방암 환자/경험자들의 자기관리 실천이 제기하는 윤리적 질문들〉, 한국문화인류학회, 《한국문화인류학》 49(2), 131-173쪽.

홀거 칼바이트 (1994), 《세계의 무당》, 오세종(역), 문원출판.

황임경 (2011), 《의학과 서사》, 서울대학교 대학원 박사논문.

Alphonse Daudet (1931), *La Doulou*, Fasquelle Éditeurs.

__________ (2018), *In the Land of Pain*, Translated by Julian Barnes, Random House.

Anatole Broyard (2010), *Intoxicated by My Illness: And Other Writings on Life and Death*, Random House Publishing Group.

Anne Hunsaker Hawkins (1999), *Reconstructing Illness: Studies in Pathography*, Purdue University Press.

Arthur W. Frank (1994), "Reclaiming an Orphan Genre: The First-Person Narrative of Illness", *Literature and Medicine* 13(1), pp.1-21.

__________ (2013), *The Wounded Storyteller: Body, Illness, and Ethics*, University of Chicago Press.

G. Thomas Couser (1997), *Recovering Bodies: Illness, Disability, and Life Writing*, University of Wisconsin Press.

Kat Duff (2000), *The Alchemy of Illness*, Random House.

Lucy Grealy (1993), "Mirrorings", *Harper's Magazine*, February.

Max Lerner (1990), *Wrestling with the Angel: A Memoir of My Triumph over Illness*, Touchstone.

Virginia Woolf (2012), *On Being Ill*, Paris Press.

젊고 아픈 사람의 시간

멜러니 선스트럼 (2011), 《통증연대기: 은유, 역사, 미스터리, 치유 그리고 과학》, 노승영(역), 에이도스.

백영경 (2006), 〈미래를 위협하는 현재: 시간성을 통해 본 재생산의 정치학〉, 《여/성이론》 14호, 도서출판 여이연, 36-55쪽.

수전 손택 (2002), 《은유로서의 질병》, 이재원(역), 이후.

수전 웬델 (2013), 《거부당한 몸: 장애와 질병에 대한 여성주의 철학》, 강진영 · 김은정 · 황지성(역), 그린비.

아서 프랭크 (2013), 《몸의 증언: 상처 입은 스토리텔러를 통해 생각하는 질병의 윤리학》, 최은경(역), 갈무리

__________ (2017), 《아픈 몸을 살다》, 메이(역), 봄날의책.

애비 노먼 (2019), 《엄청나게 시끄럽고 지독하게 위태로운 나의 자궁: 여성, 질병, 통증 그리고 편견에 관하여》, 이은경(역), 메멘토.

연혜원 (2016), 〈재화로서의 청년성〉, 《한국사회학회 사회학대회 논문집》(2016. 6)(미간행), 487-491쪽.

오창희 (2018), 《아파서 살았다: 류머티즘과 함께한 40년의 이야기》, 북드라망.

율라 비스 (2016), 《면역에 관하여》, 김명남(역), 열린책들.

장 아메리 (2014), 《늙어감에 대하여: 저항과 체념 사이에서》, 김희상(역), 돌베개.

전희경 (2012), 《젠더-나이체제와 여성의 나이: 시간의 서사성을 통해 본 나이 경험의 정치적 함의에 관한 연구》, 이화여자대학교 여성학과 박사학위논문, 서울: 이화여자대학교 대학원(미간행).

_____ (2015), 〈'젊은' 여성들의 질병 이야기와 시간 다시 읽기〉, 《한국여성학》 31(1), 201-242쪽.

정희진 (2016), 〈노인은 누구인가〉, 고미숙 외, 《나이 듦 수업: 중년 이후, 존엄한 인생 2막을 위하여》, 서해문집.

조한진희 (2019), 《아파도 미안하지 않습니다: 어느 페미니스트의 질병

관통기》, 동녘.

폴 칼라니티 (2016), 《숨결이 바람 될 때: 서른여섯 젊은 의사의 마지막 순간》, 이종인(역), 흐름출판.

한국여성민우회 (2014), 《아플 수 있잖아: 아픈 여자들의 일상-복귀 프로젝트》(미간행).

허수경 (2019), 《가기 전에 쓰는 글들: 허수경 유고집》, 난다.

Hogne Øian (2004), "Time out and Drop out: On the relation between linear time and individualism", *Time & Society* 13(2-3), 173-195.

Lee Edelman (2004), *No Future: Queer Theory and the Death Drive*, Duke University Press.

McCallum E. L. and Mikko Tuhkanen (eds.) (2011), *Queer Times, Queer Becomings*, State University of New York Press.

치매, 어떻게 준비하고 있습니까?

문재인 공식채널, 〈주간 문재인〉 1회 '치매국가책임제', 2017년 1월 20일, http://www.youtube.com/watch?v=g-4QZfJLYSg.

중앙치매센터, 국민치매인식개선 영상 2탄 〈준비하세요!〉, 2013년 8월 13일, http://www.youtube.com/watch?v=wzRn-esHWik.

Donna J. Haraway (2008), *When Species Meet,* University of Minnesota Press.

Janelle Taylor (2008), "On Recognition, Caring, and Dementia", *Medical Anthropology Quarterly* 22(4), pp. 313-335.

Lawrence Cohen (2008), "Politics of Care: Commentary on Janelle S. Taylor, 'On Recognition, Caring, and Dementia'", *Medical Anthropology Quarterly* 22(4), pp. 336-339.

Pia Kontos and Gary Naglie (2009), "Tacit Knowledge of Caring and

Embodied Selfhood", *Sociology of Health & Illness* 31(5), pp. 688-704.

Tom Kitwood (1997), *Dementia Reconsidered: The Person Comes First*, Open University Press.

Alanna Shaikh, "How I'm preparing to get Alzheimer's", TED, 2012년 6월 3일, http://www.ted.com/talks/alanna_shaikh_how_i_m_preparing_to_get_alzheimer_s.

Karen Stobbe, *In the Moment: Creative Ideas for Training Staff*, 2003, http://www.in-themoment.com/

시간과 노니는 몸들의 인생 이야기

김혜순 (2017),《여성, 시하다》, 문학과지성사.

노먼 도이지 (2008),《기적을 부르는 뇌》, 김미선(역), 지호.

리베카 솔닛 (2016),《멀고도 가까운: 읽기, 쓰기, 고독, 연대에 관하여》, 김현우(역), 반비.

_________ (2017),《걷기의 인문학》, 김정아(역), 반비.

_________ (2018),《길 잃기 안내서》, 김명남(역), 반비.

마르크 오제 (2019),《나이 없는 시간》, 정헌목(역), 플레이타임.

마사 누스바움, 솔 레브모어 (2018),《지혜롭게 나이 든다는 것》, 안진이(역), 어크로스.

박찬국 (2015),《하이데거의 '존재와 시간' 강독》, 그린비.

발터 벤야민 (2007),《1900년경 베를린의 유년시절/베를린 연대기》, 윤미애(역), 도서출판 길.

비스와바 쉼보르스카 (2016),《충분하다》, 최성은(역), 문학과지성사.

성 아우구스티누스 (2019),《고백록》, 박문재(역), 크리스천다이제스트.

아서 프랭크 (2017),《아픈 몸을 살다》, 메이(역), 봄날의책.

오이 겐 (2013),《치매 노인은 무엇을 보고 있는가》, 안상현(역), 윤출판.

이은주 (2019),《나는 신들의 요양보호사입니다》, 헤르츠나인.

일레인 스캐리 (2018),《고통받는 몸》, 메이(역), 오월의봄.

조너선 실버타운 (2016),《늙는다는 건 우주의 일》, 노승영(역), 서해문집.

칼 폴라니티 (2016),《숨결이 바람 될 때》, 이종인(역), 흐름출판.

파커 J. 파머 (2018),《모든 것의 가장자리에서》, 김찬호·정하린(역), 글항아리.

한나 모니어, 마르틴 게스만 (2017),《기억은 미래를 향한다: 뇌과학과 철학으로 보는 기억에 대한 새로운 이야기》, 전대호(역), 문예출판사.

Martin Heidegger (1972), *Sein und Zeit*, Max Niemeyer.

Paul Ricouer (2007), *Zeit und Erzählung Bd. III. Die Erzählte Zeit*, aus dem Französischen von Andreas Knop, Wilhelm Fink.

Susannah Radstone (2000), "Autobiographical times", Tess Cosslett, Celia Lury, Penny Summerfield (edt.), *Feminism and Autobiography*, Routledge, pp.201-219.

Walter Benjamin (1977), "Der Sürrealismus", *Gesammelte Schriften, Bd.II.1,* hrsg.v. Rolf Tiedemann, Hermann Schweppenhäuser, Suhrkamp, S. 295-310.

새벽 세 시의 몸들에게

질병, 돌봄, 노년에 대한 다른 이야기

초판 1쇄 발행 2020년 2월 26일
초판 5쇄 발행 2022년 12월 10일
기획 생애문화연구소 옥희살롱 **엮은이** 메이
지은이 김영옥, 메이, 이지은, 전희경

발행인 박지홍 **발행처** 봄날의책
등록 제311-2012-000076호(2012년 12월 26일)
주소 서울 종로구 창덕궁4길 4-1 (원서동 4층)
전화 070-4090-2193
E-mail springdaysbook@gmail.com

기획·편집 박지홍 **디자인** 공미경 **인쇄·제책** 한영문화사

ISBN 979-11-86372-72-2 03330

이 도서의 국립중앙도서관 출판사도서목록(CIP)은
서지정보유통지원시스템 홈페이지(http://seoji.nl.go.kr/kolisnet)에서
이용하실 수 있습니다(CIP제어번호: CIP2020005587).